Werner Weidenfeld (Hrsg.)

Herausforderung Terrorismus

Werner Weidenfeld (Hrsg.)

Herausforderung Terrorismus

Die Zukunft der Sicherheit

VS VERLAG FÜR SOZIALWISSENSCHAFTEN

VS Verlag für Sozialwissenschaften
Entstanden mit Beginn des Jahres 2004 aus den beiden Häusern
Leske+Budrich und Westdeutscher Verlag.
Die breite Basis für sozialwissenschaftliches Publizieren

Bibliografische Information Der Deutschen Bibliothek
Die Deutsche Bibliothek verzeichnet diese Publikation in der Deutschen Nationalbibliografie;
detaillierte bibliografische Daten sind im Internet über <http://dnb.ddb.de> abrufbar.

1. Auflage Januar 2004

Alle Rechte vorbehalten
© VS Verlag für Sozialwissenschaften/GWV Fachverlage GmbH, Wiesbaden 2004

Lektorat: Frank Schindler

Der VS Verlag für Sozialwissenschaften ist ein Unternehmen von Springer Science+Business Media.
www.vs-verlag.de

Umschlaggestaltung: KünkelLopka Medienentwicklung, Heidelberg
ISBN-13: 978-3-531-14171-8   e-ISBN-13: 978-3-322-80534-8
DOI: 10.1007/978-3-322-80534-8

Inhalt

Vorwort

Die Task Force *Zukunft der Sicherheit*

Unmittelbar nach dem 11. September 2001 hat die Bertelsmann Stiftung eine Task Force *Zukunft der Sicherheit* eingerichtet. Dieser hochrangige Expertenkreis wurde zu einem Forum für den offenen und kritischen Gedankenaustausch, für die Analyse der aktuellen Sicherheitslage und für die Entwicklung geeigneter Handlungsoptionen sowie die Ausarbeitung künftiger Sicherheitsszenarien und der daraus abzuleitenden Anforderungen an die Politik und Forschung.

Ergänzt um Gutachten zu einzelnen Fragestellungen veröffentlichen wir in diesem Buch die zentralen Ergebnisse der Beratungen unserer Task Force. Sie machen deutlich, dass die klassische Trennung von äußerer und innerer Sicherheit nicht länger Bestand hat und nur eine umfassende Sicherheitsstruktur die neuen sicherheitspolitischen Herausforderungen bewältigen kann. Angesichts des Wandels der Gefahrenszenarien und der Mittel zu ihrer Abwehr müssen bislang getrennte Instrumente stärker miteinander verwoben werden. Für die nationale und die europäische Ebene bedeutet dies, die Kooperationsformen und die Arbeitsteilung zwischen Sicherheitsinstitutionen weiter zu verbessern. Auf der Grundlage eines umfassenden Sicherheitsverständnisses zeigt dieses Buch Auswege aus dem Ausgeliefertsein gegenüber dem neuen Terrorismus.

An erster Stelle steht der Beitrag von Herfried Münkler, Professor für Politikwissenschaft an der Humboldt-Universität Berlin, der heutige und frühere Strategien und Organisationsstrukturen terroristischer Gruppierungen untersucht. Peter Waldmann, Professor für Soziologie an der Universität Augsburg, richtet den Blick auf die Bundesrepublik und die hier erkennbaren Charakteristika eines möglichen Täterspektrums. Welche Folgen sich aus fehlender oder mangelhafter Modernisierung in Staaten des Nahen und Mittleren Ostens für die Sicherheitsdebatte ergeben, wird von Shlomo Avineri beschrieben, der Direktor des Instituts für Europäische Studien an der

Hebräischen Universität Jerusalem ist und ehemals Generaldirektor im israelischen Außenministerium war.

Die Herausforderungen für die Ausgestaltung innerer und äußerer Sicherheit werden im zweiten Teil behandelt. Der langjährige Leiter des Planungsstabes im Bundesministerium der Verteidigung Vizeadmiral a. D. Ulrich Weisser benennt die Aufgaben für die NATO und die EU sowie die
damit verbundenen Konsequenzen für die Sicherheitspolitik der Bundesrepublik und ihrer Streitkräfte. Bezüglich letzterer entwirft der ehemalige Generalinspekteur der Bundeswehr General a. D. Klaus Naumann, der bis 1999
Vorsitzender des Nato-Militärausschusses war, Überlegungen, wie die Bundeswehr für die zukünftigen Herausforderungen neu organisiert werden
kann. Über die nationale Ebene hinausblickend arbeitet Jörg Monar, Professor an der Universität Sussex, Fortschritte wie auch Defizite hinsichtlich der
Maßnahmen und Fähigkeiten der EU bei der Terrorismusbekämpfung heraus. Übergreifend untersucht Reinhard Hutter, Bereichsleiter für Informationstechnik und Kommunikation bei der Industrieanlagen-Betriebsgesellschaft in Ottobrunn, wie sich Gesellschaften, die durch Offenheit und einen
hohen Technologisierungsgrad geprägt sind, schützen lassen.

Im abschließenden Teil befasst sich Christoph Gusy, Professor für öffentliches Recht, Staatslehre und Verfassungsgeschichte an der Universität
Bielefeld, mit den rechtlichen Aspekten einer Vernetzung innerer und äußerer Sicherheitsinstrumente. Staatssekretär a. D. Eckart Werthebach, entwirft
ein Konzept zur idealtypischen Organisation innerer und äußerer Sicherheit
in Deutschland.

Neben den Autoren hat eine Reihe von sachkundigen Persönlichkeiten
regelmäßig an den Beratungen mitgewirkt: General a. D. Peter Heinrich
Carstens, Stellvertretender Vorsitzender der Kommission zur Reform der
Bundeswehr; Prof. Dr. Dr. Rudolf Dolzer, Direktor des Instituts für Völker-
recht der Universität Bonn und Mitglied der Enquete-Kommission „Globalisierung der Weltwirtschaft" des Deutschen Bundestages; Generalmajor a. D.
Manfred Eisele, Beigeordneter Generalsekretär der Vereinten Nationen für
Planung und Unterstützung von Peacekeeping-Missionen (1994-1998);
Klaus-Dieter Frankenberger, Verantwortlicher Redakteur für Außenpolitik
der Frankfurter Allgemeinen Zeitung; der Präsident des Bundesamtes für
Verfassungsschutz Heinz Fromm; der Präsident des Bundesnachrichten-
dienstes Dr. August Hanning; Dr. Michael Inacker, Leiter des Hauptstadtbü-
ros der Frankfurter Allgemeinen Sonntagszeitung; Außenminister a. D. Dr.
Klaus Kinkel, Stefan Kornelius, Ressortleiter Außenpolitik der Süddeutschen
Zeitung; Prof. Dr. Harald Müller, Geschäftsführendes Vorstandsmitglied der

Hessischen Stiftung für Friedens- und Konfliktforschung; Generalbundesanwalt Kay Nehm; Dr. Rolf Schumacher, Stellvertretender Politischer Direktor des Auswärtigen Amtes; Dr. Jacques Schuster, Ressortleiter Außenpolitik der Welt; Prof. Dr. Udo Steinbach, Direktor des Deutschen Orient-Instituts sowie Staatssekretär a. D. Dr. Walther Stützle.

Ich danke allen Teilnehmern der Task Force nachdrücklich für ihre Unterstützung. Für die Konzeption der Task Force, ihre Durchführung und die Fertigstellung dieser Publikation geht mein Dank an Franco Algieri (Centrum für angewandte Politikforschung), Josef Janning und Stefani Weiss (Bertelsmann Stiftung).

Werner Weidenfeld

Für ein System kooperativer Sicherheit

Werner Weidenfeld

Mit den Terroranschlägen des 11. Septembers 2001 offenbarte sich die Substanz einer neuen Sicherheitsbedrohung. Ein Jahrzehnt nach dem Ende des Ost-West-Antagonismus zerplatzten mit dem Einsturz des World Trade Center die Friedensträume der freien Welt. Eine merkwürdige Paradoxie wird zum Prägemal unserer Zeit: Nie war die militärische Überlegenheit der freien Welt größer, nie verfügte sie über präzisere Waffen – und dennoch macht sich das Gefühl der Unsicherheit und Schutzlosigkeit breit.

Terrorismus ist zu einer allgegenwärtigen Bedrohung in der globalisierten Welt des 21. Jahrhunderts geworden. Es sind nicht länger die Armeen verfeindeter Staaten, die sich mit Nuklearwaffen gegenseitige Vernichtung androhen, sondern in Netzwerken organisierte Terrorzellen, die sich durch kein international geltendes Ordnungsmodell einschränken noch durch militärische Macht abschrecken lassen. Die Zerstörung des World Trade Center und der Angriff auf das Pentagon sowie weitere terroristische Anschläge auf unterschiedlichste Ziele in verschiedenen Regionen der Welt – von Russland über Nordafrika bis Südostasien – verdeutlichen, welch große Wirkungskraft der Terrorismus als globale Gefahrendimension entwickelt hat.

Die neue Generation des Terrorismus ist durch ein nie da gewesenes Maß an Professionalität und Globalität charakterisiert. Der Terror macht sich jede Form von High Tech zu Nutze. Er verfügt über die modernsten Waffen- und Kommunikationssysteme. Er ist bestens vernetzt mit den großen Metropolen der Finanzwelt. Seine Strategie zielt auf die Schlüsselsymbole und die Infrastruktur der freien Welt. Deshalb ist die Zahl der Ziele geradezu unbegrenzt. Die vernetzte Infrastruktur der modernen, arbeitsteiligen Gesellschaft ist zum fragilen Angriffsziel geworden. Denkbare Schutzmaßnahmen stoßen schnell an die Grenzen des Machbaren wie an die Grundwerte unserer freiheitlichen Rechtsordnung und der liberalen Kultur.

Diese Erfahrung von Ausgeliefertheit und Schutzlosigkeit ist neu für die freie Welt, vor allem für die USA. Die Bedingungen und Möglichkeiten von Sicherheit sind unkalkulierbar geworden. Wir reagieren mit Verdrängung oder Lähmung. Zeichen für beide Reaktionen sind in vielfältiger Form er-

kennbar. In Deutschland ist dieser Befund von besonderer Brisanz. Gilt doch
für uns Deutsche, dass die Sehnsucht und das Streben nach Sicherheit fast
nirgends so ausgeprägt wie in unserer Gesellschaft ist. Im Blick auf die Sicherheitslage macht uns dies klar, wie verwundbar dieses Ordnungssystem
ist. Zweifel an der Sicherheit und den staatlichen Strukturen, die Sicherheit
gewährleisten sollen, sind angebracht. Bisher schwelen diese Explosivkräfte
unter der Oberfläche alltäglicher Befindlichkeiten. Überraschende Eruptio-
nen sind jedoch jederzeit möglich.

Angesichts der Brisanz der neuen Sicherheitsbedrohung sind aktive
Strategien des Gegenhandelns erforderlich. Hierzu sind die Begrenzungen
staatlicher Perspektiven zu überwinden und internationale Lösungen zu suchen. Neu gewogen werden muss auch das Verhältnis von innerer und äußerer Sicherheit, ohne dass demokratische und rechtsstaatliche Regeln aufgegeben werden. Eine umfassende Sicherheitsanalyse der Bedrohung darf nicht
ausschließlich danach fragen, *wie* die terroristischen Anschläge der jüngsten
Vergangenheit geschehen konnten, wie sie vorbereitet und durchgeführt
wurden und welche Sicherheitslücken auf nationaler und internationaler
Ebene bestehen. Im Bestreben, zukunftsorientierte und auf Prävention ausgerichtete Gegenstrategien zu entwickeln, muss auch danach gefragt werden,
weshalb radikale Weltbilder Unterstützung erfahren und sich Menschen unter dem Deckmantel der Religion hierfür gewinnen lassen.

Terrorismus neuen Typs

Die Anschläge in New York und Washington, auf Djerba und Bali sowie in
Marokko verdeutlichten in besonderer Weise das Potenzial terroristischer
Handlungsmacht. In einer asymmetrischen Bedrohungslage verlieren jene
Analyseraster an Bedeutung, die von strukturell und taktisch ähnlich den-
kenden und handelnden Akteuren ausgehen. In den genannten Fällen richte-
ten sich die Täter bei der Planung und der Durchführung der Aktionen nicht
an bislang bekannten Bewertungskriterien aus. Die Berechenbarkeit der
nächsten Handlungsschritte des terroristischen Gegners wird dadurch merklich erschwert und neue Analyseraster werden erforderlich. Angesichts der
realen Bedrohung durch den Terrorismus muss ein umfassendes Spektrum
möglicher Gefährdungen erfasst werden, durch das offene und vernetze Systeme herausgefordert sind.

Terroristisches Planen verlangt ein hohes Maß an Rationalität. Die richtige Dosierung des Eskalationspotenzials und der angemessene Angriffszeit-

punkt sind entscheidende Faktoren für den Erfolg terroristischen Handelns. Anstelle einer einheitlichen oder favorisierten Strategie wird situationsabhängig agiert und dabei werden neue und oftmals noch nie zuvor eingesetzte Taktiken angewandt. Dies erschwert es, die nächsten Schritte von Terroristen präzise einzuschätzen.

Um Maßnahmen gegen den Terrorismus zielgenau auszurichten, müssen dessen Ursachen erkannt werden. Ohne das Vorhandensein von realen oder konstruierten Konfliktstoffen können sich terroristische Gruppierungen gegenüber jenen, für die sie ihren Kampf führen, nicht legitimieren. Ein Blick auf die globale Konfliktkarte lässt schnell erkennen, dass genügend Beispiele herangezogen werden können, die von ethnischen Spannungen, ideologisch motivierten Auseinandersetzungen bis hin zum Versagen gesellschaftlicher Ordnungssysteme und damit verbundenen anarchischen Strukturen reichen. Kriege, Bürgerkriege, die Herrschaft von Diktaturen, das Scheitern demokratischer Einrichtungen oder wirtschaftliche Miseren werden von den betroffenen Menschen in verschiedenen Regionen der Welt häufig in Verbindung mit einer empfundenen Dominanz westlicher Systeme, insbesondere der USA, gebracht. Solche Problemkonstellationen wirken wie ein Nährboden für die Herausbildung radikaler Gruppen, die den Einsatz gewaltsamer Mittel als legitime Form der Auseinandersetzung betrachten. Gelingt es terroristischen Gruppen vor solch einem Hintergrund, ihr abstraktes Kalkül in konkrete Forderungen umzumünzen, erhöht sich die Chance, eine entsprechende gesellschaftliche Resonanz bis hin zur Akzeptanz hervorzurufen.

Mit Blick auf die arabische Welt nutzen terroristische Akteure unterschiedliche Argumente zur Legitimation ihres Handelns. Diese reichen von der Fremdbestimmung der arabisch-islamischen Welt durch westlich-säkularisierte Mächte bis hin zu regionalen Struktur- und Entwicklungsunterschieden, einschließlich einer überdeutlichen Diskrepanz zwischen reichen und armen Staaten. Am Beispiel der Taliban-Herrschaft in Afghanistan verdeutlichte sich, wie eine radikale Gruppierung Macht erlangen kann und durch die Unterstützung einer einflussreichen terroristischen Gruppe diese Macht sichern konnte. Wie sich in Pakistan zeigt, bieten instabile und defizitäre staatliche Strukturen den Raum, in dem sich Unterstützungs- und Rekrutierungsmilieus bilden, auf die terroristische Gruppen zurückgreifen. Von den Beispielen misslungener Modernisierung oder fehlender Demokratisierung darf jedoch keine Verallgemeinerung für die islamische Staatenwelt abgeleitet werden. Innerhalb dieser gibt es durchaus Entwicklungen hin zu demokratischen Strukturen, wenngleich mit unterschiedlichem Erfolg und unterschiedlichem Konsolidierungsgrad.

Die Motivlage, aus der heraus die jüngsten terroristischen Aktionen unterstützt und umgesetzt wurden, steht nicht länger in der Tradition der Befreiung des Proletariats oder der Unterstützung der unterdrückten Bevölkerung in Entwicklungsländern. Stattdessen geht es vor dem Hintergrund der zunehmenden Globalisierung um die Verteidigung des eigenen, als bedroht empfundenen Wertesystems. Terroristisches Handeln zielt heute auf globale Wirkung und stellt eine deutlich umfassendere Gefährdung dar, als beispielweise sozialrevolutionäre Untergrundgruppen in den siebziger Jahren (RAF, Rote Brigaden) oder ethno-nationalistischer Terrorismus (IRA, ETA). Gestützt auf die Hilfe staatlicher wie auch privater Akteure, greifen terroristische Gruppierungen auf reichhaltige finanzielle, sachliche und personelle Ressourcen zurück. Auch verfügen terroristische Akteure über eine hohe Lernfähigkeit bezüglich der Verletzlichkeit der als feindlich empfundenen Systeme und verknüpfen alte und neue Handlungsinstrumente im Kampf gegen diese.

Massive Gewaltanwendung und die damit verbundenen hohen Opferzahlen haben sich zu Konstanten des terroristischen Handelns entwickelt. Der kontrollierte und bewusst auf einen bestimmten und kleinen Personenkreis bezogene Angriff verliert an Bedeutung. Mit den Aktionen des 11. Septembers 2001 symbolisierte sich die Macht der Terroristen, die Verwundbarkeit des gegnerischen Systems zu offenbaren und dieses in seiner Funktionsweise zu stören. Das Töten einer großen Zahl von Menschen wird in Kauf genommen und ist Teil der Manifestation von Macht, die zur globalen Botschaft wird.

In netzwerkartigen Terrororganisationen, die nicht strikt hierarchisch organisiert sind, können zwar Führungsfiguren identifiziert werden, doch eine Fixierung auf diese als allein Verantwortliche ist irreführend. Denn in diesen Handlungsstrukturen finden sich eine Vielzahl von einzelnen, oft autonom agierenden und ethnisch unterschiedlich zusammengesetzten Gruppierungen. Ein derartiges Gebilde ist schwer zu durchdringen und kann nur mühsam zerschlagen werden.

Die terroristische Bedrohung der Gegenwart manifestiert sich bislang am deutlichsten in Form der radikal-islamistischen Organisation Al Qaida. Mit ihrer netzwerkartigen Struktur übernimmt sie eine Art übergeordnete terroristische Vorbildfunktion. Es wäre jedoch falsch, die Anti-Terror-Strategien ausschließlich gegen diese Organisation zu richten, da in verschiedenen Regionen der Welt unterschiedlich motivierte Terrorgruppen auf ein großes Rekrutierungs- und Unterstützerpotenzial zurückgreifen können. Aus der aktuellen Terrorismusdebatte darf keine Polarisierung zwischen westlichen und islamischen Gesellschaften resultieren. Die Einbeziehung der religiösen Dimension in die Terrorismusdebatte verlangt eine klare Differenzierung: Der Islam ist nicht als Auslöser terroristischen Handelns zu verstehen; vielmehr wird er von radikalen Gruppierungen im Sinne eines zweckgerichteten Eigeninteresses instrumentalisiert und dient der moralischen Aufladung gegen einen vermeintlichen Gegner. Beim islamistisch motivierten Terrorismus ergibt sich aus einer religiös geprägten Werte- und Ordnungsvorstellung die Legitimation zur Verteidigung der islamischen Welt gegenüber einem säkularisierten und in seinen Augen hedonistisch geprägten Lebensstil des Westens. Indem terroristische Akteure ihr Handeln mit Forderungen, wie beispielsweise nach dem Schutz des eigenen Werteraumes, verbinden, erhöhen sie die Aussicht auf positive Resonanz. Eine zentrale und die Detaildebatte übergreifende Herausforderung ist es, nicht in die Falle einer vom *clash of civilizations* geprägten Mentalität zu geraten.

Über diese Motive und Merkmale hinausreichend hat der Faktor Zeit eine spezifische Bedeutung. Der Weg zum Ziel wird als ein langfristiger und unter Umständen ganze Generationen umfassender Prozess verstanden. Die schnelle und alles auf einen Schlag verändernde Tat tritt in den Hintergrund.

Vor diesem Hintergrund sind hochentwickelte westliche Länder in besonderer Weise gefährdet. Mit der zunehmenden globalen Vernetzung politischer, ökonomischer und gesellschaftlicher Prozesse ist ein offenes und angreifbares System gegenseitiger Abhängigkeit entstanden. In diesem sind nicht nur die kritischen Infrastrukturen westlicher Länder, wie Verkehrswege, Energieversorgung oder Telekommunikation gefährdet. Betroffen sind darüber hinaus die Symbole westlicher Mobilität und Lebensform, wie die Anschläge auf Tourismuszentren in Tunesien und Indonesien zeigten. Das Wissen über die ständig zunehmende Verletzlichkeit hochentwickelter Länder für Gewaltaktionen öffnet der terroristischen Phantasie Raum für die unterschiedlichsten Aktionsformen. Es ist dabei selbstverständlich, dass Terroristen für die Planung und Durchführung ihrer Aktivitäten auf moderne Informationstechnologien zurückgreifen.

Die Erkenntnisse über das bestehende und die Vermutung über ein bislang noch nicht erlebtes Ausmaß terroristischer Macht, in Verbindung mit dem Bewusstsein über eine vielschichtige und stets gegenwärtige Gefährdungslage, hat globale sozio-ökonomische Auswirkungen. So wurden in Folge der Terroranschläge vom 11. September die internationalen Finanzmärkte verunsichert, der Versicherungssektor stark belastet, Luftfahrtgesellschaften verzeichneten rückläufige Passagierzahlen und die Touristikbranche hatte Einbußen.

All dies erlebt weltweit eine dramatische Aufwertung in den Medien. Vor dem Hintergrund einer solchen Konfliktsituation findet das Spektakuläre, die Inszenierung von Angriffen für die Medien, Berücksichtigung bei der Strategieplanung terroristischer Akteure. Durch die mediale Verstärkung wird die Wahrnehmung einer globalen Öffentlichkeit intensiv angesprochen. Es ist ein Wesensmerkmal asymmetrischer Kriege, dass in ihnen Nachrichten und insbesondere Fernsehbilder, wie beispielsweise von den brennenden Türmen des World Trade Center oder den zivilen Opfern amerikanischer Luftangriffe, zu einem Bestandteil der Kriegsführung geworden sind. Das Zeigen der Gewalt ist in einer Reihe von Fällen zu einem Symbol für den Angriff auf die moralischen Kräfte des Gegners geworden.

Kooperative Sicherheitsstrukturen in Deutschland

Verschiedenste Reorganisationsmaßnahmen werden notwendig sein, um die Schlagkraft der bestehenden Sicherheitsinstitutionen gegen terroristische Netzwerke zu erhöhen. Die latente Konkurrenz zwischen Bundeskriminalamt (BKA), Bundesverfassungsschutz (BfV) und Bundesnachrichtendienst (BND) muss im Sinne eines kooperativen Denkens und Handelns der Sicherheitsinstitutionen überwunden werden, um mittels Zusammenarbeit die Planung und Implementierung von Maßnahmen zu verbessern. Neben dem Ausbau der bestehenden Gesprächskreise zwischen Generalbundesanwalt, BKA und BND muss der Austausch von Verbindungsbeamten intensiviert werden.

Darüber hinaus sollte geprüft werden, inwieweit BfV und BND eine gemeinsame Auswertung nachrichtendienstlich erworbener sowie offen zugänglicher Informationen institutionalisieren können. Um die Defizite im Bereich der Informationszugänglichkeit zu verringern, könnte darüber hinaus die Einrichtung einer gemeinsamen Datenbank „Internationaler Terrorismus" angedacht werden, in der die Erkenntnisse von Bundeskriminalamt, Bundesverfassungsschutz und Bundesnachrichtendienst über internationale terroristische Aktivitäten einfließen könnten.

Geprüft werden muss außerdem, inwieweit die föderal organisierte deutsche Sicherheitsarchitektur den gegebenen Herausforderungen gerecht werden kann. Die Angelegenheiten des Verfassungsschutzes in Deutschland sollten neu geordnet und am besten ausschließlich auf Bundesebene angesiedelt werden. Zumindest ist zu fordern, dass die Zahl der 16 Landesverfassungsschutzämter durch Zusammenlegung deutlich reduziert wird. Gleiches gilt für die Landeskriminalämter.

Dementsprechend sind die Kompetenzen des Bundeskriminalamtes auszuweiten. Es sollte in jedem Fall eine Initiativermittlungskompetenz in der präventiven Terrorismusbekämpfung erhalten. Wünschenswert wäre eine noch zentralere Rolle des BKA und eine übergeordnete Koordinierungsfunktion nicht nur gegenüber den Länderpolizeien, sondern auch gegenüber dem Bundesgrenzschutz und dem Zoll. Eine solche Neuorganisation, bei der dem Bundeskriminalamt eine Leitfunktion zukommt, schont Ressourcen und wirkt der Zersplitterung sicherheitsrelevanter Informationen entgegen. Darüber hinaus wird ein derart aufgewertetes BKA auch die internationale Komponente der Terrorismusbekämpfung stärken und eine verbesserte Koordinationsfunktion übernehmen können.

Eine Reihe dieser Vorschläge würde den Abbau grundgesetzlicher und datenschutzrechtlicher Schranken erfordern. Eine solche Ausweitung exekutiver Befugnisse darf jedoch nicht ohne eine parallele Aufwertung legislativer und judikativer Kontrollmechanismen erfolgen. Gerade angesichts der derzeitigen Sorge um die terroristische Bedrohung müssen Kompetenzüberschreitungen verfolgt werden, da andernfalls zu befürchten ist, dass bürgerliche Freiheiten im Namen der inneren Sicherheit unzulässig eingeschränkt werden.

Das Grundgesetz legt den Handlungsspielraum der Bundeswehr fest. Die Möglichkeiten für und der Umfang von Auslandseinsätzen sind klar definiert und legitimiert. Bei einem inneren Notstand ist der Einsatz von Streitkräften bislang nur als äußerstes Mittel zu verstehen. Die Rolle der Bundeswehr im Inneren soll ausgeweitet und dabei auf eine klare rechtliche Grundlage gestellt werden. Sind nämlich die Grenzen zwischen äußerer und innerer Sicherheit sowie zwischen Krieg und Frieden weitestgehend perforiert, stellt sich die Frage nach dem Einsatz der Bundeswehr im Inneren mit entsprechender Dringlichkeit. Der Fall des „Irrfliegers", der 90 Minuten unbehelligt über Frankfurt kreisen konnte, hat dies unterstrichen. Das mittlerweile übergreifend ausgearbeitete Konzept zur Sicherung des Luftraums stellt einen Anknüpfungspunkt für die Schaffung von klaren Ermächtigungsgrundlagen für terroristische Bedrohungslagen aus der Luft dar. Die Bundeswehr könnte jedoch über die Luftraumüberwachung hinaus noch in anderer Weise im Innern gefordert werden. Die Streitkräfte besitzen beispielsweise die modernste und umfassendste Ausrüstung für die Erkennung und Beseitigung von ABC-Kampfstoffen. Im Falle einer Terrordrohung könnten diese Kräfte die Spezialkräfte der Polizei oder des Bundesgrenzschutzes ergänzen. Des weiteren könnte die Bundeswehr künftig auch zum Schutz kritischer Infrastruktur eingesetzt werden können.

Der Bundesgrenzschutz (BGS) verbindet militärische und polizeiliche Denk-, Handlungs- und Organisationsformen. Aufgrund seiner sowohl außen- wie auch innenpolitisch ausgerichteten Aufgaben ist er grundsätzlich als ein Element der Vernetzung beider Sicherheitsbereiche geeignet. Erschwert wird die Wahrnehmung dieser Scharnierfunktion jedoch durch die Tatsache, dass er im internationalen Vergleich eine Sonderstellung einnimmt. Die Herausforderung besteht darin, den BGS in ein System zwischenstaatlicher Kooperation und Vernetzung zu integrieren. Im Zuge des Aufbaus eines gemeinsamen europäischen Grenzschutzes sollte dem BGS aufgrund seiner spezifischen Erfahrungen in diesem Bereich eine zentrale Rolle zukommen.

Deutlich mehr Aufmerksamkeit muss in Zukunft der Zivil- und Katastrophenschutz erhalten. Es bedarf einer grundlegenden Reorganisation, die auch die vielen privaten oder ehrenamtlichen Träger im Bereich der Notfallversorgung oder der technischen Hilfsdienste einbezieht. Vorraussetzung hierfür ist eine Bestandsaufnahme und fundierte Risikoanalyse der kritischen Infrastrukturen sowie Industrieanlagen. Diese muss in Verbindung zu einer Bedrohungsanalyse stehen, die anhand konkreter Szenarien eine gemeinsame Notfallplanung von Bund und Ländern aufbauen lässt.

Bei der Planung und Umsetzung dieser Maßnahmen ist aber nicht nur der Staat allein gefordert, vielmehr sind auch die Wirtschaft sowie andere nichtstaatliche Akteure in den Prozess der Sicherheitsgewährung einzubeziehen. Es sollte daher auch genau verfolgt werden, ob die Wirtschaft das entsprechende Risikobewusstsein und Verantwortungsgefühl für den Schutz gefährlicher oder stark gefährdeter Anlagen entwickelt. Geschieht dies nicht über neue Sicherheitsstandards, die von Versicherungsunternehmen gefordert werden, müssen entsprechende Gesetzesinitiativen folgen.

Auf europäischer Ebene besteht zwar ein EU-Aktionsprogramm für den Katastrophenschutz, doch werden die Möglichkeiten zur Koordinierung auf EU-Ebene beim Katastrophenschutz in entsprechenden Situationen nicht umfassend von den Mitgliedstaaten genutzt, und teilweise mangelt es letzteren auch an notwendigen Informationen. Die eingeleiteten Maßnahmen, die besonders darauf abzielen, die Koordinations- und Reaktionsgeschwindigkeit zu optimieren, sind weiter voranzutreiben sowie nationale und zwischenstaatliche Katastrophenschutzprogramme in einen kohärenten europäischen Rahmen einzubinden. Bei der Entwicklung neuer Katastrophenschutzmaßnahmen müssen vermehrt Szenarien zur Bewältigung der Folgen terroristischer Anschläge, sei es atomarer, biologischer oder chemischer Art, berücksichtigt werden.

Verbesserung der Integrationspolitik

Im Schutze ethnischer und nach außen abgeschlossener Gruppen entwickeln terroristisch motivierte Akteure Strukturen, innerhalb derer sie Unterstützung gewinnen, Gleichgesinnte rekrutieren und Attentate vorbereiten. Sprachliche, religiöse und traditionelle Bindungen in diesen Gruppen, gepaart mit einem Misstrauen gegen Fremde, fördern einen sehr intensiven Zusammenhalt und erschweren die Erkenntnisgewinnung. Besonders unter Zeitdruck führen entsprechende Präventionsmaßnahmen nur zu suboptimalen Ergebnissen. Beobachtungszeiträume müssen deshalb auf Kontinuität und Langfristigkeit angelegt sein. Eine frühe und nahe an Personen ausgerichtete Prävention muss beispielsweise durch die Kontrolle der verschiedenen Formen der politisch-religiösen Bewusstseinsbildung in den Moscheen und Koranschulen stattfinden. Um möglichst alle Facetten der terroristischen Netzwerke frühzeitig zu erfassen, sollten ergänzend die Expertisen von Fachpersonal, Analysten, Sprachwissenschaftlern, Islamwissenschaftlern, bis hin zu Bankfachleuten für die erkennungsdienstliche Arbeit eingeholt und miteinander verbunden werden.

Zur Schwächung der Unterstützungsstrukturen trägt eine verbesserte Integrationspolitik bei, denn es zeigt sich, dass mangelnde Integrationserfolge für die Herausbildung terroristischer Täterprofile mitverantwortlich sein können. Die Formen und Angebote zur Integration bedürfen einer entsprechenden Überprüfung, um zu erkennen, wo die Schwachstellen liegen und wie gegenseitige Akzeptanz ausgebaut werden kann. In diesem Kontext sind in Deutschland beispielsweise die Bemühungen um eine Integration des islamischen Religionsunterrichts in die Lehrpläne fortzusetzen. Des weiteren sollten nationale Zuwanderungskonzepte stärker aufeinander abgestimmt und im Rahmen der EU kohärent gestaltet werden. Obwohl durch den Vertrag von Amsterdam Fragen der Zuwanderung in den Gemeinschaftsrahmen gebracht wurden, bestehen Umsetzungsprobleme auf nationaler Ebene. Die Vergemeinschaftung der Einwanderungspolitik muss im Sinne einer präventiven Integrationsstrategie verstanden werden. Deshalb sollten die bis 2004 vorgesehen Regelungen zur Aufnahme von Asylbewerbern, Asylverfahren, den Status von Flüchtlingen, den zeitweiligen Vertriebenenschutz, die Familienzusammenführung und den Status von Angehörigen von Drittstaaten nachdrücklich vorangetrieben werden.

Die europäische Dimension innerer Sicherheit

Innere Sicherheit in Deutschland kann nicht von der europäischen Dimension
losgelöst werden. Zur besseren Ausnutzung der Kapazitäten von Europol, der
Task Force der Polizeichefs und von Eurojust sind klare Aufgabendefinitionen und Prioritätensetzungen im Bereich der Terrorismusbekämpfung sinnvoll. Zwischen diesen Gremien sollte ein regelmäßiger Trialog eingerichtet
werden, mit der Möglichkeit, dem Rat gemeinsame Empfehlungen zu neuen
Maßnahmen und Schwerpunkten bei der praktischen Weiterentwicklung der
polizeilichen und justitiellen Zusammenarbeit unterbreiten zu können. Von
zentraler Bedeutung ist auch die Sicherstellung eines umfassenden Informationszugangs von Europol und Eurojust zu Daten und besonderen Kenntnissen nationaler Behörden. Hierzu müssen sich die nationalen Behörden –
unter Berücksichtigung datenschutzrechtlicher Normen – zur Informationsweitergabe verpflichten. Maßnahmen gegen terroristische Bedrohungen sind
als ausdrückliche Handlungsziele in jede der drei Säulen des EU-
Vertragswerks einzuführen. Zur Stärkung der operativen Kapazitäten sollte
die Arbeit der Task Force der Polizeichefs auf die Evaluierung der Möglichkeiten gemeinsamer Anti-Terror-Operationen der nationalen Polizeikräfte
sowie deren Planung adäquat ausgerichtet werden. Schließlich könnten Ausweitung von gemeinsamen Trainingsmaßnahmen im Bereich der Terrorismusbekämpfung vor allem für Polizeibeamte und Staatsanwälte ausgebaut
werden.

Die Europäische Union als globaler Sicherheitsakteur

Die Europäische Union entwickelt sich zu einem umfassenden globalen Si-
cherheitsakteur. Eine ihrer primären außen- und sicherheitspolitischen Aufgaben liegt in der Stabilisierung und Unterstützung der Nachbarregionen
einer erweiterten EU. Mit der Erweiterung der EU werden neue Außengrenzen geschaffen, die unmittelbar an Staaten und Regionen anschließen, die
durch Instabilität und Krisen gekennzeichnet sind. Im Kontext einer umfassenden Nachbarschaftspolitik gegenüber dem Balkan, dem Kaukasus, Nordafrika und dem Mittelmeerraum, sind die bestehenden Dialog- und Kooperationsstrukturen weiter zu vertiefen. Dabei müssen auch die gesellschaftlichen
und ökonomischen Bedingungen oder die Situation von ethnischen und religiösen Minderheiten gemeinsam mit den Nachbarstaaten aufgegriffen wer-

den, um stabilitätsfördernde Maßnahmen fortzuentwickeln und neue zu initiieren.

Ursachenforschung muss von Akteuren in den betroffenen Staaten und Regionen mitgetragen werden. Es gilt zu erkennen, welche Akteure in islamischen Staaten für Reformansätze offen sind. Der Dialog mit der arabischen und islamischen Welt – eine wichtige Rolle nimmt hierbei auch der euro-mediterrane Dialog ein – kann nicht umhin, kontinuierlich eine Reihe von Problemfeldern aufzugreifen, wie beispielsweise das demokratische Defizit, den Aufbau und die Entwicklung einer Zivilgesellschaft, von politischen Parteien und der Pressefreiheit, die Gleichberechtigung der Frauen, Bildung und Erziehung sowie den Schutz von Minderheiten. Ein kritisch und klar geführter Dialog, der die Kooperations- und Unterstützungsmaßnahmen mit der Einhaltung der genannten Rechte konditionalisiert, ist wichtig für die Glaubwürdigkeit deutscher und europäischer Politik gegenüber Drittstaaten. Neben dem Elitendialog bedarf es eines intensiven Meinungsaustausches mit der akademischen Mittelschicht und nichtstaatlichen Akteuren. Entscheidend für den kritischen Dialog ist es, *double standards*, beispielsweise bei der Auslegung der Menschenrechtspolitik, zu vermeiden und westliche Modelle nicht zu oktroyieren.

Im Rahmen der GASP/ESVP verfügt die EU über ein breites Spektrum an sicherheitspolitischen Handlungsinstrumenten, die in Verbindung mit Instrumenten des ersten und dritten Pfeilers des europäischen Vertragswerkes Elemente der Außensteuerung liefern. Die Terrorismusbekämpfung bildet ein Hauptthema auf der außen- und sicherheitspolitischen Agenda der EU. Mit der Entwicklung eines europäischen Sicherheitskonzept, bewegt sich die EU zunehmend in Richtung eines strategischen Sicherheitsakteurs. Der Weg für den Einsatz nicht-militätischer und militärischer Mittel bei der Terrorismusbekämpfung sollte nicht nur deklaratorisch gefordert werden, sondern durch gemeinsame Analyse und Planungskapazitäten ergänzt werden. Die Sicherheitsinstitutionen auf nationaler wie europäischer Ebene müssen verpflichtet werden, dem europäischen Außenminister alle relevanten Erkenntnisse zur Verfügung zu stellen. Um die Gefahr von Entscheidungsblockaden in der europäischen Außen- und Sicherheitspolitik zu verringern, sollten alle nicht-militärischen Aspekte der europäischen Außen- und Sicherheitspolitik mit Mehrheit entschieden werden.

Eine neue transatlantische Strategiedebatte

Trotz aller gegenwärtigen Verwerfungen im transatlantischen Verhältnis kann eine umfassend greifende Strategie gegen den Terrorismus nur im Zusammenspiel beider atlantischer Partner erfolgreich sein. Die Beispiele Balkan und Afghanistan zeigen einen elementaren Sachverhalt: Europa befreit sich aus amerikanischer Bevormundung, ohne weltpolitisch laufen gelernt zu haben, und sitzt damit in der Emanzipationsfalle. Europa muss ein eigenständiges Handlungsformat entwickeln, besitzt hierzu jedoch noch kein strategisches Konzept. Washington bleibt damit im Umgang mit dem europäischen Partner keine andere Wahl, als entweder den Alleingang oder die punktuelle Abstimmung mit einzelnen europäischen Führungsmächten zu suchen.

An den Problemen des Wiederaufbaus und der Nachkriegsordnung in Afghanistan und im Irak zeigt sich, dass die USA auf den engen Schulterschluss mit den Europäern angewiesen sind. Europa hat heute allein aufgrund seiner wirtschaftlichen Stärke weltweit Verantwortung zu tragen und ist bereits gemeinsam mit den USA zum wichtigsten Adressaten globaler Hoffnungen auf Unterstützung bei der Durchsetzung von Demokratie und wirtschaftlichem Fortschritt geworden. Die USA werden die Europäer in Zukunft immer mehr in die Pflicht nehmen, die wirtschaftliche Weltmacht Europa auch mit der entsprechenden politischen Verantwortung auszustatten.

Die Achillesferse Europas ist das Defizit an strategischem Denken. Die im Juni 2003 von Javier Solana vorgelegte Sicherheitsstrategie für die EU ist der erste Schritt in die richtige Richtung, jedoch muss diese Initiative erst noch ihren Gehalt beweisen. Der Strategieentwurf kann jedoch zum Ausgangspunkt eines neuen sicherheitspolitischen Denkens werden.

Die Frage nach der angemessenen Organisation der transatlantischen Partnerschaft haben die Europäer im Blick auf ihre politische Einigung zu beantworten. Je effizienter sich die EU organisiert – auch militärisch –, desto leichter fällt den USA die Partnerschaft mit Europa. Nicht nur die unterschiedlichen Bedrohungsempfindungen müssen zusammengefügt werden, sondern neue, sich gegenseitig ergänzende Maßnahmen sind abzustimmen. Essentiell wird die Fähigkeit zur strategischen Lagebestimmung sein. Deshalb müssen die europäischen Staaten untereinander eine kontinuierliche und zielgerichtete Strategiedebatte führen, um endlich Klarheit über die Interessen und die Rolle der EU in der Welt zu finden. Dies ist die Voraussetzung für eine neue transatlantische Partnerschaft zur Organisation internationaler Sicherheit.

Die konkreten Schritte: Der 8-Punkte-Plan

Diese Analyse zur Zukunft der Sicherheit muss Konsequenzen haben. Dafür steht in kompakter Form der 8-Punkte-Plan:

- Innerhalb der Bundesrepublik Deutschland sind einige strukturelle Defizite der Sicherheitsarchitektur zu überarbeiten. Die föderale Fragmentierung durch das System der Landesämter für Verfassungsschutz sowie der Landeskriminalämter ist nur sehr bedingt geeignet, den gegebenen Herausforderungen zu begegnen. Die Zusammenarbeit von Bundesnachrichtendienst, Bundesamt für Verfassungsschutz und Bundeskriminalamt muss verbessert und im Bereich Terrorismus institutionalisiert werden. Eine derartige Stärkung der Exekutive muss jedoch durch eine Verbesserung der judikativen und legislativen Kontrollmechanismen begleitet werden.

- Zudem gilt es, ein Sicherheitskonzept zu entwickeln, das Kriterien für die Auslandseinsätze der Bundeswehr beinhaltet. In diesem Zusammenhang muss auch geprüft werden, welche Funktionen die Bundeswehr im Rahmen eines integrierten Sicherheitskonzepts in Zukunft bei Einsätzen innerhalb Deutschlands sinnvoller Weise erfüllen könnte.

- Darüber hinaus müssen auch auf europäischer Ebene erkennungsdienstliche, polizeiliche und militärische Maßnahmen enger aneinander rükken und sich ergänzen. Einem vernetzten Denkansatz folgend, bedarf es auf zwischenstaatlicher wie europäischer Ebene eines weitreichenden Informationsaustausches zwischen Sicherheitsinstitutionen, verbesserter Arbeitsteilung, Spezialisierung und Differenzierung mit dem Ziel wechselseitiger Optimierung. Nationale Besonderheiten müssen überprüft und grenzüberschreitende Vernetzung flexibel ausgestaltet werden.

- Auf europäischer Ebene bedeutet die Verbindung interner und externer Maßnahmen eine deutliche Steigerung der sich ergänzenden Wechselwirkungen zwischen den drei Säulen des Vertragwerks der Europäischen Union. Der Union stehen vor allem im Rahmen des EG-Vertrages (Erste Säule), sowohl hinsichtlich des Binnenmarktes als auch hinsichtlich der Außenwirtschaftsbeziehungen, eine Reihe von Instrumenten zur Verfügung, um die Zielsetzungen der Terrorismusbekämpfung im Rahmen des Titels VI EU-Vertrags (Dritte Säule) wirksam zu ergänzen.

Hinzu kommen die außen- und sicherheitspolitischen Möglichkeiten aus dem Bereich der GASP/ESVP (Zweite Säule). In diesem Kontext sollte auch die Schaffung eines europäischen Grenzschutzes angedacht werden, der ähnlich dem deutschen Bundesgrenzschutz, eine Scharnierfunktion zwischen äußerer und innerer Sicherheit innehaben könnte.

- Sowohl auf nationaler wie auch auf internationaler Ebene müssen die Instrumente des Katastrophen- und Zivilschutzes verstärkt koordiniert, Sicherheitsüberprüfungen kritischer Infrastruktureinrichtungen durchgeführt und Maßnahmen zur Reduzierung von Verwundbarkeit eingeleitet werden.

- Über diese Reformen hinaus bedarf es jedoch auch einer langfristig angelegten Anti-Terrorpolitik, die an den Strukturen ansetzt, innerhalb derer sich Menschen radikalisieren lassen. In diesem Zusammenhang kommt einer erfolgreichen europäischen Integrationspolitik eine herausragende Rolle zu. Nur wenn es gelingt, Emigranten in die bestehenden gesellschaftlichen Systeme zu integrieren, kann extremistischen Weltanschauungen der Einfluss entzogen werden, den sie in Diasporagemeinden bisweilen erlangen.

- Nach außen gerichtet sollte die Europäische Union die Entstehung und Stabilisierung von Zivilgesellschaften und handlungsfähigen staatlichen Strukturen in ihrer Nachbarschaft fördern. Dazu gehören sowohl Hilfsmaßnahmen bei der Reformierung des Sicherheitssektors als auch bei Entwicklung demokratischer und rechtsstaatlicher Strukturen.

- Sämtliche Entscheidungen, auf nationaler und europäischer Ebene, dürfen nicht losgelöst von dem größeren Bezugsrahmen der internationalen Beziehungen getroffen werden. Internationale Sicherheit zu erreichen bedeutet, auf Fragen nach der Gestaltung des Völkerrechts, der Reform des Sicherheitsrats der Vereinten Nationen sowie zur Abrüstung und Rüstungskontrolle klare und verbindliche Antworten zu finden. Sicherheitsstrukturen und -debatten sind nicht nur zwischen einzelnen Staaten sondern auch zwischen der EU, der OSZE und den Vereinten Nationen zu verbinden. Eine herausragende Stellung kommt den transatlantischen Beziehungen zu. Es ist daher von größter Bedeutung, dass Europäer und Amerikaner die Verstimmungen der Vergangenheit überwinden und zu einem konstruktiven und vertrauensvollen Kooperationsverhältnis zurückfinden. Die neuen, vom Terrorismus ausgehenden sicherheitspolitischen Herausforderungen kennen keine Grenzen und verlangen deshalb international abgestimmte und legitimierte Reaktionen.

Nur in einem umfassenden und vernetzten System kooperativer Strukturen kann Sicherheit gewährleistet werden. Das Festhalten an selektiven Maßnahmen und an Institutionen, die sich gegeneinander abschotten, bedeutet eine Kapitulation gegenüber den neuen Herausforderungen. Analytische Debatten sind notwendig, um die Vielschichtigkeit der Problemlage zu erkennen. Doch darauf aufbauend müssen politische Entscheidungen getroffen und zielgerichtet und rasch umgesetzt werden. Hierzu bedarf es des Mutes trennende Gräben zu überwinden, um der Welt des 21. Jahrhunderts Stabilität und Sicherheit zu geben.

Internationaler Terrorismus –
Ursachen und Wirkungsweisen

Ältere und jüngere Formen des Terrorismus
Strategie und Organisationsstruktur

Herfried Münkler

Die Entwicklung des internationalen Terrorismus im letzten Jahrzehnt ist weniger von seiner Ideologie als von seiner Strategie her zu entschlüsseln. Während im sozialrevolutionären und ethnoseparatistischen Terrorismus ideologische Vorgaben dominant waren (und sind) und aus ihnen Strategie und Taktik von Anschlägen abgeleitet wurden, hat sich in den jüngeren Formen des internationalen Terrorismus die Grammatik der Gewalt gegenüber den politisch-ideologischen Vorgaben in hohem Maße verselbständigt bzw. diese politisch-ideologischen Vorgaben sind von vornherein nur noch schwach ausgeprägt. Man kann mithin von einer Ersetzung des Primats der Politik durch den Primat der Strategie sprechen bzw. einer Verselbständigung von Gewaltstrategien gegenüber deren ideologischen Rechtfertigungen. Dies hat weitreichende Folgen für die Organisationsstruktur terroristischer Gruppen, unter anderem in der Ersetzung hierarchischer Kommandostrukturen durch segmentäre Netzwerkorganisationen, aber auch im Hinblick auf die Auswahl der Ziele terroristischer Anschläge und die aus den Handlungsimperativen terroristischer Akteure abzuleitende Erfordernis bzw. Nichterfordernis zu Begrenzung oder Nichtbegrenzung der bei diesen Anschlägen zu erwartenden Opfer. Im Verlauf der 90er Jahre des 20. Jahrhunderts, so der nachfolgend zu entwickelnde Grundgedanke, haben Teile des internationalen Terrorismus einen fundamentalen Strategiewechsel vollzogen, in dessen Gefolge sich der Terrorismus aus einer überwiegend innerstaatlichen Bedrohung in eine Herausforderung der internationalen Ordnung verwandelt hat. Man kann den internationalen Terrorismus als eine neue Variante des Verwüstungskrieges begreifen, die sich im Rahmen einer allgemeinen Asymmetrisierung des Krieges seit dem Ende des Ost-West-Konflikts entwickelt hat. Die Folge dessen ist, dass sich die Terrorismusbekämpfung aus einer wesentlich polizeilichen Aufgabe in eine in verstärktem Maße auch die nach außen tätigen Geheimdienste und das Militär betreffende Herausforderung verwandelt hat. Inbegriff dieser Entwicklung ist die internationale Netzwerkorganisation Al Qaida, deren Aktionsformen gleichermaßen Terroranschläge, Guerillataktiken sowie Formen konventioneller Kriegführung umfassen.

Wandel in der Operationslogik

Der Wandel in der Operationslogik des Terrorismus lässt sich an der Figur des „als interessiert unterstellten Dritten" konkretisieren:[1] In den früheren Formen des Terrorismus war diese ideologisch konstruierte Gestalt, bei der es sich um das Proletariat, gesellschaftlich Marginalisierte, Unterdrückte der Dritten Welt sowie benachteiligte ethnische Gruppen handeln konnte, die zentrale Legitimationsressource terroristischer Gewalt und daneben zugleich der wichtigste Adressat der von den Anschlägen verbreiteten „Botschaften".[2] Aus dem Kampf für diesen Dritten bezogen die terroristischen Gruppen ihre politische Legitimität, und durch die Anschläge sollte der bislang passive Dritte zum aktiven Widerstand gegen die bestehende Ordnung motiviert werden. Von der Narodniki im Rußland des 19. Jahrhunderts bis zur RAF im Deutschland der 70er Jahre war dieser „als interessiert unterstellte Dritte" der Adressat der Aktionen, die dazu beitragen sollten, ihn in den politischen Kampf zu ziehen – von Massenstreiks bis zum bewaffneten Widerstand.[3] Terrorismus war zum überwiegenden Teil Kampf um die politische Unterstützung durch diesen Dritten.

Die Aktivierung dieses Dritten, bei der terroristische Anschläge kleiner Gruppen die Initialgründung darstellen sollten, sollte entweder zu einem Aufstand in den Städten, also dem klassischen Beginn einer Revolution nach dem Modell von 1789, 1848 und 1917/18,[4] oder aber zu einem Partisanen-

---

[1] Zur Figur des „als interessiert unterstellten Dritten" vgl. Herfried Münkler: Guerillakrieg und Terrorismus; in: Neue politische Literatur, XXV. Jg., 1980, Heft 3, S. 299-326, insbes. S. 320ff.
[2] Die Überlegung, dass es sich bei terroristischen Strategien immer auch um Kommunikationsstrategien handelt, findet sich insbesondere bei Peter Waldmann: Terrorismus. Provokation der Macht, München 1998, insbes. S. 49f.; die Öffentlichkeitsadressierung terroristischer Anschläge wird ebenfalls stark herausgestellt bei Bruce Hoffman: Terrorismus – Der unerklärte Krieg. Neue Gefahren politischer Gewalt, Frankfurt/M. 1999, S. 78f., S. 172ff., S. 203 u.ö.; in diesem Sinne auch Herfried Münkler: Terrorismus als Kommunikationsstrategie. Die Botschaft des 11. September; in: Internationale Politik, 56. Jg., 2001, Heft 12, S. 11-18.
[3] Die Bedeutung des „als interessiert unterstellten Dritten" für die ideologische wie strategische Entwicklung der sog. Roten Armee Fraktion in der Bundesrepublik Deutschland während der 70er Jahre ist analysiert bei Iring Fetscher/Herfried Münkler/Hannelore Ludwig: Ideologien der Terroristen in der Bundesrepublik Deutschland; in: Iring Fetscher/Günter Rohrmoser: Ideologien und Strategien. Analysen zum Terrorismus 1, Opladen 1981, S. 61ff.
[4] Vgl. Hans Kippenberger, M.N. Tuchatschewski, Ho Chi Minh: Der bewaffnete Aufstand. Versuch einer theoretischen Darstellung. Eingeleitet von Hans Wollenberg, Frankfurt/M. 1971, sowie Walter

krieg auf dem Lande führen, bei dem die zunächst terroristisch agierenden Gruppen auf der Grundlage deutlich gewachsener Unterstützung durch die Bevölkerung zu einer neuen Taktik der Gewaltanwendung übergingen: der des Kleinkrieges (*Guerilla*), bei der der Gegner permanent attackiert wurde, ohne dass er selbst in der Lage war, die Angreifer zu stellen und in einem entscheidenden Gefecht zu vernichten. Eine solche asymmetrische Kampfweise war freilich nur möglich, wenn sie sich auf die nachhaltige Unterstützung durch die Bevölkerung verlassen konnte, und die wiederum sollte gewonnen werden durch die vorangegangene terroristische Kampagne. Ein solcher Übergang vom Terrorismus zum Partisanenkrieg war also damit gleichbedeutend, dass das Niveau der Gewaltanwendung gesteigert wurde, die Häufigkeit von Angriffen zunahm, und die zunächst wesentlich als *symbolische Akte* angelegten terroristischen Anschläge durch Formen *militärischer Operationen* abgelöst wurden, die auf eine allmähliche Zermürbung des polizeilich-militärischen Apparats abzielten. Die kommunikative Dimension der Gewalt trat zunehmend zurück und wurde durch eine zerstörende bzw. zermürbende Instrumentalität der Gewaltanwendung abgelöst. Hatten die Guerillagruppen schließlich eine bestimmte Größe und eine entsprechende Kampfkraft erreicht (Mao Tse-tung sprach in diesem Zusammenhang vom strategischen Gleichgewicht),[5] so konnte zu einer auch von Seiten der Rebellen mit regulären militärischen Kräften geführten Auseinandersetzung übergegangen werden, an deren Ende der Einzug der siegreichen Aufständischen in die Hauptstadt stand.

In den Dekolonisationskriegen der 50er und 60er Jahre ist dieses Modell vielfach erfolgreich angewandt worden. Sowohl die maoistische Guerilladoktrin und ihre Ableger als auch – in modifizierter Form – die Guerillakonzeption Che Guevaras und Fidel Castros[6] folgten diesem Drei-Etappen-Modell. Terroristischen Aktionen kam dabei die Rolle eines *taktischen* Elements zu, das in ein umfassendes strategisches Konzept zum revolutionären Umsturz eingebunden war. Dabei konnte freilich auch in der Etappe des Partisanenkrieges, sobald die Partisanen in militärische Bedrängnis kamen, immer wieder auf terroristische Aktionsformen „zurückgeschaltet" werden. Während des algerischen Unabhängigkeitskrieges etwa ist dies einige Male

---

Laqueur (Hrsg.): Zeugnisse politischer Gewalt. Dokumente zur Geschichte des Terrorismus, Kronberg 1978, insbes. S. 111ff. und 121f.

[5] Mao Tse-tung: Über den langdauernden Krieg; in: ders.: Vom Kriege. Die kriegswissenschaftlichen Schriften. Mit einem Geleitwort von Brigadegeneral Heinz Karst, Gütersloh 1969, S. 210ff.

[6] Vgl. Ernesto Che Guevara: Der Partisanenkrieg, Berlin-Ost 1962; dazu auch Günter Maschke: Kritik des Guerillero. Zur Theorie des Volkskriegs, Frankfurt/M. 1973, insbes. S. 88ff.

der Fall gewesen. Eine solche Strategie war freilich nur realisierbar unter den Bedingungen einer straffen hierarchischen Führung, die die jeweils zu unternehmenden Schritte anordnete und die Auswahl der Ziele von Anschlägen strikt kontrollierte. Und vor allem: Terrorismus ist hier ein allenfalls taktisches Element innerhalb einer unterschiedliche Formen der Gewaltanwendung kombinierenden Strategie mit scharf definierten politischen Zielen.

Als Initialzündung bzw. „Anlasser" des Guerillakrieges hatten Anschläge in dieser älteren Form des Terrorismus also eine doppelte Funktion: Sie sollten einerseits zeigen, dass Widerstand gegen das bestehende Regime nicht nur möglich, sondern auch erfolgversprechend war, da dem Regime auf diese Weise empfindliche Schläge versetzt werden konnten, und sie sollten das Regime andererseits zu Reaktionen provozieren, durch die es seine eigene Legitimität untergrub und die ursprüngliche Folge- und Unterstützungsbereitschaft der Bevölkerung mehr und mehr verlor.[7] Durch repressive Maßnahmen, die durch die Terrorakte provoziert waren, sollte das Regime sich selbst „demaskieren" und so zu einer Polarisierung der politischen Loyalitäten beitragen, um den Nährboden für den Übergang zum Partisanenkrieg (Rekrutierung von Kämpfern, logistische Unterstützung der Partisanen durch die Bevölkerung, Tarnung und Deckung in Dörfern und städtischen Quartieren) zu schaffen. Damit dies gelingen konnte, musste bei der Planung der Anschläge eine Reihe von einschränkenden Bedingungen bedacht werden, die ein selbständiges Agieren von Terrorzellen im Prinzip ausschlossen. So durfte bei den Anschlägen der „als interessiert unterstellte Dritte" unter keinen Umständen in Mitleidenschaft gezogen werden, d.h. die Terroraktionen mußten so geplant und durchgeführt werden, dass ihnen nur hohe Funktionsträger des Regimes, Angehörige des Repressionsapparats (Polizei und Militär) sowie allseits verachtete Profiteure der bestehenden Ordnung zum Opfer fielen, nicht aber den sozialen Unterschichten oder ethnischen Minderheiten Angehörende, die in der Ideologie der jeweiligen Gruppierungen als „interessierte Dritte" unterstellt wurden. Das schloss den Einsatz von Massenvernichtungswaffen ebenso aus wie „blindwütige" Bombenanschläge.[8] Im Ge-

---

[7] Zur Funktionsweise des Terrorismus als Provokationsstrategie vgl. Waldmann: Terrorismus (wie Anm. 2), passim, sowie ders.: Terrorismus und Bürgerkrieg. Die Staatsmacht in Bedrängnis, München 2003, S. 47ff. Zur Reflexion des Terrorismus als Provokationsstrategie innerhalb der sog. Roten Armee Fraktion vgl. Fetscher/Münkler/Ludwig: Ideologien der Terroristen (wie Anm. 3), S. 120ff.
[8] Auf dieser spezifischen Strategie des Terrorismus begründete sich die bis in die 90er Jahre anzutreffende Einschätzung der Terrorismusanalytiker, wonach Schusswaffen und Sprengstoff, nicht aber Massenvernichtungsmittel die genuinen Waffen von Terroristen seien. In dieser Beurteilung wurde offenbar eine besondere, unter den politisch-historischen Konstellationen Europas entstandene Form des Terrorismus mit dessen prinzipiellen strategischen Optionen verwechselt; vgl. etwa Nadine

genteil: Als Bestandteil einer umfassenden Strategie zielte die Taktik des Terrorismus darauf ab, das angegriffene Regime seinerseits zu undifferenzierter Gewaltanwendung zu provozieren. Erfolg oder Misserfolg des strategischen Gesamtplans, der auf dem skizzierten Aktions-Reaktions-Modell aufgebaut war, hing demnach entscheidend an der Selektivität terroristischer Gewalt und der Nichtselektivität der gegen sie gerichteten Repressionsmaßnahmen.

Um diesen politisch-strategischen Vorgaben zu genügen, mussten die terroristischen Aktionen sorgfältig geplant und durchgeführt werden, und sie mussten dies um so mehr, je schwieriger die Unterscheidung zwischen Funktionsträgern bzw. Parteigängern des Regimes und dem „als interessiert unterstellten Dritten" war. Wo diese Unterscheidung sich auf ethnische Unterschiede stützte, waren terroristische Taktiken als Bestandteil einer national- bzw. sozialrevolutionären Strategie erfolgreicher als dort, wo dies nicht der Fall war.[9] In jedem Fall aber mussten terroristische Aktionen, wenn sie nicht von Ziel und Ausführung her selbstevident waren, mit Erklärungen und Erläuterungen versehen werden, die an den „als interessiert unterstellten Dritten" adressiert waren. Eine Fülle von „Bekennerschreiben", in denen der Anschlag begründet und die Zielsetzungen der Gruppen erläutert wurden, waren darum ein unverzichtbarer Bestandteil dieser älteren Formen des Terrorismus. Insofern waren terroristische Anschläge taktischer Bestandteil einer umfassenden politischen Kommunikationsstrategie, die „den revolutionären Funken entzünden und zum Flächenbrand ausweiten" sollte.

Die Bekämpfung dieser spezifischen Form des Terrorismus hatte neben der unmittelbaren Prävention von Anschlägen und der Verfolgung, Inhaftierung und Verurteilung der Täter vor allem auf der Ebene der politischen Kommunikationsstrategie anzusetzen: Gelang es, die „Botschaften" der Gruppen zu implausibilisieren, so bestand eine gute Möglichkeit, den „als

---

Gurr/Benjamin Cole: The New Face of Terrorism. Threats from Weapons of Mass Destruction, London und New York 2000. Zur wachsenden Bereitschaft terroristischer Gruppen, sich bei Anschlägen auch biologischer wie chemischer Massenvernichtungswaffen zu bedienen vgl. als Überblick Walter Laqueur: Die globale Bedrohung. Neue Gefahren des Terrorismus, Berlin 1998, S. 315ff., sowie ders.: Krieg dem Westen. Terrorismus im 21. Jahrhundert, München 2003, S. 338ff.

[9] Entgegen der immer wieder anzutreffenden Auffassung, terroristische Strategien seien aufgrund der Art ihrer Gewaltanwendung prinzipiell zum Scheitern verurteilt (so zuletzt Caleb Carr: Terrorismus – die sinnlose Gewalt. Historische Wurzeln und die Möglichkeiten der Bekämpfung, München 2002), gibt es eine Reihe von Beispielen, in denen terroristische Strategien am Anfang eines erfolgreichen Staatsbildungsprozesses standen. Weniger erfolgreich sind terroristische Strategien hingegen im Falle sozialrevolutionärer Umwälzungen gewesen, aber auch hier stiegen ihre Erfolgsaussichten in dem Maße, wie sie sich mit nationalrevolutionären oder ethnisch-separatistischen Zielperspektiven verbanden.

interessiert unterstellten Dritten" gegenüber den terroristischen Gruppen und ihren Zielen auf Distanz zu halten und die Terrororganisationen mit polizeilichen Mitteln zu zerschlagen bzw. die noch schwachen Guerilleros mit militärischen Mitteln zu besiegen. Insofern die terroristischen Anschläge Bestandteil einer umfassend angelegten, komplexen Strategie waren, eröffneten sich eine Reihe von Möglichkeiten effektiven Gegenhandelns. Entscheidend für den Erfolg der Terrorismusbekämpfung war fast durchweg, dass die angegriffene Seite sich durch die Terroraktionen nicht zu unbedachten Gegenschlägen und Repressionsmaßnahmen provozieren ließ, wie sie häufig von Teilen der Bevölkerung und den ihnen verbundenen Medien gefordert wurden, sondern zielstrebig und selbstbewusst ihrem eigenen „Spielplan" folgte.

Autonomisierung des Terrorismus

Die jüngsten Aktionen des international organisierten Terrorismus folgen offenbar einer anderen Strategie, in der die Gestalt des „als interessiert unterstellten Dritten" eine politisch wie strategisch deutlich verminderte Relevanz besitzt. Die geminderte Relevanz des Dritten ist freilich weniger die Folge umfassender ideologischer Revirements, in deren Verlauf sozial, ethnisch oder kulturell definierte Bezugs- und Adressatengruppen etwa durch Transzendenzbezüge, wie apokalyptische oder millenarische Vorstellungen, ersetzt worden wären,[10] sondern zunächst die unmittelbare Folge der Transformation des Terrorismus von einem *taktischen Element* im Rahmen einer komplexen politisch-militärischen Strategie in eine *selbständige Strategie*.[11] Die Erzeugung von Schrecken durch die überraschende und unvorhersehbare, letztlich aber nur punktuelle Anwendung von Gewalt ist aus einer untergeordneten Rolle im Rahmen einer mindestens dreistufigen Planung (Terroranschläge – Partisanenkrieg – Entscheidungsschlacht) herausgetreten und hat sich als politische Strategie autonomisiert.

---

[10] Damit soll jedoch nicht in Abrede gestellt werden, dass die neuen Formen des internationalen Terrorismus, deren Anschläge ohne Limitierung der Opfer nach ethnischer Herkunft, sozialem Status, kultureller Zugehörigkeit und politischen bzw. administrativen Funktionen innerhalb eines bestehenden Systems durchgeführt werden, in höherem Maße religiös grundierte Motivationen- und Legitimationsstrukturen aufweisen, als dies bei sozial- oder nationalrevolutionären bzw. ethnisch-separatistischen Terrorismen der Fall war und nach wie vor ist; zu dieser Beobachtung vgl. Waldmann: Terrorismus (wie Anm. 2), S. 98ff., sowie Hoffman: Terrorismus (wie Anm. 2), S. 112ff.
[11] Dazu Herfried Münkler: Asymmetrische Gewalt. Terrorismus als politisch-militärische Strategie; in: ders.: Über den Krieg. Stationen der Kriegsgeschichte im Spiegel ihrer theoretischen Reflexion, Weilerswist 2002, S. 252-264.

Voraussetzung für diese Autonomisierung des Terrorismus zu einer eigenständigen politisch-militärischen Strategie war die „Entdeckung" der dramatisch angewachsenen Verletzlichkeit hochentwickelter Länder für Gewaltaktionen – im unmittelbar physischen Sinn, insbesondere aber auch in psychischer Hinsicht.[12] Dabei haben sich terroristische Akteure seit jeher der Möglichkeiten einer medialen Verstärkung ihrer Aktionen bedient, und die ist besonders intensiv und nachhaltig in Ländern mit einer hohen Mediendichte. Hochentwickelte Gesellschaften sind durchweg Länder mit einer hohen Mediendichte, weswegen terroristische Strategien um so wirksamer sind, je höher entwickelt die Gesellschaften sind, gegen die sie sich richten.[13] Dagegen zeigen sie wenig Wirkung in agrarischen Gesellschaften, zumal in solchen, in denen ein gewisses Niveau an Gewaltsamkeit bei der Regelung von Sozialbeziehungen endemisch ist. Je geringer hingegen das Gewaltniveau einer Gesellschaft ist, desto stärker kommen die Effekte von Terroranschlägen zum Tragen.

Neben der die Terroranschläge verstärkenden Mediendichte ist für hochentwickelte Gesellschaften auch eine Mentalität charakteristisch, die man als postheroisch bezeichnen kann. Postheroische Gesellschaften sind durch Arbeit, Tausch und das Versprechen auf Wohlstand integriert, wohingegen eine aus Leidens- und Opferbereitschaft erwachsende Ehre in ihnen keine Rolle spielt. Dementsprechend sensibel reagieren solche Gesellschaften auf Gewaltanwendung bzw. oftmals bereits auf Gewaltandrohung. Es ist die Verbindung von postheroischer Mentalität mit einer jede Form von Gewaltanwendung verstärkenden Mediendichte, die die westlichen Gesellschaften für terroristische Herausforderungen in besonderem Maße hat anfällig werden lassen. Sie ist die Voraussetzung dafür, dass die Verselbständigung des Terrorismus zu einer eigenständigen Strategie trotz der verschwindend geringen Ressourcen der terroristischen Akteure überhaupt möglich ist. Die Reaktionen der westlichen Gesellschaften auf die Anschläge vom 11. September

---

[12] In seiner inzwischen klassischen Definition des Terrorismus hat David Fromkin (Die Strategie des Terrorismus; in: Terrorismus. Untersuchungen zur Strategie und Struktur revolutionärer Gewaltpolitik, hrsg. von Manfred Funke, Bonn 1977, S. 83-99) die Orientierung an den psychischen, nicht so sehr den physischen Folgen der Gewaltanwendung als Wesensmerkmal terroristischer Aktionen herausgestellt. Mit der sinkenden Erfordernis einer im Hinblick auf die Opfer der Anschläge erfolgenden Gewaltlimitierung ist die Relevanz der physischen Folgen offenbar gewachsen; im Grundsatz hat sich jedoch an der Ausrichtung des Terrorismus auf den durch Gewalt verursachten Schrecken nichts Grundsätzliches verändert.
[13] Auf den Zusammenhang zwischen Mediendichte und den Effekten terroristischer Anschläge weist vor allem Waldmann hin: Terrorismus (wie Anm. 2), S. 56ff.; ähnlich Hoffman: Terrorismus (wie Anm. 2), S. 172ff.

2001 zeigen, dass diese jüngere Form des Terrorismus für diese Gesellschaften tatsächlich eine strategische Herausforderung darstellt, der sie sich auf Dauer erst noch gewachsen zeigen müssen.

Abgekürzt wird man sagen können, dass terroristische Anschläge heute weniger an einen „als interessiert unterstellten Dritten" adressiert als vielmehr auf die labile psychische Infrastruktur der westlichen Gesellschaften gerichtet sind, über die sie weitreichende ökonomische Effekte erzielen. Unter der labilen psychischen Infrastruktur postheroischer Gesellschaften sind etwa die „Phantasie der Anleger", die über das Auf und Ab der Börsennotierungen entscheidet, oder die Sicherheitspräferenzen von Touristen und ähnliches zu verstehen. Auf diese Weise sind die jüngeren Formen des Terrorismus vor allem an *ökonomischen* Effekten in den angegriffenen Ländern orientiert. In dem Maße, in dem moderne Gesellschaften nicht mehr im Wesentlichen politisch (also über das staatliche System), sondern über die sozioökonomische Ordnung integriert sind, folgen die Strategen des Terrors konsequent dem Evolutionsprozess westlicher Gesellschaften. Sie greifen dort an, wo die westlichen Gesellschaften am leichtesten zu attackieren sind und wo ihnen zugleich der schwerste Schaden zugefügt werden kann. Der unmittelbare materielle Schaden des Doppelanschlags auf die Twin Towers in New York übertraf bei weitem alle Schäden, die durch terroristische Aktionen bis dahin angerichtet worden sind. Aber wahrscheinlich noch erheblich größer als dieser unmittelbare materielle Schaden waren die langfristigen Folgen des Anschlags für die Entwicklung der Börsenkurse und das Konsumverhalten in den westlichen Ländern. Die Anschläge vom 11. September haben deutlich gemacht, in welch zuvor unvorstellbarem Ausmaß über Börsen und Aktien gesteuerte Wirtschaften durch Terrorakte verwundbar sind. Diese Entdeckung, die zunächst wahrscheinlich auch die strategischen Planer der Anschläge überrascht haben dürfte, wird aller Voraussicht nach zu „Lerneffekten" bei terroristischen Gruppierungen führen, was heißt, dass sie die Ziele ihrer Anschläge zunehmend von solchen *politischer* auf solche *ökonomischer* Relevanz umstellen. Verglichen mit dem Anschlag auf das World Trade Center war der auf das Pentagon, der zwar von nicht geringerer Symbolkraft war als der auf die New Yorker Twin Towers, von deutlich geringerer Effektivität. Der Angriff auf das Pentagon zeigte zwar ebenfalls, und womöglich noch stärker als der auf das World Trade Center, eine bis dahin für unmöglich gehaltene Verletzlichkeit der USA, aber er traf letzten Endes doch nur das Nervenzentrum des Apparats, der für die Abwehr und Prävention solcher und ähnlicher Angriffe professionalisiert ist. Damit traf er einen Teil jener Apparatur, die von modernen Gesellschaften zu ihrem

Schutz und ihrer Sicherheit geschaffen wurde und dafür finanziert wird. Der Angriff auf das World Trade Center hingegen übersprang diese Apparatur, ohne von ihr aufgehalten werden zu können, und traf ins Zentrum jenes Bereichs, den zu schützen Militär, Geheimdienste und Polizei geschaffen worden sind. Terroristische Anschläge gegen postheroische Gesellschaften sind umso verheerender für die Angegriffenen, je weniger sie auf ausdifferenzierte Sicherheitsapparate, sondern auf die sensible Wirtschaftspsychologie dieser Gesellschaften zielen und sie treffen.

Wahrscheinlich sind die Anschläge von Djerba, Bali, Mombasa und Casablanca bereits erste Ergebnisse dieses „Lernprozesses": Entgegen dem ersten Eindruck richtete sich der Anschlag von Djerba nämlich nicht gegen die jüdische Synagoge und auch nicht gegen die deutsche Besuchergruppe, sondern gegen die touristische Attraktivität Tunesiens. Durch den Ausfall von Einnahmen aus dem Tourismus wird die wirtschaftliche Lage des Landes verschlechtert, dadurch die bestehende prowestliche Regierung destabilisiert, und auf diese Weise könnte langfristig ein islamistisches Regime in Tunesien errichtet werden, was für die politische Entwicklung des gesamten Maghreb, also auch die Algeriens, von entscheidender Bedeutung wäre. Ähnliches gilt für die gegen Tourismuseinrichtungen gerichteten Anschläge von Bali und Mombasa: Über den Ruin der Tourismusbranche sollte hier die ohnehin labile Ökonomie dieser Länder weiter geschwächt werden. Die jüngeren Formen des Terrorismus stellen insofern eine moderne Variante des klassischen Verwüstungskrieges dar, der sich ebenfalls nicht gegen die Streitkräfte des Gegners und auch nicht gegen dessen Macht- und Herrschaftszentren richtete, sondern dessen strategisches Ziel darin bestand, der angegriffenen Gegenseite einen möglichst hohen wirtschaftlichen Schaden zuzufügen, um sie so zur Resignation ihres politischen Willens zu bringen.[14] Solche Verwüstungskriege waren in der Regel auf längere Dauer angelegt, was zumeist durch die unregelmäßige, auf Dauer jedoch kontinuierliche Verwüstung gegnerischen Territoriums erreicht werden sollte. An die Stelle des Territoriums agrarischer Gesellschaften ist in den jüngeren Formen des Terrorismus die Wirtschaftspsychologie moderner börsengesteuerter Gesellschaften getreten.

Ist diese Analyse zutreffend, so richten sich die Anschläge der jüngeren Formen des Terrorismus nicht mehr appellativ an einen „als interessiert un-

---

[14] Damit beantwortet sich auch die häufig kontrovers diskutierte Frage, ob Terrorismus eine Form der Kriegführung sei; vgl. Herfried Münkler: Sind wir im Krieg? Über Terrorismus, Partisanen und die neuen Formen des Krieges; in: Politische Vierteljahresschrift, 42. Jg., 2001, Heft 4, S. 581-589.

terstellten Dritten", der für eine nachhaltige Unterstützung der terroristischen
Akteure gewonnen werden soll, sondern der Adressat der terroristischen
Botschaft sind etwa die Touristen aus westlichen Ländern, denen von einem
Urlaub in den von Terroranschlägen betroffenen Gebieten nachdrücklich
„abgeraten" wird. Terrorismus ist auch in diesem Fall eine Kommunikationsstrategie, nur hat sich die Adressierung der Gewaltbotschaft geändert und die
Möglichkeiten zu einem effektivem Gegenhandeln der attackierten Seite
haben sich deutlich verschlechtert. Nach wie vor geht es um die psychischen
Effekte der Gewalt, aber indem diese auf *ökonomische Faktoren* und nicht
auf *politische Entscheidungen* zielen, ist die terroristische Strategie wesentlich einfacher und robuster geworden, als sie dies unter den Bedingungen
ihrer Adressierung an den zu interessierenden Dritten war. Raymond Aron
hat bereits in den 50er Jahren die Strategie des Partisanenkrieges weniger als
Ermöglichung des Übergangs zum regulären Krieg, wie bei Mao Tse-tung
entworfen, sondern als ökonomische Zermürbung des angegriffenen Gegners
analysiert und auf dieser Ebene eine weitgehende „Autonomisierung" der
Partisanenstrategie beobachtet (die Guerilla gewinnt, wenn sie nicht verliert,
die Gegenseite verliert, wenn sie nicht gewinnt).[15] In Analogie hierzu lassen
sich die jüngeren Formen des Terrorismus beschreiben: Terroristische Aktionen greifen derart tief in die hochgradig störanfälligen Strukturen hochentwickelter Gesellschaften ein, dass sie in der Lage sind, hohe, womöglich
untragbare Kosten zu verursachen und so den angegriffenen Gegner zu
zwingen, in seinem politischen Willen zu resignieren, ohne dazu seinen organisatorisch wie technologisch weit überlegenen Repressionsapparat bekämpfen und niederringen zu müssen. Oder es geht darum, eine Reihe von
Ländern aus dem System der kapitalistischen Weltwirtschaft, in das sie zumeist nur peripher integriert sind, herauszusprengen, indem man sie in ein
wirtschaftliches Chaos stürzt, wodurch die zumeist prowestlich orientierten
politischen wie wirtschaftlichen Eliten dieser Länder ihrer vormaligen Unterstützung durch Teile der Bevölkerung verlustig gehen. Bezogen auf den islamistisch grundierten Terrorismus, geht es hier um eine den halben Globus
umspannende Kette von Ländern, die von Marokko und Algerien bis Indonesien und zu den Philippinen reicht. Sie zu einem eigenständigen, gegenüber
der kapitalistischen Weltwirtschaft aparten sozio-politischen Block zu formen, dürfte das politische Fernziel des zur Zeit durch den Namen Al Qaida
symbolisierten islamischen Terrorismus sein.

---

[15] Raimond Aron: Der permanente Krieg, Frankfurt/M. 1953, S. 48.

Netzwerkstruktur als neue Organisationsform

Diese Umstellung des Terrorismus hat erhebliche Folgen für die Organisation der terroristischen Gruppen: Sie bedürfen weniger einer hierarchischen Führung, können von einzelnen Zellen ohne permanente Koordination und Kontrolle aus agieren und sich infolgedessen netzwerkförmig organisieren. Das wiederum hat zur Folge, dass die auf die herkömmlichen Formen des Terrorismus ausgerichteten Strategien des Gegenhandelns weniger erfolgversprechend sind: Die Gruppen sind schwerer zu infiltrieren, eine „Enthauptung" der Organisation ist für diese weniger folgenreich, und auch Gegenkommunikation, die sich an den von den Terroristen angesprochenen Dritten wendet, hat eine geringere Bedeutung. Ohnehin besteht die Gegenkommunikation in diesem Fall darin, die eigene Bevölkerung, die durch die Terrorakte in Angst und Schrecken versetzt worden ist, zu beruhigen und sie davon abzuhalten, in ihrem Wirtschaftsverhalten jene Verhaltensweisen an den Tag zu legen, die ihnen durch den Terror aufgenötigt werden sollen. Das aber heißt, dass die Regierungen und die zuständigen Behörden ihren Bürgern ein Sicherheitsgefühl vermitteln müssen, das den realen Bedrohungsszenarien nur bedingt entspricht und jederzeit durch terroristische Anschläge erschüttert werden kann. In demokratischen Gesellschaften mit hoher Mediendichte ist davon auszugehen, dass Regierung und Behörden dann eines unverantwortlichen Verhaltens wegen unterlassener oder unzureichender Warnhinweise bezichtigt werden. Da sie dies antizipieren, werden sich demokratisch kontrollierte Regierungen davor hüten, tatsächliche oder auch nur vermeintliche terroristische Bedrohungen herunterzuspielen. Die Möglichkeit einer tatsächlich effektiven Gegenkommunikation ist damit gerade in Demokratien versperrt, und häufig bedarf es nicht einmal tatsächlicher Anschläge, sondern nur entsprechender Anschlagswarnungen, damit die terroristischen Gruppen die von ihnen beabsichtigten wirtschaftspsychologischen Effekte erzielen.

Auch wenn wir nicht viel und vor allem nichts wirklich Sicheres über die Organisationsstruktur von Al Qaida sowie über deren Finanzierungsmethoden wissen, so lässt sich doch aus einer Reihe von außen gemachter Beobachtungen ein Bild gewinnen. Dabei zeigen sich signifikante Unterschiede zu den herkömmlichen Terrororganisationen; diese Unterschiede werden üblicherweise in dem Bild der Netzwerkstrukturen zusammengefasst.[16] So-

---

[16] Ein Großteil des verfügbaren Wissens über die Organisationsstruktur und die Planungen von Al Qaida ist das Ergebnis journalistischer Recherchen, bei denen zu vermuten ist, dass Informationen der Geheimdienste in die Darstellungen eingeflossen sind; vgl. Elmar Theveßen: Schläfer mitten unter uns. Das Netzwerk des Terrors und der hilflose Aktionismus des Westens, München 2002;

weit erkennbar, sind die hierarchischen Strukturen von Al Qaida flacher und weniger ausgeprägt, einzelne Gruppen und Zellen haben eine höhere Selbständigkeit, und vor allem besteht eine sehr viel höhere Flexibilität hinsichtlich unterschiedlicher Gewaltstrategien, die jeweils nach den regionalen Gegebenheiten und der politischen Lage variabel eingesetzt werden können. Um es zu pointieren: Der Verzicht auf politische Dogmen und die Festschreibung einer bestimmten Strategie, wie sie für die linksrevolutionären Guerilladoktrinen der 50er und 60er Jahre ebenso charakteristisch waren wie für die terroristischen Revolutionskonzepte im Europa der 70er Jahre, hat die von Al Qaida ausgehende Bedrohung dramatisch erhöht. Es gibt offenbar keine favorisierte Strategie, sondern statt dessen ein in hohem Maße situationsabhängiges Agieren, was ein bisher unbekanntes Maß von Unberechenbarkeit der terroristischen Akteure zur Folge hat.

Im Unterschied zu früheren Terrororganisationen ist es nicht mehr möglich, aus politisch-ideologischen Erklärungen und Manifesten stärker konturierte Bedrohungsszenarien abzuleiten, um auf dieser Grundlage entsprechende Sicherungsvorkehrungen zu treffen. Darüber hinaus hat das unscharfe politisch-ideologische Profil der Organisation für diese offenbar den Vorteil, für unterschiedliche Gruppierungen von Marokko bis Indonesien und den Philippinen (und darüber hinaus für islamistische Akteure in aller Welt) bündnisfähig zu sein. Als einigendes Band genügt die Feindschaft gegenüber dem Westen und insbesondere der Hass auf die USA. Flache Hierarchiestrukturen und politisch-ideologische Konturlosigkeit sind gewissermaßen zwei Seiten ein und derselben Medaille. Beides wird dadurch ermöglicht, dass sich die Organisation vor allem durch die *Benennung des Feindes* und so gut wie nicht durch die *Konturierung des Freundes* politisch definiert. Dass dies offenbar hinreicht, um den Zusammenhalt und die Handlungsfähigkeit der Organisation sicherzustellen, hat vor allem mit dem Feind zu tun:

Roland Jacquard: Au nom d'Oussama bin Laden. Dossier secret sur le terroriste le plus recherché du monde, Paris 2001; Simon Reeve: The New Jackals: Ramzi Yousef, Osama bin Laden and the future of terrorism, London 1999; Nick Fielding/Yosri Fouda: Masterminds of Terror. Die Drahtzieher des 11. September berichten, Hamburg/Wien 2003; Oliver Ström: Al Qaida. Akteure, Strukturen, Attentate, Berlin 2003. Weniger narrativ und stärker analytisch sind die Aufsätze von James Bruce: Arab Veterans of the Afghan War; in: Jane's Intelligence Review, Bd. 7, 1995, Heft 4, S. 175-179; Gary C. Gambill/Bassam Endravos: Bin Laden's Network in Lebanon; in: Middle East Intelligence Bulletin, Bd. 3, 2001, Heft 3; Benjamin Orbach: Usama bin Laden and Al Qaida: Origins and Doctrines; in: MERIA - Middle East Review of International Affairs, Bd. 5, 2001, Heft 4, S. 54-68; Shaul Shay/Yoram Schweizer: The ‚Afghan Alumni' Terrorism; Internet-Artikel des International Policy Institute for Counterterrorism, August 2000; Steven Simon/Daniel Benjamin: The Terror; in: Survival. The IISS Quarterly, Bd 43, 2001, Heft 4, S. 5-18.

den USA, deren globale politische, ökonomische und kulturelle Dominanz die Reihen ansonsten völlig heterogener Bündnispartner schließt.[17]

Bemerkenswert ist an Al Qaida weiterhin, dass der Organisation bis Oktober 2001 nahezu alle Optionen von Gewaltanwendung zur Verfügung standen, von einer landgestützten Kriegführung herkömmlicher Art, etwa durch die Unterstützung von Taliban-Verbänden gegen die Nordallianz in Afghanistan oder die Entsendung von Kämpfern zur Unterstützung der bosnischen Armee im Krieg gegen die Serben, über den Partisanenkrieg, etwa in den zentralasiatischen Republiken oder in Tschetschenien, bis zu terroristischen Anschlägen, etwa auf die amerikanischen Botschaften von Nairobi und Daressalam, auf den US-Zerstörer Cole, schließlich die Anschläge vom 11. September usw. [18] Diese sonst untypische Gleichzeitigkeit bei der Wahrnehmung aller Optionen von Gewaltanwendung wird ermöglicht durch die bloß residuale Territorialität von Al Qaida, die ihr die Möglichkeit eröffnet, nicht nur im Raum zu vagabundieren, sondern auch hinsichtlich der Gewaltformen zu variieren. Dadurch, dass Al Qaida weder an einen bestimmten Raum noch an eine bestimmte Kampfweise gebunden ist, hat sie sich in hohem Maße die Verfügung über die Zeitabläufe der Kriegführung verschafft, d. h. sie kann den Rhythmus der Gewalt nach ihren Erfordernissen beschleunigen oder verlangsamen. Sie kann als Organisation gleichsam verschwinden, wie dies nach der militärischen Niederlage der Taliban in Afghanistan weitgehend der Fall war, um dann an beliebigen Orten und zu beliebiger Zeit mit Anschlägen oder in über Fernsehsender verbreiteten Videos wieder in Erscheinung zu treten. Die Folge dessen ist, dass sie kaum fassbar und als Bedrohungsfaktor doch omnipräsent ist.

Eine der zentralen Beobachtungen in Clausewitz' Theorie des Krieges handelt davon, dass sich die Gegner im Verlaufe eines Krieges wechselseitig das Gesetz des Handelns geben.[19] Diese am Modell eines Ringkampfs entwickelte Vorstellung ist im vorliegenden Falle dahingehend zu spezifizieren,

---

[17] So haben in Deutschland sowohl rechts- als auch linksextremistische Gruppierungen ihre Sympathie für Al Qaida bekundet. Zu den imperialen Konturen der USA als wesentlicher Faktor der Feindbildvereinheitlichung vgl. Herfried Münkler: Das Prinzip Empire; in: Ulrich Speck/Natan Sznaider (Hrsg.): Empire Amerika, München 2003, S. 104-125.

[18] Für einen vorläufigen Überblick zu den vielfältigen Aktionen und Verbindungen von Al Qaida in den 90er Jahren vgl. Peter Bergen: Heiliger Krieg Inc. Osama bin Ladens Terrornetz, Berlin 2001, S. 117ff., zur Unterstützung der Taliban durch Al Qaida-Verbände vgl. Ahmed Rashid: Taliban. Afghanistans Gotteskrieger und der Dschihad, München 2001, S. 149 u.ö., zu den Verbindungen mit in den zentralasiatischen Republiken operierenden islamistischen Guerillagruppen; vgl. ders.: Heiliger Krieg am Hindukusch. Der Kampf um Macht und Glauben in Zentralasien, München 2002, S. 129ff.

[19] Carl von Clausewitz: Vom Kriege, 19. Auflage hrsg. von Werner Hahlweg, Bonn 1980, S. 192-201.

dass Al Qaida gleichsam unter einer Tarnkappe kämpft und dadurch das Gesetz des Handelns weitgehend selbst in der Hand behält. Die US-amerikanische Antwort auf diese für sie unvorteilhaften Kampfbedingungen besteht im permanenten Attackieren mit dem Ziel, auf diese Weise die Vorteile auszugleichen, die der Gegner aus seiner Gestaltflexibilität bezieht. Nun spielt sich diese Auseinandersetzung freilich unter der permanenten Beobachtung der Weltöffentlichkeit ab, und die USA laufen infolge des permanenten Attackierens eines kaum fassbaren Gegners Gefahr, immer wieder Unbeteiligte zu treffen und dadurch den moralischen Kredit zu verlieren, der ihnen nach den Anschlägen vom 11. September, zumindest in Teilen der Weltöffentlichkeit, zugewachsen ist. Es muss davon ausgegangen werden, dass diese Diskreditierung der USA ein Bestandteil des strategischen Konzepts von Al Qaida ist, ebenso wie der Reputationsverlust, den eine Weltmacht zwangsläufig erleidet, wenn sie trotz eines gewaltigen Aufgebots an Menschen und Material den scheinbar Schwächeren nicht zur Strecke zu bringen vermag. In dieser Hinsicht setzen die neueren Auseinandersetzungen zwischen Staaten bzw. einem Imperium und Terrororganisationen die älteren Formen des Terrorismus fort: Es sind immer auch Kämpfe um Reputation und Anerkennung durch einen in der Zuschauerrolle verharrenden Dritten. Es ist ein Wesensmerkmal asymmetrischer Kriege, dass in ihnen Nachrichten und insbesondere Fernsehbildern, von den brennenden Türmen des World Trade Center bis zu den zivilen Opfern amerikanischer Luftangriffe, zu einem Bestandteil der Kriegführung geworden sind.[20] Das Zeigen der Gewalt ist in einer Reihe von Fällen zu einem Angriff auf die moralischen Kräfte des Gegners geworden. Hat Clausewitz die klassische Schlacht als ein Messen der moralischen und physischen Kräfte mit Hilfe der letzteren beschrieben, so lässt sich Terrorismus, insbesondere in seiner jüngsten Erscheinungsform, als eine Zerstörung der moralischen unter Umgehung der physischen Kräfte des Gegners definieren.

Al Qaida dürfte die gefährlichste und effektivste Herausforderung darstellen, der sich die USA seit dem Vietnamkrieg ausgesetzt gesehen haben. Wahrscheinlich ist die neue Herausforderung, entgegen dem augenblicklichen Anschein, bedrohlicher als die durch den Vietkong und Nordvietnam, weil Al Qaida in der Lage ist, das Kriegsgebiet permanent zu verlagern und unausgesetzt die Formen der Gewaltanwendung zu verändern. So war der Vietkong, um den Vergleich weiterzuführen, in seinem Operationsgebiet auf

---

[20] Dazu Herfried Münkler: Bilder als Waffen. Die Rolle der Medien in den neuen Kriegen; in: epd Entwicklungspolitik, Heft 8/9, Mai 2003, S. 27-29.

Indochina beschränkt. Auch der Vietkong hat – und das war eine wesentliche Voraussetzung seiner militärischen Durchhaltefähigkeit – den Krieg über die Grenzen Vietnams nach Laos und Kambodscha ausgeweitet, aber die Ausweitung des Operationsgebiets, insbesondere die Verlagerung der Versorgungslinien in den Schutz neutraler Gebiete, blieb auf den Großraum Indochina begrenzt. Angriffe auf US-Militärbasen außerhalb dieses Raumes oder gar auf die zivile Infrastruktur in den USA haben nicht stattgefunden. Darüber hinaus ist von Seiten des Vietkong nicht der Versuch zu einer Internationalisierung des Krieges unternommen worden.[21] Dagegen vermag Al Qaida aufgrund der Offenheit ihrer politischen Zielvorstellungen und der Flexibilität ihrer Kampfformen an beliebige Konflikte in globalem Maßstab anzudocken und diese zu einem Bestandteil ihres Kampfes zu machen. Dies wird nicht zuletzt dadurch begünstigt, dass Al Qaida aufgrund der Konturlosigkeit ihrer Ziele und ihrer netzwerkförmigen Organisationsstruktur regionalen politischen und militärischen Führer weder politische Definitionskompetenz noch strategische Entscheidungsbefugnis bestreitet. Die Wahrscheinlichkeit von Konkurrenzen und Spaltungen sind dadurch vermindert. Politische Konturlosigkeit und netzwerkartige Organisation sind darüber hinaus vorzüglich geeignet, potenzielle Finanziers und Unterstützer nicht durch von ihnen nicht geteilte politische Zielsetzungen und scharfe Dominanzansprüche der Al Qaida-Spitze zu verschrecken und abzustoßen. Das vielthematisierte Finanzierungssystem von Al Qaida[22] profitiert von der politischen Konturlosigkeit und den flachen Hierarchien der Organisation bzw. ist durch sie erst möglich geworden.

---

[21] Der affirmative Vietnam-Bezug in der bekannten Formel Che Guevaras vom Schaffen vieler Vietnams hatte stärker feuilletonistische als politisch-militärische Relevanz.

[22] Vgl. Yael Shahar: Tracing bin Laden's Money: Easier said than done. Internet-Artikel des International Policy Institute for Counterterrorism, Juni 2002; Matthew A. Levitt: Charitable and Humanitarian Organizations in the Network of International Terrorist Financing; Bericht des Washington Institute for Near East Policy, Washington 2002.

Der internationale Terrorismus in der Bundesrepublik Deutschland
Versuch der Eingrenzung des möglichen Täterspektrums aus soziologischer Sicht

Peter Waldmann

Prinzipiell sind zwei Wege denkbar, um Ursachen und Hintergründe des internationalen Terrorismus im Allgemeinen und der Anschläge des 11. September im Besonderen aufzuschlüsseln. Entweder man setzt bei den strukturellen Ursachen an, oder bei den Akteuren. Beide wurden beschritten: Es kamen alsbald Variablen wie Unterentwicklung, Armut, soziale Ungleichheit in der Dritten Welt zur Sprache; hinsichtlich der Täter operierte man zunächst mit der „Schläfertheorie", die ein groß angelegtes Verschwörungsdesign unterstellt, bei welchem der Ausführende der terroristischen Aktion nur ein kleines Rädchen in einem raffiniert angelegten Gesamtgetriebe wäre.

Die „Schläfertheorie" wurde bei der jüngsten Tagung des Bundesamtes für Verfassungsschutz zu dem Thema endgültig verworfen. Selbstmordterroristen sind nicht Spionen vergleichbar, offenbar lassen sich Menschen nicht Jahre im voraus in eine fremde Gesellschaft einschleusen, um sich irgendwann auf Befehl in die Luft zu jagen, sondern folgen in ihrer individuellen Entwicklung einer psychosozialen Dynamik, die von außen zwar beeinflussbar, aber, vor allem wenn es sich um bereits Erwachsene handelt, nur begrenzt steuerbar ist.

Was die strukturellen Ursachen betrifft, so haben A. Krueger und J. Maleckova[1] in einem jüngst erschienenen Aufsatz nachgewiesen, dass sich unter allen erdenklichen Gesichtspunkten keine schlüssigen Verbindungen zwischen Armut bzw. Arbeitslosigkeit einerseits, Terrorismus andererseits entdecken lassen. Terroristische Gewalt ist vielmehr primär eine Angelegenheit der Gebildeteren und Wohlhabenderen und wird auch häufig von diesen Schichten unterstützt. Das Hauptproblem, wenn man bei allgemeinen strukturellen Ursachen ansetzt, besteht darin, dass diese eine riesige Masse von

---

[1] Krueger, Alan B./Maleckova, Jitka: Education, Poverty, Political Violence and Terrorism: Is there a causal Connection?, Manuskript, Princeton 2002.

Menschen betreffen, Terrorismus jedoch eine typische Form der Kleingruppengewalt ist. Wenn die strukturellen Ursachen greifen sollen, dann muss man sich fragen, warum nur einige wenige ihrer Unzufriedenheit und Wut durch Gewaltanschläge Luft machen und es nicht zu Massenerhebungen kommt.

Generell sollte man sich bei dieser Thematik (und überhaupt in den Sozialwissenschaften[2]) vor einem zu rigiden Denken in Kausalschemata (nach dem Muster: immer wenn ... dann) hüten. Gewiss, es mag einige strukturelle Voraussetzungen terroristischer Gewalt geben – rascher sozialer Wandel und Verstädterung zählen ebenso dazu wie innergesellschaftliche Verwerfungen und Spannungen, oder die liberale Demokratie als Regierungsform – aber entscheidend bleibt, wie diese im Einzelnen perzipiert und umgesetzt werden.

Man kommt, mit anderen Worten, will man eine Strategie gegen den internationalen Terrorismus entwerfen, nicht an den Gewalttätern selbst vorbei: an ihren Vorstellungen, Plänen, Emotionen, Reaktionsweisen, individuellen Entwicklungen. Von ihnen und ihrer Ideenwelt ausgehend, muss man versuchen, das Interaktionsfeld zu erschließen, in dem sie sich bewegen, und die Motive auskundschaften, die sie zu einem radikalen Vorgehen antreiben.[3] Genau hier liegt jedoch das Dilemma. Sind doch bisher (erfreulicherweise, kann man nur sagen) wenige „Täter" in Erscheinung getreten und somit das Material über sie sehr dürftig. Wie repräsentativ sind diese wenigen für das terroristische Potenzial insgesamt, welche anderen Fälle und Typen von Terrorismus kann man als Parallele heranziehen?

Die folgenden Überlegungen bewegen sich folglich auf einem sehr dünnen empirischen Boden, es handelt sich mehr um erste spekulative Annahmen zu einem neuen Untersuchungsbereich als um abgesicherte Erkenntnisse. Als zusätzlicher Unsicherheitsfaktor kommt hinzu, dass wir es im Rahmen terroristischer Kampagnen teilweise mit Nachahmungsdelikten zu tun haben, die sich jeder Voraussage entziehen. Außerdem, hierin sind sich die meisten Forscher einig, spielt der Zufall bei ihnen eine nicht geringe Rolle.

Unsere Überlegungen beschränken sich auf die Bundesrepublik Deutschland, d. h. das Wirken terroristischer Gruppen auf deutschem Territorium. Im Gegensatz zur „Schläfertheorie" gehen wir von der Annahme aus, dass Terrorismus nicht unbedingt etwas Künstliches, Importiertes in unserer

---

[2] Mayntz, Renate: Soziale Dynamik und politische Steuerung. Theoretische und methodologische Überlegungen, Frankfurt 1997, Kap. 1, 13 u. 14.

[3] Waldmann, Peter: Terrorismus. Provokation der Macht, München 1998, S. 26 ff.

Gesellschaft darstellen muss; wir vermuten vielmehr, dass religiöser Fundamentalismus und daraus entspringende Gewaltbereitschaft für Zugewanderte aus den arabischen Ländern, strukturell wie auch psychisch bedingt, eine attraktive Verhaltensvariante, eine Form der Lösung ihrer Probleme als Migranten in diesem Land sein kann. Wir konzentrieren uns, mit anderen Worten, auf die den Terrorismus fördernden Faktoren des Lebens in der „Diaspora"[4]. Zunächst gehen wir auf die verschiedenen Formen des Zusammenschlusses ausländischer Mitbürger ein. Vor allem interessieren uns die ethnischen Zusammenschlüsse aus den nahöstlichen Ländern stammender Migranten und deren Gewaltpotenzial. Dann wird zu fragen sein, wer sich durch diese islamistischen, potenziell gewaltträchtigen sozialen Milieus angezogen fühlt, sie mitträgt, in ihnen aktiv wird.

Ethnische Kolonien, ethnische Milieus, Organisationen des militanten Islamismus

Die im Titel angesprochene Einteilung ausländischer Siedlergruppen stammt von Friedrich Heckmann. Sie markiert zugleich eine Stufenfolge zunehmender Militanz und Gewaltneigung.[5]

Ethnische Kolonien sind in dieser Hinsicht am harmlosesten. Sie bezeichnen Zusammenschlüsse von Migranten in einer fremden Umwelt mit dem Ziel, ihre Identität und einen gewissen sozialen Zusammenhalt zu bewahren. Sie dienen einerseits der Traditionspflege und stellen die Verbindung zur Herkunftsgesellschaft sicher. Andererseits bieten sie dem Individuum bzw. der zugewanderten Familie einen gewissen Schutz und Halt in der neuen Umgebung. Ethnische Koloniebildung kann sich auf die unterschiedlichsten Bereiche, von der Ökonomie über die Wahrung von Kultur und Brauchtum bis hin zu politischen und religiösen Zielen erstrecken. Im allgemeinen manifestiert sie sich in der Entstehung ethnisch homogener Siedlungsgemeinschaften, der Herausbildung ethnischer territorialer Enklaven in der Gastgesellschaft. Auch die Gründung besonderer Vereine und Organisationen deutet auf die Entstehung ethnischer Kolonien hin.

---

[4] Vgl. zu dem Problemkomplex auch Waldmann, Peter: Die Bundesrepublik Deutschland – Nährboden des radikalen Islamismus in: Terrorismus und Bürgerkrieg. Der Staat in Bedrängnis, München 2003, S. 90 ff.
[5] Heckmann, Friedrich: Islamische Milieus: Rekrutierungsfeld für islamistische Organisationen?, Manuskript, Bamberg 2002

Häufig wird von außen die Homogenität ethnischer Kolonien überschätzt. Tatsächlich, das gilt beispielsweise auch für die Türken in Deutschland, zerfallen sie in zahlreiche Untergruppen, sog. ethnische Milieus. Diese Milieus können auf der Basis unterschiedlicher regionaler Herkunft, sozialer Schichtunterschiede, differierender politischer oder ideologischer Orientierungen entstehen. Ethnische Milieus sind im Gegensatz zu ethnischen Kolonien engere Zusammenschlüsse, gewissermaßen Subkulturen, deren Angehörige eine gewisse Lebensauffassung, eine bestimmte Lebensweise und Orientierung teilen. Auch islamische Milieus sind solche Subkulturen. Ihre Mitglieder heben sich, teils aufgrund traditioneller Überzeugung, teils aufgrund frischer Bekehrung, von den übrigen Zuwanderern aus den arabischen Staaten durch ihre konsequente Orientierung an den Geboten des Koran und den Lehren des Propheten ab.

Heckmann trifft eine klare Unterscheidung zwischen ungefährlichen islamischen Sozialmilieus und islamistischen Gemeinschaften und Organisationen. Letztere seien aufgrund ihrer fundamentalistischen Orientierung und eingestandenen Intoleranz als Sekten zu begreifen. Bildeten sich islamische Milieus als institutionelle Antwort auf Herausforderungen und Bedürfnisse in der Einwanderungsgesellschaft heraus, so handele es sich bei islamistischen Organisationen meist um Importe aus den Herkunftsländern der Migranten, die ihre auf politischen Umsturz im Heimatland abzielende subversive Ausrichtung im Gastland beibehielten. Auch andere Autoren wie W. Heitmeyer oder Bassam Tibi[6] warnen vor den Gefahren, die von der Duldung islamistischer Zusammenschlüsse auf deutschem Boden ausgehen könnten. Aufgrund ihres Ethnozentrismus, ihrer Ablehnung unserer liberal-demokratischen Grundordnung, auch ihrer beträchtlichen Gewaltneigung würden diese Gruppen einen Fremdkörper in der deutschen Gesellschaft darstellen und ein beträchtliches zusätzliches Konfliktpotenzial in die deutsche Gesellschaft hineintragen.

In der Tat, die Verführungskraft, die militanten islamistischen Gemeinschaften für Migranten allgemein, aber vor allem für die unter akuten Orientierungsproblemen leidenden türkischen Migranten der zweiten und dritten Generation innewohnt, ist nicht zu unterschätzen. Deren Situation lässt sich am treffendsten als soziale Marginalisierung in einem doppelten Sinn beschreiben.[7] Zum Einen sind sie aufgrund ihrer sich in ihrem Aussehen spie-

---

[6] Heitmeyer, Wilhelm u.a.: Verlockender Fundamentalismus. Türkische Jugendliche in Deutschland, Frankfurt 1997; Bassam Tibi: Der Islam und Deutschland. Muslime in Deutschland, Stuttgart 2000.
[7] Zum Marginalitätsbegriff vgl. Waldmann, Peter: Der Begriff der Marginalität in der neueren Soziologie, in: Civitas. Jahrbuch für Sozialwissenschaften, Bd. 13 (1974), S. 127 – 148.

gelnden Herkunft, ihres niedrigen Bildungsniveaus, teils auch der beschränkten materiellen Lebensverhältnisse der Familie nur partiell in die
deutsche Gesellschaft integriert. Sie fühlen sich durch diese diskriminiert
und weitgehend von ihr ausgeschlossen. Auf der anderen Seite ist aber auch
die Beziehung dieser jungen Leute zu ihrem Herkunftsland gelockert. Trotz
des äußerlich gewahrten Respekts vor ihren traditionalistischen Eltern sehen
sie diese gleichzeitig mit den kritischen Augen ihrer deutschen Schulkame-
raden. Bei jedem Ferienbesuch in ihrem Heimatland registrieren sie, dass
dieses ihnen vertraut und fremd zugleich ist, sie sich jedenfalls nicht vorstellen könnten, in ihm ihr ganzes Leben zu verbringen.

Für die hier nur angedeuteten Schwierigkeiten der Identitätsfindung, sozialen Orientierung und Zugehörigkeit junger Migranten oder von Jugendlichen der sog. zweiten und dritten Generation eröffnet der Anschluss an eine
religiöse Gemeinschaft mit dogmatischem Wahrheitsanspruch einen attrakti-
ven Ausweg. Denn damit finden die bohrenden Fragen und Unsicherheiten,
wohin man eigentlich gehört und auf wen man hören, nach wem man sich
richten soll, eine klare Antwort. Gibt es doch nun eine verbindliche Wahrheit, die aller Zweifel enthebt; eine Wahrheit, die zu verbreiten man fortan
verpflichtet ist, und sei es mit Gewalt. Auch die Minderwertigkeitsgefühle
wegen der Zugehörigkeit zu einer diskriminierten ethnischen Minderheit
lassen sich auf diese Weise überwinden. Denn qua Mitglied einer islamistischen Gemeinschaft gehört man automatisch einer erleuchteten Avantgarde,
einer Elite an, die den anderen, Verblendeten, den Weg zu weisen hat[8].

Es bedarf keiner langen Erläuterung, dass die militante kollektive
Selbstgewissheit, die von islamistischen Gruppen ausgeht, in der Bundesrepublik Deutschland als beunruhigend empfunden werden muss, als Bedrohung unseres auf Pluralismus und Toleranz beruhenden Konsenses. Andererseits möchte ich jedoch einige Argumente anführen, welche die damit ein-
hergehende Gefahr bei näherem Hinsehen relativieren. Zum ersten liegt der
Angel- und Bezugspunkt, auf den das Denken der islamistischen Gruppen
ausgerichtet ist, im arabischen Raum: in der Türkei, in Syrien, Ägypten oder
Algerien. Dort will man die Einheit von religiöser und weltlicher Macht
verwirklicht sehen, nicht in der BRD. Das nimmt Deutschland aus der direkten Schusslinie dieser militanten Organisationen, wenngleich es damit

---

[8] Twardella, Johannes: Fundamentalismus als Produkt des Traditionsbruches. Fallrekonstruktion
eines Typus islamischer Religiosität in Deutschland, in: BIOS, 14. Jg. (2002), Heft 2, S. 88-109;
Schiffauer, Werner: Die Gottesmänner. Türkische Islamisten in Deutschland, Frankfurt 2000, S. 276
ff., 286 ff.

natürlich nicht aus seiner Verantwortung als möglicher Vorbereitungsraum terroristischer Anschläge gegen Drittländer entlassen ist.

Die Berücksichtigung von Machtgesichtspunkten führt ebenfalls zu einer Relativierung der von diesen Gruppen ausgehenden Gefahr. Beispielsweise fällt auf, dass die Kaplan-Sekte, ungeachtet ihres Verbalradikalismus, in Deutschland relativ vorsichtig und zurückhaltend operierte, ihr Führer sich etwa anlässlich der Affäre um den indischen Schriftsteller Rushdie hütete, ein öffentliches Todesurteil über diesen auszusprechen[9]. Ich glaube, ein arabisches Sprichwort lautet, man beißt nicht die Hand, die einem Futter gibt. In diesem Sinn ist davon auszugehen, dass die Führer fundamentalistischer Gruppen in Deutschland, ähnlich wie in Großbritannien, durchaus die Privilegien zu schätzen wissen, die ihnen das westliche Vereinsrecht einräumt. Man könnte auch sagen, man sägt nicht an dem Ast, auf dem man sitzt.

Was eben auf der organisatorischen Ebene ausgeführt wurde, gilt in sozialpsychologischer Hinsicht auch für viele der Mitglieder dieser Gruppen: Sie haben bereits großenteils die westlichen Wertvorstellungen internalisiert, stehen beispielsweise in politischer Hinsicht mehr auf dem Boden der hiesigen Verfassung, als man auf Anhieb von außen wahrnehmen kann. Sie denken weder ernsthaft daran, in ihr Heimatland zurückzukehren noch würden sie einen Versuch unterstützen, unser pluralistisches, offenes System durch ein autoritäres Regime islamistischen Zuschnitts zu ersetzen. Dies gilt zumindest für die Migranten der sogenannten zweiten Generation. So haben beispielsweise Untersuchungen zur Bedeutung des Schadors ergeben, dass junge türkisch-stämmige Frauen, die darauf bestehen, ihn zu tragen, sich dabei auf das individuelle Recht freier Religionsausübung und -bezeugung in einer pluralistischen Gesellschaft berufen, also nicht traditionalistisch und kollektivistisch argumentieren. Das Bekenntnis zu einer bestimmten Religion und einem religiösen Ritus in einer weitgehend säkularisierten Umwelt hat eben einen ganz anderen Stellenwert, als wenn man in ein solches Milieu hineingeboren wird und religiöse Praktiken von klein auf zum selbstverständlichen Alltag gehören.

Die meisten religiösen Puristen der bereits in Deutschland geborenen, aus islamischen Migrantenfamilien stammenden Jugendlichen haben sich schon weit mehr auf die westliche Welt eingelassen, als ihnen selbst bewusst ist. Sie brauchen den Islam, um den Kulturschock zu verkraften, mit dem ihr Leben in zwei äußerst unterschiedlichen Gesellschaften verbunden ist, als Identitätsvergewisserung in einer für sie schwierigen und äußerst komplexen

---

[9] Schiffauer, a.a.O., S. 169 f.

Übergangsphase. Das heißt aber keineswegs, dass aus den islamistischen Gemeinschaften eine dauerhafte, systematische Bedrohung des westlichen politischen Wertessystems entspringen muss[10].

Damit möchte ich nicht ausschließen, dass von islamistischen Gemeinschaften und Subkulturen künftig Gewaltimpulse ausgehen können. Gewaltsame Krawalle und Aufstände sowohl in den Vorstädten französischer Mittel- und Großstädte in den 80er Jahren als auch in Mittelengland in jüngerer Zeit sind noch in lebhafter Erinnerung. Dabei handelte es sich jedoch ihrem Wesensgehalt nach um Protestgewalt gegen sozialen Ausschluss, gegen eine desolate wirtschaftliche Situation und gegen ethnisch-rassischen Diskriminierung[11]. Ihr Ziel ist, diese Missstände zu beseitigen und die marginalisierten Gruppen stärker in das englische bzw. französische Gesellschaftssystem zu integrieren. Terroristische Gewalt ist dagegen etwas qualitativ anderes. Vielleicht ist dies der Punkt, um einige Besonderheiten terroristischer Gewalt ins Gedächtnis zu rufen.

Bezeichnende Züge terroristischer Gewalt

Fünf Züge terroristischer Gewalt erscheinen erwähnenswert. Der erste knüpft direkt an die eben skizzierten Merkmale der Protestgewalt an. Während derjenige, der protestiert, nicht grundsätzlich an der Existenzberechtigung des Systems oder der gesellschaftlichen Ordnung, die er angreift, rüttelt, gilt der Angriff des Terroristen den Fundamenten des anvisierten Regimes, er ist ebenso radikal wie absolut[12]. Terroristen haben die Brücke zum Feind abgebrochen und lehnen Kompromisse mit ihm ab. Sie haben sich für ein Nullsummenspiel entschieden, in dem es nur Sieger und Verlierer gibt, nach dem Motto: wir oder sie.

Gerade wegen dieser radikalen Denkweise ist es äußerst wichtig zu wissen, wer als absoluter Feind in den Köpfen von Terroristen figuriert. Dies verweist erneut auf die Notwendigkeit, sich mit den Vorstellungen terroristischer Gruppen und Akteure auseinanderzusetzen. Längerfristig neigen diese

---

[10] Frese, Hans Ludwig: „Den Islam ausleben". Konzepte authentischer Lebensführung junger türkischer Muslime in der Diaspora, Bielefeld 2002. Vgl. auch Abdel Samad, Hamedi: Radikalisierung in der Fremde? Junge Muslime in Deutschland, Manuskript, Augsburg 2002.
[11] Zum Unterschied zwischen durch Zuwanderung entstehenden Minderheiten u. autochthonen Minderheiten, die das Ergebnis von Überlagerung u. Beherrschung durch fremde Mächte sind (wie etwa die Katholiken Nordirlands) vgl. bereits Lieberson, Stanley: A Societal Theory of Race and Ethnic Relations, in: American Sociological Review, Vol. 26 (1961), N. 2, S. 902-910.
[12] Zum Folgenden Waldmann, Peter: Terrorismus. Provokation der Macht, Kap. 1, 7 u. 9.

zu einer dichotomischen Betrachtungsweise, d. h. die Welt zerfällt nur noch in Freunde und Feinde. Doch kurz- und mittelfristig haben auch durchaus Zwischenkategorien, wie „Neutrale", „potenzielle Alliierte", nicht zu irritierende „potenzielle Gegner", in ihrem Denken Platz. Um den Grad konkreter Gefährdung für eine bestimmte Gesellschaft ausmachen zu können, ist es von zentraler Bedeutung herauszufinden, in welche der von den Terroristen konstruierten Bezugsgruppen die Gesellschaft fällt.

Drittens dürfen ungeachtet des vor allem bei religiös oder ideologisch aufgeladenen extremistischen Gruppen üblichen Verbalradikalismus Rhetorik und Realität nicht verwechselt werden. Nehmen wir das Beispiel der rechtsextremistischen pseudochristlichen Militias in den USA. Liest man ihre Androhungen, Verwünschungen und Prophezeiungen in den einschlägigen Websites und fügt die apokalyptischen, allesamt gegen Washington gerichteten Visionen ihrer Führer, die in schriftlicher Form vorliegen, hinzu, dann ist es keineswegs erstaunlich, dass es den Anschlag von Oklahoma im Jahr 1994 gegeben hat. Erstaunlich ist vielmehr, dass es bisher bei diesem einen Anschlag geblieben ist, nicht zehn oder zwanzig bald darauf gefolgt sind und andere Gebäude nordamerikanischer Großstädte in Trümmer gelegt haben. Auch innerhalb dieser Organisationen wird immer recht deutlich zwischen jenen unterschieden, die das große Wort führen und denjenigen, die handeln. Das zweite folgt nicht zwangsläufig aus dem ersten, auch eine Organisation, die gänzlich unbekannt ist, kann ohne Androhung und vorherige Ankündigung plötzlich einen Megaanschlag ausführen.

Dies bringt mich zu der vierten Beobachtung. Die Hauptgefahr geht nicht selten weniger von den etablierten und bekannten Organisationen aus, selbst wenn diese extremistische Positionen beziehen, als von den Rändern. Der Linksterrorismus der 70er Jahre in der Bundesrepublik Deutschland hatte seinen Ursprung nicht in den sogenannten K-Gruppen und dem gewissermaßen institutionalisierten linksextremistischen Milieu, sondern er wurde von Personen getragen, die ihrerseits in diesem Milieu Außenseiter waren. Er war, wie F. Neidhardt[13] früh bemerkte, nicht das erwartbare Produkt einer relativ erfolgreichen linksextremistischen Bewegung, sondern das Ausfallprodukt einer im Abklingen begriffenen Strömung. Generell gilt: Weniger anerkannte und im Aufschwung befindliche Organisationen sind als gefährlich einzustufen als Individuen und Gruppen, die marginal (innerhalb der

---

[13] Neidhardt, Friedhelm: Über Zufall, Eigendynamik und Institutionalisierbarkeit absurder Prozesse. Notizen am Beispiel einer terroristischen Gruppe, in: Ders.: Gewalt und Terrorismus. Studien zur Soziologie militanter Konflikte. Berlin 1988, S. 178-192.

Bewegung) und relativ erfolglos sind (weshalb sie sich und den anderen etwas beweisen wollen).

Hinsichtlich der sozialen Schichtzugehörigkeit von Terroristen ist folgendes zu bemerken. Als kompliziertes, intellektuell anspruchsvolles Mehrstufenkalkül setzt der Terrorismus eine geistige Mindestqualifikation bei den Akteuren voraus. Im Allgemeinen verfügen nur akademisch geschulte Mittelschichtangehörige über die Planungsfähigkeit, Phantasie, den Überblick und die sonstigen Fähigkeiten, die erforderlich sind, um solche Anschläge vorzubereiten und ihre Durchführung zu kontrollieren. Typisch für Mittelschichtintellektuelle ist ja auch häufig eine ausgeprägte Empfindlichkeit, die Überbewertung von Identitäts- und Orientierungsfragen sowie der Hang zu verwegenen Phantasiekonstruktionen und Handlungsszenarien. Ihre Schlüsselrolle bei der Planung und logistischen Vorbereitung derartiger Anschläge schließt nicht aus, dass bei deren Ausführung Unterschichtangehörigen gewisse Aufgaben zugewiesen werden.

Schließlich noch ein Wort zu den Selbstmordterroristen. Schließt man Fälle aus, wo diese Praxis zur Routine geworden ist (gegenwärtige Situation in Israel), so ist für Selbstmordterroristen ihre weitgehende Lösung aus allen sozialen Bindungen bezeichnend. Sie haben sich meist von der Herkunftsfamilie emanzipiert, ohne schon eine eigene Familie gegründet zu haben, gehören nicht den wohlhabenden Schichten an, nehmen keine nennenswerten Positionen ein, kurz, sind Personen, deren Tod keine große soziale Lücke hinterlässt. Dieses schon seit dem 19. Jahrhundert zu beobachtende Muster prädestiniert, gemeinsam mit der erforderlichen intellektuellen Qualifikation, Schüler und Studenten für die Rolle des Selbstmordterroristen; und zwar nicht nur in der Fremd-, sondern auch in der Eigenwahrnehmung.[14]

Die Bundesrepublik – ein Rekrutierungsfeld für internationalen Terrorismus?

Fasst man die bisherigen Überlegungen zusammen, so kommt man zu folgenden vorläufigen Schlussfolgerungen hinsichtlich der Frage, inwieweit die Bundesrepublik Deutschland den Nährboden für Gruppen des religiös-politisch inspirierten Terrorismus abgeben kann.

---

[14] Dale, Stephen Frederic: Religious Suicide in Islamic Asia. Anticolonial Terrorism in India, Indonesia and the Philippines, in: Journal of Conflict Resolution, Vol. 32 (1988), No. 7, S. 37-59.

Es ist möglich, dass solche Gruppen entstehen, dass sie die BRD und ihre Institutionen angreifen werden; es ist indes unwahrscheinlich, da das Profil der BRD (was sich allerdings in Zukunft ändern könnte) bisher als zu „blass" erscheint, um sich als „Feind" schlechthin zu eignen. Denkbar ist jedoch, dass die BRD (wie bereits geschehen) erneut als Vorbereitungsraum dienen wird, um externe Regime und Systeme anzugreifen.

Außer dass die Täter (wie alle Gewaltakteure) im Zweifel jung und männlichen Geschlechts sein werden, kann man folgende Aussagen über sie treffen: Sie werden eher von den Rändern als den Zentren der islamistischen Szene/Organisationen stammen; sie werden eher Akademiker sein und der Mittelschicht angehören oder entstammen als der Unterschicht; es wird sich eher um Migranten der ersten Generation als um Migranten der zweiten Generation oder späterer Generationen, die bereits in Deutschland geboren sind, handeln; sofern Selbstmordanschläge durchgeführt werden, werden die Täter eher relativ sozial isoliert und ungebunden als in einen Familienverband integriert sein.

Alle diese Vermutungen ergeben sich aus den bisher erörterten Prämissen. Vor allem ist davon auszugehen, dass die bereits in einem westlichen Land Geborenen im Allgemeinen zu starke Bindungen an die westliche Lebensweise aufweisen, um noch mit ungebremstem Hass gegen ein kapitalistisches Land vorgehen zu können. Ausnahmen (etwa Individuen, die aufgrund ihrer multiplen Identitäten nirgendwo Fuß fassen konnten und deshalb, wurzellos und voller diffuser Ressentiments gewissermaßen als Söldner dem internationalen Terrorismus zur Verfügung stehen) dürften die Regel bestätigen. Insgesamt verweisen die skizzierten Bedingungen in der Tat auf den Studenten aus arabischen Ländern als idealen potenziellen Kandidaten für die terroristische Karriere. Dass es sich bei den bisher genannten Fällen vornehmlich um Studierende der technischen und naturwissenschaftlichen Fächer handelt, dürfte ebenfalls kein Zufall sein. Denn hier fehlt einerseits die Auseinandersetzung mit den geistigen Grundlagen der westlichen Zivilisation, die deren einseitige Diabolisierung verhindert hätte, und wird andererseits mit einem technischen Fortschrittsglauben zugleich eine extreme Anfälligkeit für Ideologien und Fundamentalismen jeglicher Art begründet[15].

Die mögliche Rekrutierungsbasis terroristischer islamistischer Gruppen eingrenzen heißt allerdings noch nicht aufzeigen, wie diese sich konkret herausbilden. Nach einem gegenwärtig in Augsburg anlaufenden For-

---

[15] Zu der Thematik siehe auch Kermani, Navid: Dynamit des Geistes. Martyrium Islam und Islamismus, Göttingen 2002.

schungsprojekt gehen wir von drei sich überlappenden Teilprozessen aus: Diskriminierung und Rückzug aus den üblichen inter- und intraethnischen Kontakten und Beziehungen; ein Konversionserlebnis und die Ausschau nach Gesinnungsgenossen; schließlich die gezielte Anwerbung des Betreffenden durch andere, die schon ein „Projekt" im Auge haben. Doch spielen hier natürlich auch Faktoren wie die Erwartungen, mit denen ein junger Mensch aus diesen Ländern nach Deutschland gekommen ist und die Enttäuschung ob der Realität, die ihn hier erwartete, die Entwicklung der Beziehungen zur Herkunftsfamilie, Zwischenreisen in arabische Länder, der Umgang mit Alkohol und Kontakte mit Frauen eine Rolle. Über all dies hoffen wir bald mehr zu wissen.

Fehlgeschlagene Modernisierung als Sicherheitsproblem

Shlomo Avineri

Im Folgenden wird auf einige Aspekte der Modernisierungskrise und des Demokratiedefizits als Sicherheitsproblem im arabischen Raum hingewiesen. Diese Fragen sind sowohl in der Wissenschaft als auch in der Praxis bereits erörtert worden, aber nach dem 11. September 2001 sind sie wesentlich wichtiger geworden. Es handelt sich hierbei um die Rolle des Islam sowie die sozialen und politischen Verhältnisse in denjenigen Ländern, aus denen die Terroristen des 11. September vorwiegend stammen. Außerdem sollen einige Vorschläge zu politischen Strategien und einer konkret zu befolgenden Politik gemacht werden.

Die Rolle des Islam

Da die Ideologie und die Legitimierung von Al Qaida generell in einer fundamentalistischen Variante des Islam wurzeln, hat die Diskussion nach dem 11. September sich fast ausschließlich auf den Islam als Religion und Kultur konzentriert, aus dem unter bestimmten Umständen solche Phänomene wie Bin Laden und die mit ihm verbundenen Gruppen erwachsen können.

Dieser Ansatz greift nicht nur zu kurz. Er ist aus faktischen wie aus normativen Gründen falsch. Denn er birgt die Gefahr, den Islam und die Muslime zu dämonisieren oder sie zumindest als den Archetypus des „Anderen" darzustellen. Solche Erklärungsmuster finden sich schon heute im öffentlichen Diskurs in vielen westlichen Gesellschaften. Sie verringern jedoch die Chancen, Verbündete unter den moderaten islamischen Nationen und Gruppen im Krieg gegen den Terrorismus zu finden. Diese Stigmatisierung treibt außerdem die muslimischen Gesellschaften in die Defensive und entzweit Okzident und Orient weiter. Tatsächlich aber lässt sich die Behauptung, dass Islam und Demokratie wie Modernisierung unvereinbar sind, im Lichte der Entwicklungen in vielen moslemischen Staaten nicht aufrechterhalten.

An erster Stelle ist in diesem Zusammenhang die Türkei zu nennen. Es ist offensichtlich, dass das gegenwärtige politische System in der Türkei erhebliche Mängel in Bezug auf die Achtung von Menschen- und Minderheitenrechten aufweist. In den vergangenen 80 Jahren hat die Türkei jedoch einen tiefgreifenden Wandel durchlebt. Sie hat – nicht ohne Schwierigkeiten – ihr politisches System säkularisiert, ein robustes Mehrparteiensystem etabliert, eine freie Presse (mit Beschränkungen hinsichtlich der Kurden-Frage) sowie insgesamt offene und freie Wahlen zugelassen. Sogar die problematische Rolle der Armee als Garant des kemalistischen Säkularismus deutet auf einen anderen Status des Militärs hin und verbietet eine Gleichsetzung mit Militärdiktaturen. Dieser Unterschied ist wichtig, auch wenn damit Interventionen des Militärs im politischen Prozess nicht zu rechtfertigen sind. Schließlich ist die wirtschaftliche Entwicklung der Türkei phänomenal und die Tatsache, dass die Europäische Union jetzt bereit ist, sie ernsthaft für eine Mitgliedschaft in Betracht zu ziehen – trotz aller noch bestehenden Vorbehalte – deutet an, wie weit das Land vorangekommen ist. Der islamische Fundamentalismus ist ein Problem in der Türkei. Aber es handelt sich um ein Problem innerhalb einer grundsätzlich modernen, demokratischen und im Wesentlichen mehr oder weniger liberalen Gesellschaft.

Trotz der Unterschiede zwischen ihnen stellen auch Indonesien und Bangladesh bevölkerungsreiche islamische Gesellschaften dar, die unter schwierigen sozioökonomischen Bedingungen den Versuch machen, ein Mehrparteiensystem mit einer verhältnismäßig freien Presse aufzubauen bzw. aufrechtzuerhalten. Selbst Pakistan, das sich gegenwärtig (nicht zum ersten Mal) unter einer Militärherrschaft befindet, hat in seiner wechselvollen Geschichte Zeiten mit einem Mehrparteiensystem erlebt. Die politische Problematik Pakistans ist in seinen vergeblichen Versuchen zu sehen, eine stabile Demokratie zu etablieren. Es ist jedoch denkbar, dass das gegenwärtige Militärregime sich in nicht zu ferner Zukunft in Richtung auf ein Mehrparteiensystem hin bewegen wird: Die Anfänge dieses Prozesses sind eigentlich schon zu ersehen.

Auch das Beispiel Irans sollte Skeptiker davon überzeugen, dass sogar eine (selbsterklärte) islamische Republik das Potenzial hat, sich in Richtung auf eine Demokratisierung hin zu entwickeln. Gewiss ist es ein Paradoxon, dass ein Regime, das mit einer blutigen Revolution, tief verwurzelt in einer intoleranten Version des Shia-Islam, begann, sich über die Jahre in eine vielversprechende Richtung entwickelt hat. Man findet Licht und Schatten, aber die vorhandene institutionelle Struktur sollte nicht gering geschätzt werden. Es gibt Parlaments- und Präsidentenwahlen im Iran, und auch wenn alle

Gruppen durch die religiösen Autoritäten als „wahrhaft islamisch" erst anerkannt werden müssen, sind die Wahlen umkämpft. Die Wahl Hattamis ebenso wie die letzten Parlamentswahlen weisen auf einen, wenn auch noch begrenzten politischen Pluralismus hin. Frauen dürfen wählen, nehmen am
politischen Leben teil und waren wahrscheinlich, zusammen mit den jüngeren Wählern, mitverantwortlich für die Wahl des moderaten Hattami – trotz
der islamisch begründeten Diskriminierung, die sich nach außen so sichtbar
im Schador zeigt. Debatten in dem iranischen Majlis (Parlament) sind wirkliche Debatten, bei denen Koalitionen gebildet werden und abgestimmt wird.
Die iranische islamische Verfassung garantiert sogar religiösen Minderheiten
(Christen, Juden und Parsen) einige Sitze im Parlament. Auch wenn diese
Beteiligung im wesentlichen symbolischer Natur ist, deutet es doch die
Möglichkeit einer begrenzten Toleranz selbst unter der Ägide einer islamischen Republik an. Ob diese Entwicklungen zu einer weiteren Öffnung des
Systems führen werden, lässt sich noch nicht sagen. Es wird von verschiede-
nen inneren Entwicklungen abhängen – die „Achse des Bösen"-Rede des
amerikanischen Präsidenten Bush war hier wenig hilfreich – aber das Potenzial ist vorhanden.

Nichts von alledem kann jedoch über die Mitgliedstaaten der Arabischen Liga gesagt werden. Doch bevor näher hierauf eingegangen wird, ist es
auch wichtig zu erkennen, dass der Islam historisch eine konfrontative und
konfliktreiche Beziehung mit dem Westen und dem Christentum hatte, die
andere Kulturen (Hinduismus, Buddhismus usw.) nicht aufzuweisen haben.
Immerhin ist der Islam eine Kultur und eine Religion, die mit dem Christentum um die Weltherrschaft gekämpft – und verloren – hat. Die Theologie des
Islam unterscheidet deutlich zwischen der Welt des Islam und des Friedens
(Dar al-Islam) einerseits und der Welt des Krieges (Dar al-Harb) andererseits, und selbstverständlich hat solch eine manichäische Weltsicht ihre Spu-
ren im gegenwärtigen Denken und Handeln hinterlassen. Es ist kein Zufall,
dass Bin Laden den Sieg über die Mudschaheddin in Afghanistan als den
ersten islamischen Sieg über eine europäische Macht seit der türkischen Niederlage vor den Toren von Wien bezeichnet hat. Bin Ladens Manifest, in
dem er den Krieg gegen den Westen als einen Krieg gegen „Kreuzfahrer und
Juden" bezeichnet, spiegelt diese theologische Auseinandersetzung wider,
die im islamischen Diskurs nach wie vor erkennbar ist, vor allem, aber nicht
nur unter arabischen Muslimen. Doch auch dieses historische Echo, so stark
es auch gelegentlich sein mag, hat einige nicht-arabische muslimische Gesellschaften weder von einer Modernisierung noch von zum Teil erfolgreichen Versuchen zur Demokratisierung abhalten können.

Demokratiedefizit und mangelnde Modernisierung in den arabischen Staaten

Das komplexe, aber zu Hoffnung Anlass gebende Bild, das wir für die nicht-arabischen muslimischen Gesellschaften gezeichnet haben, trifft auf die arabischen Staaten nicht zu – jene Staaten, aus denen die meisten der Terroristen des 11. September kamen (vor allem aus Saudi-Arabien und Ägypten). Tatsache ist, dass unter den 22 Mitgliedstaaten der Arabischen Liga sich nicht eine einzige Demokratie findet. Keiner dieser Staaten hat bislang einen ernsthaften Versuch der Demokratisierung erlebt, weder von oben noch von unten. In den letzten anderthalb Jahrzehnten, in denen es ernst zunehmende Versuche zur Demokratisierung in allen Ecken der Welt gegeben hat (von Osteuropa bis Lateinamerika und Schwarzafrika), hat kein arabischer Staat eine Bewegung wie etwa Solidarnosc oder eine Führungspersönlichkeit wie Gorbatschow hervorgebracht. Eine einfache und naheliegende Erklärung für dieses Demokratiedefizit gibt es nicht. Es lassen sich jedoch einige Elemente feststellen, die zu diesem einmaligen Phänomen beigetragen haben. Damit wird auch die Frage aufgeworfen, ob es so etwas wie einen „arabischen Sonderweg" gibt. Dies geschieht selbstverständlich in Kenntnis des begrenzten Erklärungswertes dieses Ausdrucks.

Die arabische Geschichte der Begegnung mit dem Westen ist eine traumatische Erfahrung. Das hat zu einem ambivalenten Verhältnis geführt, das einerseits gekennzeichnet ist von Versuchen, dem Westen nachzueifern, andererseits von einer eher defensiven und ablehnenden Einstellung. In Ägypten erinnert man sich vor allem an den misslungenen Feldzug Napoleons, während in Europa dieser Feldzug immerhin mit Champolion und der Entzifferung des Rosetta-Steins verbunden wird. Im arabischen Bewusstsein wird der Feldzug als erster von zahlreichen europäischen militärischen Einfällen gesehen, die schließlich die muslimischen (und arabischen) Kräfte besiegten, aber auch die Ideen der Aufklärung in den Nahen Osten gebracht haben. Dass die Verbreitung europäischen Gedankenguts mit militärischer Eroberung und christlicher Missionsarbeit einhergingen, belastete jedoch die emanzipatorische Botschaft der Aufklärung und der Französischen Revolution.

Dennoch wurden die westlichen Gedanken von vielen arabischen Intellektuellen, die ehrlich von *ex occidente lux* überzeugt waren, begeistert aufgegriffen. Allerdings vertreten einige arabische Schriftsteller, wie etwa Fouad Ajami oder Sadiq Jelal al-Azm, neuerdings die Auffassung, dass alle diese Versuche, europäische politische Ideen aufzugreifen, misslangen und schließlich mit Enttäuschung endeten. In den 20er und 30er Jahren des letzten Jahrhunderts, während der britischen und französischen Mandatszeit im Nahen Osten und der britischen Vorherrschaft in Ägypten, versuchten mehrere arabische Staaten entweder das britische (monarchische) oder das französische (republikanische) Modell einer parlamentarischen Demokratie zu übernehmen. Das misslang. In den 30er und 40er Jahren waren viele arabische Führungspersönlichkeiten und Intellektuelle im Irak, in Syrien, Ägypten und Palästina vom Faschismus fasziniert mit, wie man weiß, katastrophalen Folgen. Anschließend gab es verschiedene Variationen des Marxismus, des Dritte-Welt-Sozialismus sowie des arabischen Nationalismus, die von arabischen Intellektuellen als Leitmotive aufgegriffen wurden. Nasserismus und Ba'athismus sind zwei offensichtliche Beispiele, die beide jedoch wiederum zu politischen und militärischen Niederlagen führten. Der Krieg von 1967 mit Israel war nur eine davon. So kann man kaum überrascht sein, dass nach so vielen misslungenen Versuchen, europäische Ideen und politische Systeme aufzugreifen, eine Rückkehr zu einer idealisierten, ursprünglichen Form des Islam als einzige Alternative gesehen wird. Es herrscht das Gefühl vor, mit der Rückkehr zu den Grundlagen des Islam sich aus der Umklammerung westlich korrumpierender Einflüsse befreien zu können.

In der Tat gehen der gegenwärtigen Situation in den Mitgliedstaaten der arabischen Liga eine bemerkenswerte Anzahl von Fehlschlägen voraus. Können sie aber erklären, warum keines dieser Länder eine demokratische Regierung hat und nirgendwo ernsthafte Reformansätze oder Demokratisierungsbewegungen festzustellen sind? Die jüngsten Reformvorschläge aus Bahrain sind zwar ermutigend, aber es lässt sich noch nicht sagen, ob sie erfolgreich sein werden. Selbst die Wahlen können nicht darüber hinwegtäuschen, dass die Macht in den Händen des Königs verbleibt. Auf jeden Fall handelt es sich bei Bahrain um einen eher atypischen Fall in einem kleinen Staat.

Die Lage im arabischen Raum ist überraschend, da es eine Vielzahl von Regierungsformen und sozialen und wirtschaftlichen Strukturen in diesen Ländern gibt: Einige sind klein, andere groß, einige dicht bevölkert, andere mit einer geringen Bevölkerung, die sich über ein großes Gebiet verteilt, einige sind arm, andere gehören zu den reichsten Ländern der Welt. Bei einigen handelt es sich um traditionelle Monarchien, bei anderen um Militär- oder Parteidiktaturen, einige sind in einer eher milden Art autoritär, andere brutale Diktaturen. Doch in keinem von ihnen hat es einen ernst zunehmenden Versuch gegeben, das Land politisch zu modernisieren und zu demokratisieren. Viele der arabischen Länder haben mehrfach Staatsstreiche erlebt,

Putschversuche seitens des Militärs oder gewaltsame Aufstände, aber keines dieser Staaten hat sich für die Demokratie eingesetzt oder einen Prozess der Demokratisierung und Liberalisierung eingeleitet. Das ist einzigartig, und wird in der politikwissenschaftlichen Literatur nicht ausreichend beachtet. Paradoxerweise befasst sich die Literatur über Transformationsprozesse (z.b. Juan Lins, Alfred Stepan oder Wolfgang Merkel) durchaus mit dieser Thematik in jenen Gegenden, in denen Reformen und Demokratisierung stattgefunden haben, ob in Osteuropa oder Lateinamerika. Sie haben aber, vielleicht verständlicherweise, nicht aufgegriffen, was nicht stattgefunden hat: die politische Stagnation und das Demokratiedefizit in arabischen Ländern. Die Nahostexperten hingegen haben aus Gründen der *„political correctness"* und auf Grund von äußerem Druck sich nicht an das Tabuthema herangewagt. Und auch arabische Intellektuelle haben sich erst vor kurzem diesem Thema im Rahmen des von der OECD geförderten *„Arab Human Development Report"* gestellt.

Zweifellos lässt das Fehlen von Reform und Demokratisierung den islamischen Fundamentalismus vielen als einzige verbleibende Option erscheinen. Zum Teil wird das von den Autoritäten sogar akzeptiert, wenn auch in kontrollierter Weise, so etwa in einem nicht allzu strengen Regime wie in Ägypten, wo parteipolitische Aktivität dieser Couleur bekämpft und extremer Islamismus verfolgt wird. Dort bleiben Moscheen der einzige Ort, an dem sich Menschen versammeln können und wo sie in der einen oder anderen Weise politisch indoktriniert werden. In Falle Saudi-Arabiens, wo es ein politisches Bündnis zwischen dem Hause Saud und dem religiösen Wahhabi-Establishment gibt, liegt das Bildungssystem, die öffentliche Kontrolle der Moral und die Religionsausübung in den Händen einer extrem fundamentalistischen und anti-westlichen Gruppe, etwa im *„Ministerium für die Verhinderung von Untugend und die Förderung von Tugend"*. Wenn man sich die Schulbücher ansieht, begreift man schnell, dass das, was Bin Laden tut, dort gepredigt und gelehrt wird. Allerdings wurde diese Seite des saudischen Regimes im Westen lange Zeit ignoriert. Erst heute erkennt man, welche großen Probleme sich hieraus ergeben.

Es ist diese Spannung zwischen der eigenen sozialen Wirklichkeit und dem Versprechen und der Versuchung des Westens, die jene Zerrissenheit mit sich bringt, welche junge und gebildete Menschen aus Ländern wie Ägypten oder Saudi-Arabien zu Extremismus und Terrorismus führt. Die Flugzeugentführer des 11. September waren schließlich keine ungebildeten Bauern. Im Gegenteil, unter ihnen befanden sich gebildete und gut ausgebildete Personen, die mit der westlichen Kultur in Berührung gekommen waren, mehrere europäische Sprachen fließend beherrschten und oftmals im Westen ausgebildet worden waren. Ein gutes Beispiel dafür ist einer der Gründer der gegenwärtig extremen Fraktion des ägyptischen *Islamischen Jihad*, Saeed Qutb, der schließlich unter dem Regime Nassers hingerichtet wurde. Es war auf einer von der Regierung finanzierten Reise durch die Vereinigten Staaten, als sich seine politischen Ansichten zum extremen Fundamentalismus verschoben: Die Berührung mit der amerikanischen Kultur, mit emanzipierten Frauen, dem Konsumdenken und seinen materialistischen und hedonistischen Grundlagen machten ihn zu einem Ideologen des islamischen Jihad gegen den Westen. In seinen Schriften wird Amerika, wie der Westen insgesamt, als gottlose und heidnische Gesellschaft dargestellt, als eine neue Form der *Jahaliya*, d.h. Barbarei, der vorislamistischen Gesellschaft der arabischen Halbinsel, wie sie im Islam beschrieben wird. In der Tat trifft man die Charakterisierung der Moderne als *neo-Jahaliya* häufig in der islamischen fundamentalistischen Literatur und Propaganda.

Das politische Versagen im Hinblick auf die Modernisierung wird begleitet von einem wirtschaftlichen Versagen. Als das Geld aus dem Ölgeschäft die Staaten am Golf in den späten 60er und frühen 70er Jahren des letzten Jahrhunderts zu verändern begann, glaubten viele arabische Intellektuelle, ein neues goldenes Zeitalter stehe bevor, für das die wirtschaftlichen Grundlagen bereits gelegt worden waren und das schließlich alle arabischen Länder zu Reichtum und Wohlstand führen würde. Doch dies geschah nicht. Wie Spanien und Portugal, die in der Folge der Entdeckung Amerikas leichten Zugang zu mexikanischem und peruanischem Gold und Silber hatten, gründeten und entwickelten Saudi-Arabien und Kuwait keine Industrie, sondern ließen den neu gewonnenen Wohlstand weitgehend in den Konsum fließen. Sie nutzten die Ressourcen auch nicht, um eine arabische Wohlstandszone zu schaffen, die etwa die Bevölkerung in Ägypten aus ihrer Armut befreit hätte. Die reichen arabischen Ölstaaten investierten nicht in die Wirtschaften ihrer arabischen Nachbarn, sondern in den Konsum oder in westliche Aktien.

Aus alledem erwuchs ein tiefes Gefühl des Widerwillens unter den arabischen Intellektuellen in Staaten wie Ägypten oder Syrien. Bei vielen der ägyptischen Intellektuellen führte der unglaubliche Reichtum von Ländern wie Saudi-Arabien und der verschwenderische Lebensstil ihrer königlichen Vertreter zu grundsätzlicher Kritik an der Diskrepanz zwischen den religiösen Ansprüchen der Wächter der islamischen Heiligtümer (Mekka und Medina) und ihrem prunkvollen Lebensstil. Die Rufe nach Solidarität und einer Umverteilung des Reichtums verhallten jedoch ungehört. Ein ägyptischer

Intellektueller meinte dazu einmal, dass er nun verstünde, was Martin Luther gegenüber dem Papsttum des 16. Jahrhunderts gedacht haben mag: Dies ist die Hure Babylons. Bin Ladens Radikalismus begann nicht mit einer Kritik an den Vereinigten Staaten; er begann mit dem Widerstand gegenüber der religiösen Scheinheiligkeit der saudischen Dynastie und wendete sich erst als Folge der Stationierung von amerikanischen Truppen auf dem heiligen Boden Arabiens nach dem Golfkrieg gegen den Westen.

In den 50er und 60er Jahren des vorigen Jahrhunderts hatte ähnlich radikale Kritik junge arabische Intellektuelle dem Kommunismus oder dem Nasserismus in die Arme getrieben. Diese Optionen sind jetzt entweder verschlossen oder irrelevant. So wenden sich dieselben jungen Leute, die ehedem vielleicht Anhänger von Che Guevara geworden wären nun Osama Bin Laden zu. Es ist diese innere Spannung der arabischen Gesellschaften sowie das Fehlen von legitimen Wegen für soziale und politische Kritik, die jetzt gewaltsam an die Ufer des Hudson und des Potomac exportiert worden ist.

Diese Zusammenhänge bieten auch eine Erklärung für die Unterstützung, die von vielen radikalen arabischen Intellektuellen für die Besetzung von Kuwait durch Saddam Hussein kam. Saddam hatte erklärt, dass der Weg nach Jerusalem durch Kuwait führte, und dies half ihm offensichtlich, sich in den Augen vieler als neuer Saladin zu legitimieren. Mehr noch aber war es die tiefe Ablehnung, die man den durch Öl reich gewordenen Regierenden in Kuwait und ihrem Lebensstil entgegen brachte, die viele in der arabischen Welt, insbesondere unter den Intellektuellen, dazu brachte Saddam als Helden zu sehen: Dank ihm bekamen die Scheichs von Kuwait endlich, was sie verdienten. Die anti-westliche Haltung des Fernsehsenders al-Dschasira und ihre pro-Saddam Berichterstattung während des jüngsten Irak-Kriegs sind ein weiteres Beispiel dieses Phänomens.

Es ist also ein doppeltes wirtschaftliches Versagen – das Versagen, den Wohlstand zu teilen, und das Versagen, die wirtschaftliche Entwicklung in Gang zu bringen –, das so viele Araber aus der Mittelschicht gegen ihre eigenen Führer und gegen den Westen aufbrachte. Ein ägyptischer Intellektueller formulierte es einmal so: Wenn die Saudis und Kuwaitis nur 10% ihres Öleinkommens in Ägypten investiert hätten, hätte die ganze Region ein Japan oder Südkorea werden können. Nebenbei bemerkt, war das Bruttosozialprodukt pro Einwohner im Jahre 1950 in Ägypten und Südkorea gleich niedrig. Zahlen, die bekannt sind und immer wieder unter arabischen Intellektuellen genannt werden.

Politische Strategien des Westens

Was muss getan werden?

Erstens sollte man erkennen, wo der Kern des Problems liegt. Es ist nicht die amerikanische Politik, das Verhalten Israels oder sogar seine bloße Existenz, die Ursache der Wut und des Zorns sind, die zum 11. September geführt haben. Vielmehr ist es das tiefe und grundsätzliche Versagen der arabischen – nicht muslimischen! – Gesellschaften, sich zu modernisieren, wirtschaftlich zu entwickeln und Liberalismus und Demokratie einzuführen. Zudem ist die Frage der Armut mindestens eben so sehr eine innerarabische Frage – z. B. Ägypten im Vergleich zu Saudi-Arabien – wie ein allgemeines Thema der Armut in der Dritten Welt.

Allzu viele Jahre waren diese Themen tabuisiert. Weil Ägypten den israelisch-palästinensischen Friedensprozess unterstützte und selbst einen Frieden mit Israel einging, wurde sein autoritäres Regime weder von den Vereinigten Staaten noch der Europäischen Union kritisiert. Der Fall von Sa'ad Eddin Ibrahim, seiner Verfolgung und Inhaftierung auf Grund aufgebauschter Anschuldigungen, ist ein Beispiel für das beschämende Stillschweigen im Westen. Ähnlich verhielt es sich mit Saudi-Arabien. Solange das Öl floss und die Petrodollars in die westliche Wirtschaft investiert wurden sowie das Regime selbst stabil erschien, sah man sich nicht genötigt, sich am totalitären Charakter des saudischen Systems, seiner religiösen Intoleranz, seiner Unterdrückung von Frauen und der shiitischen Minderheit Anstoß zu nehmen.

Es ist höchste Zeit, diese Fragen nun aufzugreifen. Denn es ist der Mangel an Demokratie und Offenheit in den arabischen Staaten, welcher die Wurzel des gegenwärtigen islamischen Fundamentalismus bildet, der von diesen Staaten exportiert wird: nach Afghanistan, Pakistan und in den Westen. Ein politischer Dialog mit den arabischen Staaten sollte nicht ohne Bezugnahme auf diese Themen geführt werden: Er darf nichts vereinfachen, sondern sollte durch Verständnis, Einfühlungsvermögen und Festigkeit gekennzeichnet sein. Ich möchte einige konkrete Beispiele nennen:

- Der euro-mediterrane Dialog sollte nicht wie bisher fortgeführt werden, indem eine breite Palette von Themen erörtert wird – von mittelalterlicher Philosophie bis zu abstrakten Gedankengängen über Theologie und Menschenrechte, sondern er sollte sich auf das Demokratiedefizit in den arabischen Staaten konzentrieren. Diskussionen über Aquin, Avicenna und Maimonides mögen schön und gut sein. Aber die Aufklärung, Locke, Voltaire, Rousseau und Mill sollten gleichfalls diskutiert werden. Das Fehlen entsprechender arabischer Denker sollte kein Grund sein, einen solchen Diskurs zu tabuisieren, ganz im Gegenteil. Dadurch, dass man die Unterschiede herausarbeitet, gewinnt der Dialog. Wohingegen eine nur scheinbar politisch korrekte Eindimensionalität jede fruchtbare Debatte erstickt. Selbstverständlich sollte das in Achtung vor kulturellen Unterschieden und mit gebührendem Respekt gegenüber dem Islam und seinem kulturellen Erbe geschehen. Aber Mängel höflich zu übersehen ist wenig hilfreich; in gewisser Weise hat das sogar den Beigeschmack von Hegemonismus und Arroganz.

- Die Vereinigten Staaten und die Europäische Union sollten diese Fragen mit ihren arabischen Partnern aufgreifen und diesen vorsichtig, aber entschieden nicht erlauben, dem Thema auszuweichen. Möglicherweise ist es noch zu früh eine euro-mediterrane KSZE oder OSZE zu gründen. Aber ebenso wie die vier Körbe von Helsinki die kontroverse Debatte mit der Sowjetunion und ihren Verbündeten institutionalisierten, sollten die USA und die EU eine Reihe realistischer Erwartungen formulieren, die den arabischen Ländern als Vorschläge präsentiert werden, damit der „Dialog der Kulturen" überhaupt eine praktische Bedeutung erlangt. Ebenso wie Andrej Sacharow in der ehemaligen Sowjetunion, sollte Sa'ad Eddin Ibrahim zu einem Symbol der Aufrufe zur Veränderung werden.

- Selbstverständlich sollte das in einer realistischen Weise und ohne dogmatische Festlegungen geschehen. Das Beispiel Algerien zeigt, dass die Alternativen manchmal krass und erschreckend sein können. Doch der Westen sollte etwas in den politischen Diskurs mit den arabischen Ländern einbringen, ohne dass er sich damit erneut in imperialistischer Manier aufdrängt. Takt und Verständnis sind notwendig, aber eine heuchlerische Idealisierung des Islam wäre genauso kontraproduktiv und historisch und moralisch falsch wie seine simple Geringschätzung.

- Die Zivilgesellschaft muss in den arabischen Ländern gestärkt werden. Amerikanische und europäische Stiftungen haben hier große Bedeutung. Deutsche Stiftungen, die bereits in einigen arabischen Ländern aktiv sind, können eine besondere Rolle spielen, weil es gegenüber Deutschland viel weniger Ressentiment als gegenüber Großbritannien oder den

Vereinigten Staaten gibt, unter anderem, weil Deutschland keine koloniale Vergangenheit in der Region hat. Zurzeit jedoch vermeiden es westliche Stiftungen, diese heiklen Themen aufzugreifen.

- Man sollte auf die Beispiele Türkei und Iran rekurrieren, auch wenn dies auf arabischer Seite in Anbetracht der historischen Feindschaft zwischen dem arabischen Nationalismus und der Türkei und Iran mit Zurückhaltung aufgenommen wird. Diese traditionelle Feindschaft wird öffentlich selten anerkannt; in vielen Fällen ist sie westlichen Beobachtern aber auch entweder nicht bekannt oder sie wird nicht richtig verstanden. Das betrifft auch manchen selbst ernannten Islamexperten, der zwar die heiligen Schriften kennen mag, nicht aber den profanen historischen Kontext.

- Der Aufbau politischer Parteien sollte thematisiert und nicht tabuisiert werden. Besonders im Falle Saudi-Arabiens muss die Notwendigkeit einer glaubwürdigen politischen Reform hervorgehoben werden. In Anbetracht saudischer Empfindlichkeiten sowie der Art des saudischen politischen Diskurses sollte dies auf taktvolle Weise geschehen, durch persönlichen Rat, und nicht durch öffentliche Erklärungen. Europäer mögen hier geschickter vorgehen als Amerikaner. Ein Ausweichen, in der Art „zuerst muss die Palästina-Frage gelöst werden", sollte jedoch in keinem Fall akzeptiert werden.

Bei all diesen Vorschlägen handelt es sich um langfristige Strategien, die schwierige Entscheidungen erfordern. Sie werden das unmittelbare Problem, wie die Al Qaida-Zellen aufzufinden sind, nicht lösen. Aber sie können helfen – um einen quasi-maoistischen Ausdruck zu verwenden: das Meer auszutrocknen, in dem sich die islamischen Terroristen bewegen. Sie können auch helfen, eine wichtige Region dieser Welt, die sich bisher außerhalb des Fortschritts der Moderne befunden hat, in den Kreislauf der Modernisierung und Demokratisierung einzubringen. Die historische Marginalisierung der Region muss beendet werden. Ungeachtet der Debatte über die Globalisierung ist es unvorstellbar, dass die Grundsätze der Modernisierung, der Aufklärung, der Versprechen von Freiheit und Gleichheit und der Emanzipation der Frauen aus der öffentlichen Debatte in den arabischen Gesellschaften weiterhin herausgehalten werden. Dieser vermeintliche Sonderweg hat uns bereits den 11. September beschert, und er hat viele Millionen von Menschen in einer vormodernen Welt, gekennzeichnet durch Intoleranz, Unfreiheit und Armut, gefangengehalten.

Neue Herausforderungen
für die
innere und äußere Sicherheit

Die veränderte Sicherheitslage
NATO und EU vor neuen Herausforderungen – Konsequenzen für deutsche Sicherheitspolitik und Streitkräfte

Ulrich Weisser

Die Bedingungen unserer Sicherheit verändern sich grundlegend. Diese Entwicklung hat durch die Ereignisse am 11. September 2001 noch einen dramatischen Schub erhalten und ihr eine neue existenzgefährdende Dimension hinzugefügt. Strategische Risiken der Globalisierung, Individual- und Staatsterrorismus mit Zugriff zu Massenvernichtungsmitteln und neue geopolitische Konstellationen stehen in einem neuen Wirkungszusammenhang. Aber diese Herausforderung ist bis heute weder durch unsere Sicherheits- und Verteidigungspolitik noch durch die notwendige Anpassung der Institutionen und Streitkräfte hinreichend beantwortet. In Deutschland findet keine tiefgreifende strategische Debatte statt.

Unsere Bevölkerung wird nicht mit einer schonungslosen Analyse der auf uns zukommenden Gefahren und der Defizite in unseren Abwehrmöglichkeiten konfrontiert. Unbeantwortet bleibt die Frage, welchen Beitrag Deutschland zur europäischen Sicherheitsvorsorge leisten kann und muss, um seiner europäischen Verantwortung und seinen eigenen vitalen Interessen zu entsprechen. Welche militärischen Fähigkeiten braucht Deutschland, um im Bündnis und in Europa wieder ernst genommen zu werden und um angemessenen Einfluss ausüben zu können, zugleich das Etikett des Trittbrettfahrers loszuwerden?

Die Bundeswehrreform wird im Wesentlichen von einem restriktiven fiskalpolitischen Kurs bestimmt. Politisch-strategische Prioritäten zugunsten unserer Sicherheit werden nicht umgesetzt. Unser Land lässt sich bei der Finanzausstattung der Streitkräfte nicht davon leiten, was der Auftrag der Bundeswehr gebietet („design to mission"), sondern davon, was man meint, sich gerade noch leisten zu können („design to budget"). Ein zeitgemäßer Auftrag unserer Armee wird jetzt in den neuen „Verteidigungspolitischen Richtlinien" zwar strategisch abgeleitet und begründet, aber noch nicht überzeugend in der Bevölkerung verankert. Im Ergebnis wird die Bundeswehr zwar weiterhin nominell auf neue Aufgaben ausgerichtet, zugleich aber mit überholten Aufgaben belastet und dabei für alles, was sie leisten soll, chronisch unterfinanziert, so dass sie weder neue noch alte Aufgaben wirklich erfüllen kann. Die Bugwelle nicht realisierbarer Neuvorhaben zur Modernisierung der Streitkräfte wird immer größer. Die enormen Personalprobleme beschädigen zunächst die Personalstruktur und schlagen dann auf die Motivation und Einsetzbarkeit der Truppe durch.

Damit trägt Deutschland ganz wesentlich dazu bei, die NATO von innen auszuhöhlen – dies mit der fatalen Konsequenz, dass sich die USA genötigt sehen, in Krisen mehr oder weniger allein zu handeln, weil die meisten Europäer, insonderheit Deutschland, keine adäquaten militärischen Mittel bereitstellen können; denn unsere militärische Handlungsfähigkeit und damit unsere Bündnisfähigkeit werden sträflich vernachlässigt. In dieser Situation ist ein rascher, durchgreifender Kurswechsel erforderlich, der systematisches Vorgehen verlangt. Dazu gehört, einige Schlüsselfragen zu beantworten, denen man bisher all zu lange ausgewichen ist:

1. Was kommt auf uns zu? Welche Gefahren und Herausforderungen müssen wir künftig in Rechnung stellen?

2. Welche Konsequenzen muss die NATO für ihr strategisches Selbstverständnis und ihre Zusammenarbeit mit Russland ziehen? Wie sollen NATO und EU künftig ihr geostrategisches Umfeld gestalten?

3. Wir können NATO und EU sich in der Sicherheitsvorsorge wirksam ergänzen? Welche Zukunft haben nationale Streitkräfte mit Blick auf die europäische Integration? Wie kann Europa seinen Materialbedarf am besten gemeinsam decken?

4. Welche Streitkräfte nach Art und Umfang braucht Deutschland, um handlungs- und solidarfähig zu werden? Welche Finanzmittel müssen für die Bundeswehr bereitgestellt werden, um eine stetige Entwicklung einzuleiten und die Trendwende in diese Richtung abzusichern?

5. Was muss getan werden, um die Streitkräfte wieder auf einen breiten nationalen Konsens zu stellen?

Herausforderungen

Die Währungsunion mit gemeinsamer Währung steigert die Möglichkeiten der EU, als globaler Akteur aufzutreten – zumindest in ihrer wirtschaftlichen Bedeutung. In dieser Eigenschaft muss die EU ebenso wie weltweit operierende Großunternehmen wissen und berücksichtigen, welche neuen Herausforderungen es künftig zu bewältigen gilt. Es ist offenkundig, dass der Sicherheitsbegriff in Zeiten der Globalisierung neue Inhalte bekommt.

Das Ausmaß an Unkenntnis über globale strategische Entwicklungen in Wirtschaft und Politik ist allerdings erschreckend. Bei einer Umfrage (siehe dazu DER SPIEGEL 52/2001 Seiten 28 ff) im November 2001 äußerten 45 % der Befragten, sie würden fürchten, dass sich aus der gegenwärtigen angespannten weltpolitischen Lage eine andauernde globale Krise entwickeln könnte. Die Politiker waren dabei ängstlicher als die Wirtschaftsführer. Beiden Gruppen ist allerdings gemeinsam, dass sie ihre Befürchtungen nahezu mit keinem Argument unterfüttern konnten. Und bei der Frage nach Vorschlägen für Maßnahmen zur Entschärfung der Konflikte schwankten die Meinungen zwischen Steigerung der Entwicklungshilfe, Teilhabe der Dritten Welt an den Märkten der Industrienationen und stärkeren Kompetenzen der EU in der Außen- und Verteidigungspolitik – dies alles jedoch ohne systematischen Ansatz mit strategischer Fundierung.

Drei charakteristische Trends bestimmen heute das globale Umfeld: die zunehmende Bedeutung multinationaler Unternehmen, die weltweit tätig sind, die Globalisierung ökonomischer, politischer und kultureller Prozesse sowie die Interdependenz der Märkte, ihre Integration bis hin zur Konvergenz. Drei Megatrends der Globalisierung sind – zumindest aus unserer Sicht – besonders positiv:

1. Die Stärke und Integration des demokratischen Kerns der Weltwirtschaft; dazu gehören Nordamerika, die Europäische Union sowie wichtige Staaten Nordostasiens.

2. Die sich verbessernden Bedingungen für die ökonomische Gesundung in Mittelosteuropa und Russland.

3. Der freie Transport von Gütern, Geld und Ideen über nationale Grenzen hinweg.

Aber diesen Chancen stehen auch Risiken von strategischer Qualität gegenüber, die in ihrem Gewicht gemeinhin unterschätzt werden.
   An erster Stelle ist dabei die Verwundbarkeit der globalen Informations-
strukturen zu nennen. Die verheerenden Wirkungen von Computerviren
kennt die Öffentlichkeit. Aber es gibt eine Vielfalt von Möglichkeiten, diese
Strukturen zu zerstören oder zu missbrauchen. Die Bundesregierung hat in
ihrer Untersuchung über die „Informationstechnische Bedrohung für kritische Infrastrukturen in Deutschland" – dem KRITIS-Bericht – festgestellt:
„Die Verletzlichkeit der Systeme lässt, je breiter das Know-how über neue
Technologien wird, Angriffe immer wahrscheinlicher werden. Es ist also
nicht eine Frage des Ob, sondern des Wann und Wie, dass ein Krieg im
weltweiten elektronischen Informationsnetz stattfindet." Die Entwicklung
des weltweiten Transportsystems geht einher mit einer neuen bisher unge-
kannten Verwundbarkeit: praktisch kann jedes Transportmittel – zu Lande,
in der Luft oder auf See – in eine mörderische Waffe umfunktioniert werden.
   Das zweite Risiko liegt im zweifelhaften Umgang mit potenziell hochgefährlichen Technologien – nicht nur Technologien, die bei atomaren, biologischen und chemischen Waffen verwendet werden, sondern auch ausar-
tende Entwicklungen in der Computertechnologie und der Genforschung.
Die raschen Fortschritte in der Biotechnologie, in der Produktion von Le-
bensmitteln und Pharmazeutika machen es immer leichter tödliche biologische Waffen herzustellen und ergeben zugleich neue Gefahren für Proliferation auf eben diesem Feld.
   Als dritter Risikofaktor ist das Versagen von Staaten zu nennen, ihre innerstaatlichen Strukturen auf rechtsstaatlicher Basis funktionstüchtig zu halten – dies mit der Konsequenz, dass sich nichtstaatliche Substitute bis hin zu
mafiösen Strukturen herausbilden. Dieses Phänomen ist beispielsweise auf
dem Balkan, in Afrika und in der Kaukasusregion vertreten. In diesem Kontext ist von Bedeutung, dass die Internationale Organisierte Kriminalität
allein durch Drogenhandel pro Jahr bis zu 500 Milliarden Dollar erwirtschaftet und damit praktisch über unbegrenzte Finanzreserven verfügt.
   Das vierte Risiko liegt im Mangel an demokratischer Kontrolle für
wichtige Politik- und Wirtschaftsabläufe. Die Formel „Die Gewählten haben
keine Macht – die Mächtigen sind nicht gewählt" kennzeichnet das weit
verbreitete Unbehagen bei Entscheidungen großer Banken und anderer Unternehmen, die durch Fusionen oder auch schlechtes Management kurzfristig
Hunderttausende von Arbeitsplätzen aufs Spiel setzen können.
   Das fünfte Risiko liegt in der ungewissen Zukunft der großen Staaten im
Übergang – wozu in erster Linie China, Indien, aber auch Indonesien und in

manchen Augen sogar Russland gehören. Da niemand weiß, ob Chinas strategische Ambitionen auch künftig hinter die wirtschaftlich und sozial gebotene Konzentration auf die inneren Verhältnisse zurückgestellt werden, ob Indien nicht gefährlichen Versuchungen gegenüber seinen Nachbarn anheim fällt und ob Russland seinen Weg zu stabilen demokratischen Verhältnissen schafft, sind Überraschungen nicht auszuschließen. Allerdings wäre es fatal, gegenüber Russland eine doppelbödige Politik zu betreiben, die zwar deklaratorisch auf Partnerschaft setzt, tatsächlich aber von antagonistischem Misstrauen durchsetzt ist.

Die eigentliche Gefahr liegt in der Kombination mehrerer der hier skizzierten Trends. Es ist leicht denkbar, dass sich Staaten oder Organisationen, die nicht demokratisch oder politisch legitimiert werden oder von mafiösen Strukturen übernommen sind, mit Hilfe großer, kriminell erwirtschafteter Geldmittel Zugriff zu neuen Waffentechnologien verschaffen. Dann entsteht die gefährliche Mischung aus politischer Unberechenbarkeit und der Versuchung, Massenvernichtungsmittel zur Erpressung oder zur Durchsetzung verbrecherischer Ziele einzusetzen.

Diese strategische Qualität neuer Bedrohungen hat sich seit längerem abgezeichnet und am 11. September 2001 nicht wirklich geändert. Geändert hat sich aber unser Verständnis. Der nachhaltigste Schock kam möglicherweise nicht einmal durch den massiven, entsetzlichen Verlust von Menschenleben, sondern durch das Böse, den Hass und den Fanatismus hinter diesen Ereignissen. Die Deutschen kennen aus Erfahrung das Gefühl von Verunsicherung, das unser Land in den Tagen von Baader/Meinhof hatte und das den Spaniern aus dem Umgang mit den Basken und den Briten und Iren aus der Konfrontation mit der IRA vertraut ist.

Am 11. September jedoch wurde eine Linie übertreten, worauf auch diese Erfahrungen nicht vorbereitet haben. In der Vergangenheit begingen die internationalen Terroristen oft Attentate und Angriffe – dies aber mit begrenztem Umfang – um ihre jeweilige politische und finanzielle Unterstützung nicht zu untergraben. Sie interessierten sich für maximale Medienaufmerksamkeit, nicht für maximale Opferzahlen. Die Terroristen von heute kennen derartige Bedenken nicht. Ihre Fähigkeit zu töten wird nur noch durch die „Leistungsfähigkeit" ihrer Waffen begrenzt. Ihr Ziel ist es nicht, Einstellungen zu beeinflussen und Befürworter zu gewinnen. Ihnen geht es um die Zerstörung von Gesellschaften. Der 11. September lässt es deutlich nachvollziehbar werden, was bisher zwar auch bekannt war, was jedoch als theoretische Möglichkeit gegolten hatte: die Detonation von Massenvernichtungs- und von Massenverwüstungswaffen auf europäischem oder amerikanischem Boden durch Staaten, Gruppen oder sogar Einzelpersonen.

Die größte potenzielle, aber eigentlich theoretische Bedrohung, der wir ausgesetzt sind, liegt nach wie vor in einem Angriff mit Nuklearwaffen durch eine der Nuklearmächte, mit denen wir nicht verbündet sind. Aber diese mittlerweile fast theoretische Bedrohung ist völlig in den Hintergrund getreten. Wahrscheinlichere Bedrohungen liegen inzwischen in biologischen Waffen in der Post oder aus der Sprühdose, in chemischen Waffen in Belüftungssystemen oder in Untergrundbahnen oder in nuklearen oder radiologischen Waffen auf der Ladefläche eines Lkws oder im Laderaum eines Schiffes – eingesetzt durch eine Gruppe oder durch eine Einzelperson, die dabei keinerlei Heimatadresse hinterlässt. Die meisten Bedrohungen gegen den Frieden und die Stabilität entstehen heutzutage aus Konflikten innerhalb von Staaten, nicht zwischen Staaten.

Wird derartigen Konflikten angesichts des immer stärkeren Zusammenrückens der heutigen Welt nicht frühzeitig entgegengetreten, dann wird der oftmals latente Hass leicht durch Demagogen usurpiert und auf die modernen Massenvernichtungswaffen aufgepflanzt, so dass am Ende nicht nur unser Wohlstand bedroht ist, sondern sogar unsere eigentliche Existenz.

Von großer Bedeutung ist die Frage, in welchem geographischen Umfeld die Terroristen ihre Basen haben und von wo sie agieren können. In einem Kreis, in dessen Mittelpunkt sich die Stadt Teheran befindet und dessen Durchmesser etwa der Entfernung zwischen der Ost- und der Westküste der Vereinigten Staaten entspricht, befindet sich eine Region, in der 75 % der Weltbevölkerung leben, in der 60 % des Bruttosozialprodukts der Welt erwirtschaftet werden und die 75 % der weltweiten Energiereserven birgt. Der Großraum Südwestasien ist die Region der Welt, in der ungeregelte Beziehungen, religiöse und Gebietsauseinandersetzungen und schwache Regierungen mit tödlichen Verbindungen von Technologie und Terror auf einem riesigen, verhältnismäßig durchgehenden Energiefeld sitzen, von dem der Wohlstand des Westens abhängt.

Die meisten Staaten im Nahen und Mittleren Osten haben sich bisher als unfähig zur Demokratie erwiesen und auch als unfähig, verantwortungsvolle Regierungen zu installieren oder sich gar an die Gegebenheiten der Globalisierung anzupassen. Anstatt sich auf die Bedingungen des 21. Jahrhunderts einzustellen, ist ihr politischer Blick rückwärts gerichtet – nur allzu oft bereit, den Nährboden für extreme Ideologien und Bewegungen bereit zu stellen und damit eine Existenzbedrohung für den Westen zu züchten. Allzu lange haben finanzstarke saudische Gruppen systematisch den Kampf für radikale religiöse Intoleranz mit massivem Einsatz von Geld unterstützt und eine Atmosphäre geschaffen, in der Fanatismus und Terrorismus entstehen und wachsen kann. Dafür sind in weniger als vier Jahren fast vier Milliarden saudische Dollars ausgegeben worden. So sind weltweit in den neunziger Jahren 210 neue islamische Zentren entstanden, die von extremistischen Geistlichen geführt werden und ein internationales Netzwerk des Terrorismus begünstigen.

Dr. Daniel Hamilton, der Direktor des „Center for Transatlantic Relations" bei der amerikanischen „John Hopkins University" hat aus dieser Lage folgende Schlussfolgerungen gezogen:

> „Entscheidungen aus dieser Region könnten einen maßgeblichen Einfluss darauf haben, wie das 21. Jahrhundert beschaffen sein wird. Es geht dabei um wichtige politisch-strategische Fragen: Werden Massenvernichtungswaffen gegen Massenbevölkerungen eingesetzt werden? Werden die Öl- und Gasfelder des Kaukasus und Zentralasiens sich zu verlässlichen Energiequellen entwickeln? Wird die tödliche Opiumernte in Afghanistan und Burma unterbunden werden? Werden die Anrainer Russlands sich zu stabilen und sicheren Demokratien entwickeln? Werden Israel und seine Nachbarn in Frieden zusammenleben können? Wird es schließlich den großen Religionen der Welt gelingen zusammenzuarbeiten? In der Vergangenheit war unser Ansatz dieser Region gegenüber durch eine regelrechte Schubladen-Politik gekennzeichnet: Der Friedensprozess im Nahen Osten wurde losgelöst von allen Energiefragen behandelt; im Umgang mit Energiefragen spielte das Problem der Weitergabe von Nuklearwaffen keine Rolle; dieses wiederum wurde losgelöst von dem Vorgehen gegenüber Nordafrika behandelt; und beim Umgang mit Nordafrika oder Indien und Pakistan spielte unser Verhalten gegenüber dem Iran und dem Irak keinerlei Rolle. Auf Grund der Globalisierung wurden diese Trennlinien verwischt, und weder die Vereinigten Staaten noch Europa sind heutzutage in der Lage, mit diesen Herausforderungen allein und auf sich gestellt umzugehen. Wir müssen eine neue euro-atlantische Strategie gegenüber dieser Region entwerfen, die einfach mehr beinhalten muss als eine Reihe von abgeschotteten, politischen Vorgehensweisen. Der 11. September hat nicht nur die Notwendigkeit deutlich gemacht, dass wir bereit sein müssen, Schurkenstaaten entgegenzutreten, die sich bemühen, Massenvernichtungswaffen zu erwerben oder Know-how oder selbst Materialien an Terroristen zu liefern. Hier liegt heutzutage die wahrscheinlichste Bedrohung unserer Sicherheit".

Viele Europäer haben bis heute nicht verstanden, was die Ereignisse des 11. September 2001 in Amerika bewirkt haben – eine fundamentale Veränderung der Einstellung zu allen Fragen der Sicherheit. Im Gegensatz zu den meisten europäischen Verbündeten sind sich die Amerikaner heute bewusst,

welche existenziellen Gefahren vom modernen Terrorismus und vor allem
von biologischen und chemischen Massenvernichtungswaffen ausgehen. Der
fundamentalistische islamische Terrorismus kennt keine Tabus, Menschenleben gelten ihm nichts. Unschuldige Zivilisten und unsere verwundbare Infrastruktur sind für ihn attraktive Ziele. Er greift unsere Zentren an, hat aber
selbst keine Zentren. Den europäischen Gesellschaften und insonderheit den
Deutschen ist das Denken in strategischen Kategorien – und wenn nötig auch
radikalen Kategorien der Selbstverteidigung – fremd. Durch die Fixierung
auf Probleme des sozialen Wohlfahrtsstaates werden die an der Peripherie
Europas wachsenden Gefahren verdrängt. Die wahrscheinlichsten Gefahren
für westliche Sicherheit und wirtschaftliches Überleben kommen in den
nächsten Jahren, vielleicht sogar Jahrzehnten, aber aus dieser Region.

Es liegt im vitalen Interesse der USA, Europas und Russlands, sich der
ethnischen, religiösen und nationalistischen Rivalitäten im Nahen und Mittleren Osten anzunehmen und für mehr Stabilität zu sorgen – Stabilität, die den
Völkern zugute kommt und dem industrialisierten Westen auch künftig Zugang zum Öl sichert.

Der siegreiche Feldzug der amerikanisch-britisch geführten Koalition
gegen Saddam Hussein hat nicht nur ein verbrecherisches Regime beseitigt,
Israel vor einer existenzbedrohenden Gefahr befreit und irakisches Öl gesichert, sondern auch wichtige Voraussetzungen für eine Entwicklung in
Richtung Frieden und Freiheit in einem der größten Staaten des Nahen
Ostens geschaffen. Es ist in diesem Zusammenhang schon mehr als erstaunlich, dass die Sicherung des Ölreichtums für das irakische Volk und zugleich
für den weltweiten Bedarf durch die anglo-amerikanischen Streitkräfte hier-
zulande immer wieder pharisäerhaft kritisiert wird.

Die Nato und Europa müssen Konsequenzen ziehen

Mit Blick auf die veränderte Lage müssen unsere Sicherheitsarrangements
überprüft und an die neuen Bedingungen angepasst werden. Nur wenn die
NATO diesen Prozess rasch vollzieht, wird das Bündnis seine strategische
Relevanz behalten. Dieser Prozess ist zugleich in seiner Komplementarität zu
den Wirkungsmöglichkeiten der Europäischen Union zu begreifen und entsprechend anzulegen.

Die NATO braucht jetzt Impulse, um ihr neues strategisches Selbstverständnis in Taten umzusetzen, vor allem die erforderlichen Anpassungen

voran zu treiben und ihr geopolitisches Umfeld absichernd zu gestalten. Ein entsprechender konzeptioneller Ansatz sollte auf sieben Prioritäten abstellen:

1. Das Bündnis muss sich über rein deklaratorische Politik durch konkludentes Handeln fortentwickeln zu einer Gemeinschaft von Staaten, die wirklich bereit und in der Lage sind, ihre vitalen Interessen überall dort zu verteidigen, wo sie existenziell bedroht sind, nicht nur in Europa, sondern auch in seinem geographischen Umfeld. Das Denken in Kategorien von „out of area" ist strategisch und politisch überholt. Der demokratische Senator Joseph Liebermann hat sich in diese Richtung auf der 38. Münchner Konferenz für Sicherheitspolitik am 6. Februar 2002 geäußert: „*Technology has collapsed geographical distinctions to the point that today, a plot conceived in North Africa, South America or Southeast Asia can pose just as serious a threat to NATO members` security as an aggressive military movement by a nearby nation. NATO must accept this new reality and embrace a more expansive geographical understanding of its mission.*" Für Amerika wird die Zukunft der transatlantischen Gemeinsamkeit von diesem Imperativ bestimmt werden – vom politischen Willen, zu handeln, wo und wann es geboten ist und von den militärischen Fähigkeiten, dazu in der Lage zu sein. Senator Lugar, der führende Republikaner im Ausschuss des amerikanischen Senats für Auswärtige Beziehungen hat dazu am 18. Januar 2002 in Brüssel gesagt: „*A way of thinking about NATO is to see it as the natural defence arm of the transatlantic community and the institution we should turn to for help in meeting new challenges such as terrorism and weapons of mass destruction. With Europe increasingly secure, the Alliance needs to be retooled so that it can handle the most critical threats to our security. If that means to go beyond Europe in the future, so be it.*" Im Wesentlichen geht es darum, die drei Kernelemente unserer Sicherheitsstrategie, nämlich Abschreckung, Verteidigung und Interventionsfähigkeit, in ihren Inhalten zu überprüfen und in ihrem relativen Gewicht zu einander neu zu bestimmen. Mit Blick auf die geographische Konzentration des Krisen- und Konfliktpotenzials und terroristischer Kräfte im südlichen Krisenbogen, vor allem im strategischen Dreieck Balkan, Kaukasus, Nah-/Mittelost, aber auch im nördlichen Afrika wird das Bündnis nicht umhin kommen, seinen strategischen Fokus nach Süden und Südosten zu verschieben.

2. Es ist offenkundig, dass die NATO-Mitglieder in Südeuropa höheres
    strategisches Gewicht erhalten als bisher: Spanien ist für alle Fälle kri-
    sensteuernder Einflussnahmen in Marokko, Algerien oder Tunesien
    wichtigster Partner und hat sein politisch-strategisches Gewicht durch
    sein eindeutiges Bekenntnis zu den USA vor und während der Irak-
    Krise beträchtlich erhöht. Italien hat schon jetzt wegen seiner zentralen
    geostrategischen Lage, seiner Nähe zum Balkan und zu Nordafrika wie
    auch wegen der dort nutzbaren Basen großes Gewicht; und um die Tür-
    kei in ihrer Schlüsselrolle für den Nahen Osten nutzen zu können, wird
    die NATO auf weitere Entspannung zwischen Athen und Ankara po-
    chen, wobei türkisches Nachgeben in der Zypernfrage als Testfall für
    die Ernsthaftigkeit der Entspannungspolitik Ankaras gesehen wird. Es
    gibt allerdings erstmals Chancen für eine Lösung der Zypern-Frage. Die
    veränderte Haltung der Türkei ist im Wesentlichen begründet durch die
    Erweiterungsstrategien der EU und der NATO. Die Entscheidung der
    Allianz, in der zweiten Runde der NATO-Erweiterung Bulgarien und
    Rumänien aufzunehmen, bedeutet nicht zuletzt, eine Landbrücke der
    NATO zur Türkei und den möglichen Fronten im Nahen Osten herzu-
    stellen. Neben Slowenien, der Slowakei und den drei baltischen Staaten
    sind mit Bulgarien und Rumänien insgesamt sieben Aspiranten als neue
    NATO-Partner zum Zuge gekommen. Für die Haltung Ankaras zur Zy-
    pernfrage war jedoch noch entscheidender, dass der griechisch orien-
    tierte Teil der Insel zunächst allein in die EU aufgenommen wird – dies
    als Konsequenz des gescheiterten Versuchs vor der EU-Erweiterung zu
    einer Lösung zu kommen.

3. Unsere ausgreifenden Sicherheitsinteressen verlangen, den Iran so in die
    neue strategische Konstellation einzubeziehen, dass dieses Land Statur
    als Regionalmacht gewinnt und als zusätzlicher Stabilisierungsfaktor
    gegenüber dem Irak dienen kann. Es gibt Zeichen aus Washington, dass
    tiefsitzende amerikanische Vorbehalte gegenüber dem Iran im Lichte
    des strategischen Wertzuwachses des Iran relativiert werden. Dafür
    spricht auch die Tatsache, dass der amerikanische Präsident Bush An-
    fang des Jahres 2002 einen Brief an den iranischen Staatspräsidenten
    gesandt hat, um einen vertraulichen strategischen Dialog auf hoher Ebe-
    ne zu initiieren. Dem steht entgegen, dass derselbe Präsident den Iran zu
    den drei Mächten zählt, die von den USA zur „Achse des Bösen" ge-
    zählt werden. Die USA wissen jedoch sehr wohl zu unterscheiden zwi-
    schen der auf Veränderung setzenden Bevölkerung und den noch herr-

schenden Ayatollas. Die innere Entwicklung im Iran ist vielschichtig und zu Teilen vielversprechend. Erste Anzeichen deuten darauf hin, dass die iranische Führung mit zunehmender Veränderung des politischen Klimas im Lande bereit sein könnte, die ihr zufallende Verantwortung in der Region zu übernehmen – dies gestützt auf eine konstruktive Politik der führenden Staaten Europas, aber auch Russlands. Eine durchdachte und koordinierte Politik gegenüber dem Iran ist deshalb vordringlich. Deutschland kann dabei eine wichtige Rolle spielen.

4. Wegen der hochgefährlichen Bedrohung, die sich aus dem Zugang von politisch unberechenbaren Staaten oder terroristischen Netzwerken zu Massenvernichtungsmitteln ergibt, wird die Allianz über die künftige Rolle von Nuklearwaffen nachzudenken haben. Fest steht, dass die Allianz ebenso wenig auf eine funktionstüchtige Struktur von Nuklearstreitkräften verzichten kann wie auf die Option des nuklearen Ersteinsatzes. Die Allianz muss sich vielmehr alle Optionen offen halten und womöglich das inhaltliche Gewicht von Abschreckung in eine Richtung verlagern, die einem potenziellen Aggressor erst gar keine Möglichkeit gibt, seine schrecklichen Waffen einzusetzen (from deterrence to denial).

5. In diesem Kontext erhält die Fähigkeit der Abwehr von ballistischen Raketen besonderes Gewicht. Weder die USA noch die NATO dürfen sich in die Situation bringen lassen, vor eine poltisch-strategische Wahl gestellt zu werden, die nicht unseren Interessen entspricht: Wenn eine Intervention mit konventionellen Streitkräften im Nahen Osten geboten erscheint, darf bei Bedrohung mit ballistischen Raketen und Massenvernichtungsmitteln die Alternative nicht heißen: entweder aus Furcht vor dem Einsatz solcher Waffen auf die Intervention verzichten zu müssen oder selbst präemptiv mit Nuklearwaffen tätig zu werden. Es ist vielmehr strategisch geboten, die eigenen konventionellen Kräfte unter dem Schirm eines funktionstüchtigen Raketenabwehrsystems einsetzen zu können (Theatre Missile Defense).

6. Die Mitglieder der Allianz sind durch internationale Abkommen fest gebunden, selbst keine biologischen und chemischen Waffen zu haben. Aber sie werden ihre Abwehrfähigkeit gegen solche Waffen beträchtlich steigern müssen.

7. Das Bündnis muss sich rasch der Frage zuwenden, welche militärischen Fähigkeiten für die neue „asymmetrische Kriegführung" benötigt werden – und diese Mittel dann bereit stellen. In diesem Kontext gilt es auch, für Heimatverteidigung (Homeland Defense) eine zeitgemäße Definition zu finden – und entsprechend umzusetzen.

Die Notwendigkeit sicheren Zugangs zum Öl, die noch ungewisse Perspektive des Nahost-Friedensprozesses, beunruhigende Rüstungsprogramme in Staaten des Nahen und Mittleren Ostens, aber auch labile Strukturen in mehreren nordafrikanischen Ländern legen zweierlei nahe: Angemessene militärische Fähigkeiten der NATO im Mittelmeer und eine sinnvolle koordinierte Gesamtstrategie in der Mittelmeer-Region und im Nahen Osten, die alle Kräfte der NATO und EU zusammenfasst.

Nordamerika, Europa und Russland bilden im Grunde die Kernkoalition gegen den weltweiten Terrorismus. Für Europa und Russland gelten in besonderem Maße ähnliche Herausforderungen, die zu gemeinsamem Vorgehen führen müssten, selbst wenn es nicht in jeder Einzelfrage identische Interessen gibt. Zu den gemeinsamen Herausforderungen gehören im Wesentlichen die Bedrohung durch den Terrorismus, die Notwendigkeit der Einhegung des Krisen- und Konfliktpotenzials in der Region Balkan-Kaukasus–Nah-/Mittelost, die wachsende Bedrohung durch ballistische Raketen und der Zwang, sowohl in Fragen der Rüstungskontrolle und Abrüstung wie auch im Kampf gegen Proliferation zusammenzuarbeiten. Diese Kooperation ist schon als strategische Partnerschaft in der 1997 beschlossenen „NATO-Russland-Grundakte" angelegt, die dem Rational folgt: Europa und Russland stehen vor ähnlichen Herausforderungen, die beide berühren; es ist daher sinnvoll und notwendig, diese Herausforderungen gemeinsam zu analysieren und gemeinsam zu Abwehrlösungen zu kommen, wenn es die jeweilige Lage gebietet, womöglich auch durch gemeinsamen Einsatz von Streitkräften. Die NATO hat diesen Mechanismus über mehrere Jahre wenig genutzt, der Grundakte kaum Leben eingehaucht. Das Bündnis war allzu lange krampfhaft darauf bedacht, keinen Fall der Mitentscheidung Russlands eintreten zu lassen. Erst mit der Vertiefung der Partnerschaft, die im Mai 2002 in Rom beschlossen wurde, sind die Voraussetzungen für gemeinsames Handeln geschaffen worden.

In seiner werbenden und mahnenden Berliner Rede am 26. September 2001 hatte Präsident Putin angeboten, die „... *russischen menschlichen, territorialen und Naturressourcen ... sowie seine Wirtschafts-, Kultur- und Verteidigungspotenziale mit denen Europas zu vereinigen"*. Zugleich hatte er sich beklagt, dass es immer noch nicht gelungen sei, *„einen effektiven Mechanismus der Zusammenarbeit auszuarbeiten".*

Schließlich wurde auch im Westen erkannt: Die internationale Lage verlangt, eben diesen Mechanismus so zu etablieren, dass er den Interessen beider Seiten wirklich gerecht wird. Dazu ist ein Gremium geschaffen worden, das zweierlei Verfahren ermöglicht: In Fragen, die allein das Bündnis betreffen – beispielsweise kollektive Verteidigung – kann das Bündnis ohne Einrede Russlands entscheiden. In Fragen, die Russland und die NATO betreffen, ist jetzt eine gemeinsame Entscheidung möglich.

Auf diese Weise stellt sich auch die politische Kernfrage der NATO-Mitgliedschaft für Russland kaum noch, auch wenn es mit Blick auf die Konstellation der Kernkoalition nahe liegt zu fragen, ob Russland nicht auch Mitglied der euro-atlantischen Sicherheitsstruktur und damit der NATO werden soll.

In Europa gilt die Regel, dass jedes Land dem Bündnis seiner Wahl beitreten kann. Es obliegt dem Bündnis, selbst zu entscheiden, wen es einladen will, Mitglied zu werden. Die NATO hat sich dabei bisher von einigen Kriterien leiten lassen, die auch weiterhin gelten: Demokratie und Marktwirtschaft müssen fester Bestandteil sein; das neue Mitglied muss in der Lage sein, signifikant zur Sicherheit der Allianz beizutragen, so dass die Mitgliedschaft einen Sicherheitsgewinn für beide Seiten darstellt; für das neue Mitglied muss die „Artikel 5-Garantie" (ein Angriff auf einen ist ein Angriff auf alle) voll zum Tragen kommen. Hier stellt sich das eigentliche Problem für eine Mitgliedschaft. Die heutigen Mitglieder der Atlantischen Allianz müssten bereit und in der Lage sein, Russland im Falle eines Angriffs an irgendeiner seiner endlosen asiatischen Grenzen zu verteidigen – ein Szenario, das zumindest heute noch nicht vorstellbar ist. Deshalb ist es vernünftig, eine intensive strategische Partnerschaft mit Russland ins Werk zu setzen.

Eine wirkliche strategische Partnerschaft zwischen Russland und der NATO, die im Grunde die Funktion einer „operativer Mitgliedschaft" ausüben kann, wird ganz wesentlich dazu beitragen, die politisch-strategische Relevanz des Bündnisses zu erhalten. Russland scheint nun durchaus zu erkennen, dass sein eigenes strategisches Interesse gebietet, sich im Westen an eine Zone der Stabilität anzulehnen, um so seine auf lange Zeit begrenzten militärischen Kräfte auf die eigentlichen Herausforderungen im Süden und womöglich auch im Osten konzentrieren zu können. Zugleich hat diese Konstellation die Aufnahme der baltischen Staaten in die NATO ermöglicht und gestattet eine einvernehmliche Lösung der Zugangsfrage zur Enklave „Königsberg".

Alles in allem gilt für die NATO: Wenn die Allianz jetzt dem Gebot der Zeit entspricht und damit zugleich bewirkt,

- ihr strategisches Selbstverständnis nicht durch überkommene geographische Begrenzungen fehl zu leiten,
- sich als das Koordinationsorgan für amerikanisch-europäische Sicherheitsfragen und Ad-hoc-Koalitionen zu bewähren,
- als Stabilitätsrahmen für die Entwicklung Europas im Sinne der Formel „Europe whole and free" zu wirken,
- als Legitimationsbasis für amerikanische Präsenz in Europa zu dienen und schließlich als „Back Up" für europäisch geführte Krisenoperationen zur Verfügung zu stehen,

dann wird die NATO die notwendige Relevanz behalten.

Transatlantische Entfremdung

Die hier skizzierte Entwicklung für die NATO wird aber vor allem in Europa nicht unwidersprochen bleiben. Sie steht dem französischen Verständnis ebenso diametral entgegen wie dem der „Europa-Puristen". Wenn aber die Entwicklung einer „Europäischen Sicherheits- und Verteidigungsidentität" von konkurrierenden anstatt von komplementären Ansprüchen geprägt wird, dann wird diese Haltung die Chancen der NATO unterminieren und die transatlantische Entfremdung weiter eskalieren lassen.

Das transatlantische Zerwürfnis, das sich im Vorfeld des Irak-Krieges vor allem zwischen Washington und Berlin/Paris herausgebildet hat, ist wohl auf zwei Ebenen angesiedelt: Zum einen hat es seine Ursache darin, dass es auf beiden Seiten des Atlantik unterschiedliche Auffassungen gibt, welche politischen und strategischen Optionen vernünftig und gerechtfertigt sind, um unsere Sicherheit zu gewährleisten. Zum anderen scheint es in der mangelnden Führungsqualität und Weitsicht der handelnden Politiker begründet zu sein, wobei die Fehler, die von den Staats- und Regierungschefs in Washington, Paris und Berlin begangen worden sind, sehr unterschiedlicher Natur waren, sich jedoch eskalierend negativ ergänzt haben.

Im Grunde hat die Bush-Administration keinen ernsthaften Versuch unternommen, der weltweiten Öffentlichkeit und vor allem den Verbündeten zu erklären, welche globalen und regionalen Ziele die USA mit ihrer überwältigenden Macht verfolgen und unter welchen Bedingungen sie vor allem ihre überlegenen militärischen Mittel einsetzen wollen. Es hat auch keine ernsthaften Konsultationen über diese fundamentale Frage und keinen tiefgehenden Dialog mit dem Ziel gegeben, einen gemeinsamen konzeptionellen politischen und strategischen Ansatz zu finden.

Der Versuch der USA, eine weltweite Koalition gegen den Terrorismus zu schmieden, wurde durchaus von den amerikanischen Verbündeten honoriert. Aber die Intervention in Afghanistan zeigte schon recht bald, dass die USA im Grunde auf einen Alleingang abstellten und das Bündnis nicht in Anspruch nehmen wollten, obwohl die NATO erstmalig in ihrer Geschichte die Beistandsklausel nach Artikel V des NATO-Vertrages aktiviert hatte. Zur amerikanischen Haltung hat allerdings ganz wesentlich beigetragen, dass die meisten europäischen Verbündeten wegen der notorischen Vernachlässigung ihrer Streitkräfte gar nicht in der Lage waren, sich am eigentlichen Kampf gegen die Taliban substantiell zu beteiligen. Und wer nichts beizutragen hat, wird auch nicht gefragt.

Die USA haben von Anfang an den Fehler gemacht, dass sie mit ihren Verbündeten nicht einvernehmlich in der NATO analysiert haben, welche Gefahren vom Nahen und Mittleren Osten ausgehen und welche gemeinsame, politisch, ökonomisch, militärisch und auch kulturell bestimmte Strategie die USA, die Europäische Union und Russland verfolgen sollten, um diese Krisenregion zu stabilisieren. Die Europäer haben aber auch kein solches Gesamtkonzept gefordert.

Die USA haben sich stattdessen nach der Afghanistan-Intervention allein auf den Irak konzentriert. Es wurde versäumt, die Zeitlinien für die Waffeninspektionen und den Aufbau der notwendigen militärischen Drohkulisse durch ein Ultimatum zusammen zu binden. Ein solcher Ansatz wurde ganz wesentlich durch das Vorgehen Deutschlands und Frankreichs unterlaufen. Die von den USA geführte Koalition hat den Krieg ohne neue Resolution des Sicherheitsrates geführt, was die Akzeptanz amerikanischer Politik in der Weltöffentlichkeit ganz wesentlich erschwert hat – dies obwohl nach Auffassung seriöser Völkerrechtler die vorhandenen UN-Resolutionen ausreichend waren, um eine militärische Intervention zu legitimieren. Die ständige Behauptung, der Krieg sei völkerrechtswidrig gewesen, geht an diesem Sachverhalt vorbei, wird aber deshalb nicht richtiger. Nicht den Kern des Sachverhaltes trifft der Vorwurf an die USA, dass keine Massenvernichtungswaffen im Irak gefunden worden sind. Diese Behauptung bedeutet nichts anders als die Beweislast nachträglich umzukehren; denn nach der UNO-Resolution 1441 war das Regime im Irak verpflichtet nachzuweisen, wie es mit seinen Beständen an biologischen und chemischen Waffen verfahren hat. Saddam

Hussein musste nachweisen, dass er keine solchen Waffen hat. Diesen
Nachweis ist er bis zuletzt schuldig geblieben. Allerdings haben die USA
und Großbritannien den Eindruck erweckt, dass eine unmittelbare Bedrohung
bestünde und müssen sich jetzt kritischen Fragen stellen.

Unbestritten ist hingegen: Die Rot-Grüne Koalition in Berlin legte im
Verlauf der Irak-Krise die Axt an die Statik der europäischen Strukturen.
Frühe bedingungslose Vorfestlegungen zu jedweder Entscheidung des UN-
Sicherheitsrates und beleidigende Äußerungen über den Präsidenten der
Vereinigten Staaten zerrütteten das Verhältnis zu Washington und verhin-
derten zugleich eine einheitliche europäische Willenbildung – dies alles aus
rein innenpolitischem Opportunismus und ohne Bezug zu den Interessen
Deutschlands. Frankreich erkannte in dieser Situation eine historische Chance. Sein lange erkennbares Streben, Europa gegen die USA zu definieren und
in diesem Europa die Führung an sich zu reißen, erhielt im Verlauf der Irak-
Krise neue Möglichkeiten. Frankreich brauchte allerdings ein gefügiges
Deutschland und glaubte mit dem Gewicht der beiden europäischen Mittel-
mächte, das durch eine weitreichende Achse zwischen Paris, Berlin, Moskau
und Peking scheinbar abzusichern war, den Rest Europas dominieren und
den USA die Stirn bieten zu können. Dieses französische Manöver wäre von
Anfang an zum Scheitern verurteilt gewesen, wenn Deutschland der Grund-
linie seiner Außenpolitik treu geblieben wäre: der Balance zwischen Europa-
und Amerika-Orientierung.

Die acht Mitglieder der Europäischen Union wie auch die Kandidaten
der EU in Mittel- und Osteuropa, die sich öffentlich gegen diese Entwicklung stemmten und den Grad der Isolierung Deutschlands und Frankreichs in
Europa damit verdeutlichten, wurden für ihre Haltung durch die französische
Staatsführung rüde kritisiert. Dabei vergaß man in Paris und in Berlin, dass
ein französischer Führungsanspruch für fast alle europäischen Staaten ebenso
eine Horrorvision bedeutet wie ein vergleichbares deutsches Gebaren. Polen
sieht in einer Achse Paris/Berlin-Moskau ohne Einbeziehung Warschaus das
Wiederaufleben von historischen Konstellationen, die man endlich überwunden glaubte. Die von Deutschland initiierte und von Frankreich vehement
aufgegriffene Politik gegen eine von den USA geführte Intervention zur
Beseitigung der Gefahren, die vom Irak ausgingen, profilierte sich in erster
Linie gegen Amerika und gegen die Einheit der Union. Diese Politik verunsichert die neuen Mitglieder der NATO und der EU zutiefst. Diese Verunsicherung, die sowohl für den Zusammenhalt der sich nun erweiternden EU
wie auch für das transatlantische Verhältnis höchst gefährlich ist, wird sich
womöglich geben, wenn sich alle Beteiligten darauf verständigt haben, wo-

durch die gemeinsamen Interessen bedroht werden und wie diese Interessen geschützt werden können.

Auf der Suche nach einem neuen strategischen Konsens

Ein neuer strategischer Konsens, der darauf gerichtet ist, mit den Herausforderungen im Nahen und Mittleren Osten fertig zu werden, kann und darf nicht militärisch determiniert und verengt sein. Es gilt, neue Mechanismen und Instrumente zu finden und einzusetzen. Es gilt, die politischen Prozesse zu verändern, die bisher gestattet haben, dass sich höchstbedrohliche Gruppen und Regime entwickelt haben.

Die USA und Europa müssen sich im Grundsatz darauf verständigen, dass es einer gemeinsamen groß angelegten Strategie für den Nahen Osten bedarf, die sich nicht allein darauf beschränkt, unmittelbare Gefahren zu eliminieren, sondern die Region insgesamt so zu verändern, dass die dortigen Staaten sich in Richtung verlässlicher Staaten entwickeln und dann nicht nur miteinander, sondern auch mit dem Rest der Welt friedlich umgehen. Dieser Ansatz verlangt nicht nur, im Irak in einer gemeinsamen Kraftanstrengung den Frieden zu gewinnen und den blutigen Konflikt zwischen Israel und dem terroristisch dominierten Palästina zum gemeinsamen amerikanisch-europäischen Projekt erster Priorität zu machen. Er verlangt auch, im Iran, in Ägypten und Saudi Arabien Reformbewegungen zu unterstützen, um diese Staaten nicht radikalen Islamisten zu überlassen. Vor allem Saudi Arabien muss mit der geschlossenen Haltung des Westens konfrontiert werden, dass die Finanzunterstützung für den islamischen Terrorismus sofort einzustellen ist. Mit der Öffnung des Irak für den Welt-Ölmarkt wird es zudem leichter sein, eine solche Politik zu betreiben, weil sich nun die Abhängigkeit vom saudischen Öl mindert.

Es liegt auf der Hand, dass weder Amerika noch Europa alleine die für uns gefährlichste Region der Welt stabilisieren können. Diese Aufgabe braucht lange Zeit beständiger Bemühungen und angemessener militärischer Absicherung. Vonnöten ist eine überzeugende Politik mit langem Atem, die sich auf überlegene Ideen, praktikable Konzepte und einsatzbereites Militär stützt. Wegen der Gefahren des Terrorismus und seines möglichen Zugriffs zu Massenvernichtungswaffen braucht der euroatlantische Verbund angemessene militärische Fähigkeiten – zur Verteidigung, auch in der Offensive.

Wenn Europa endlich seine Streitkräfte auf die Bedürfnisse von heute und morgen ausrichtet und entsprechend modernisiert, geht es weder darum,

dasselbe zu tun wie die USA noch sich auf weltweite Operationen vorzubereiten. Es geht darum, dass die Europäer in der Lage sind, mit den USA gemeinsam zu intervenieren, wenn gemeinsame Interessen bedroht sind. Die
jetzt entstehende NATO-Response-Force ist ein erster und wichtiger Schritt
in diese Richtung.

Es zeigt sich daran, dass die Organisation der militärischen Zusammenarbeit machbar ist und nicht das Hauptproblem zwischen Washington und
Europa darstellt. Das Hauptproblem besteht darin, dass bisher kein gemeinsames politisch-strategisches Konzept in Sicht ist, wie die arabische Welt zu
verändern und zu stabilisieren ist. Ein solches Konzept wäre zwingende Vor-
aussetzung, die NATO zur Stabilisierung des Nahen Ostens sinnvoll zu nut-
zen. Eine NATO, die sich so versteht, wäre auch das richtige Instrument der
Friedenssicherung im Irak. Das Bemühen, der UNO die Hauptrolle in der
Friedenssicherung im Irak zuzuweisen, steht nicht im Widerspruch dazu, die
NATO unter russischer Mitwirkung mit dieser Aufgabe durch ein UNO-
Mandat zu betrauen. Die Größe des Landes, die fragilen Strukturen des
Staates Irak, das Ausmaß an Waffen im Lande und die Gefahr terroristischer
Anschläge durch radikale Fundamentalisten und Nationalisten, aber auch die
schlechten Erfahrungen mit dem Einsatz von Blauhelm-Soldaten auf dem
Balkan schließen eine Blauhelm-Peace Keeping Mission aus. Es scheint
angeraten, zu einer politisch und militärisch sinnvollen und tragfähigen Lösung zu kommen, für die auch die USA stimmen können. Die NATO würde
zugleich sicherstellen, dass Europa sein Gewicht gegenüber den USA zur
Geltung bringen und der Friedensprozess Gegenstand permanenter Mei-
nungs- und Willensbildung im Bündnis würde – ein Prozess, der auch die
schwierige Lage der Türkei berücksichtigen und die Türkei zugleich kontrollieren kann.

Der NATO-Rat ist das richtige Gremium, in dem Europäer und Amerikaner gemeinsam über ein mögliches NATO Mandat für den Irak beraten
sollten. Obwohl die vorhandenen oder im Aufbau befindlichen Bündnis-
strukturen für neue Aufgaben geeignet wären, ist doch der Rückgriff darauf
so lange nicht in Sicht wie die fundamentalen Streitigkeiten zwischen den
USA und mehrerer ihrer europäischen Verbündeten nicht ausgeräumt sind.

Ehrgeizige und übereilte Versuche, europäische Verteidigungskräfte zu
Lasten der NATO aufzubauen und während dieses Aufbaus vorzutäuschen,
es ginge auch ohne die USA, sind gefährlich und kontraproduktiv.

Bisher ist nicht erkennbar, dass die Regierungen in Paris und Berlin,
aber auch in Washington wirklich begriffen haben, was für Europa und Amerika auf dem Spiel steht. Nur wenn sie zu der dringend notwendigen Ge-

meinsamkeit zurückfinden und sich bereit zeigen, auf einen neuen strategischen Konsens hinzuarbeiten, werden die Herausforderungen zu bestehen sein, die unsere Existenz bedrohen.

Es wird nicht leicht sein, diesen Weg zu gehen, denn der Konflikt zwischen Europäern und Amerikanern sitzt tief und ist grundsätzlicher Natur. Es geht im Kern um die Frage, welche Prinzipien in der Ordnung der Welt gelten sollen. Die USA sind fest entschlossen, die Welt zu verändern, um die eigene Sicherheit zu gewährleisten. Amerika hat die dazu notwendigen Mittel und ist auch bereit, sie einzusetzen. Europa hat sich bisher weder mit diesem Ansatz auseinander gesetzt noch eine eigene effektive Strategie gegen die neuen Bedrohungen formuliert. Hier muss der Dialog ansetzen. Das im Frühjahr 2003 verabschiedete neue strategische Konzept der EU öffnet den Weg dorthin.

Europäische Möglichkeiten ergänzender Sicherheitsvorsorge – die Zukunft nationaler Streitkräfte im Kontext der europäischen Integration

Wer über die Zukunft der nationalen Streitkräfte vor dem Hintergrund der Europäischen Integration nachdenkt, muss eigentlich schnell zu einem eindeutigen Ergebnis kommen: Eigentlich sind keine durchschlagenden Gründe erkennbar, die verhindern, Herausforderungen für die Sicherheit und Stabilität Europas künftig nur noch gemeinsam zu bestehen – mit europäischen und nicht mehr mit nationalen Streitkräften.

Diese Antwort liegt aus mehreren Gründen nahe. Kein Mitglied der Europäischen Union braucht Streitkräfte, um gegen ein anderes Mitglied der Union anzutreten. Kein Staat in Europa würde auf die Idee verfallen, sich allein gegen Russland verteidigen zu wollen, das ja mit uns fast verbündet und bestimmt nicht verfeindet ist. Kein Staat in Europa ist überhaupt mehr in der Lage, sich allein gegen die neuen Gefahren und Bedrohungen zu verteidigen. Diese Bedrohungen sind ihrer Natur nach global und verlangen zwingend kollektive Antworten.

Nun ist für kollektive Verteidigung nota bene die NATO das einzig geeignete Instrument. Warum stellt sich dennoch die Frage, ob nationale Streitkräfte in europäischen Streitkräften aufgehen sollen? Die Antwort findet sich in der Natur des europäischen Prozesses, in der dreidimensionalen Anlage der Europäischen Union. Die Union findet nur zur richtigen Balance, wenn sie nicht nur Währungs- und Wirtschaftsunion ist, sondern auch Politische Union und Sicherheitsunion.

Europa muss deshalb strategisch handlungsfähig sein. Diese Forderung ist kein Programm zur Vertreibung Amerikas aus Europa, sondern das Gegenteil: Je handlungsfähiger Europa ist, desto eher, desto mehr kann Amerika in Europa entlastet werden. Wenn die Europäische Union aber wirklich regionale, handlungsfähige Militärmacht sein will, dann müssen ihre Mitglieder auf Teile ihrer Souveränität verzichten. Dann muss Integration vor nationaler Entscheidungsbefugnis stehen. Davon sind wir aber weit entfernt. Wir sind so weit weg von der notwendigen europäischen Lösung, weil sich die politische Debatte im institutionellen Glasperlenspiel verliert.

Die neue Bedrohung verlangt, dass Europa über strategische und operative Aufklärungsmittel verfügt, leichte Kampfverbände rasch über weite Distanzen verlegen, führen und lange im Einsatzgebiete halten kann. Die Bedeutung von Luft- und Seestreitkräften, die an der Peripherie Europas operieren können, steigt. Munition modernster Technologie ist dabei einsatzentscheidend.

Gemessen an diesen unstrittigen Forderungen und an den notwendigen militärischen Fähigkeiten nimmt sich das Potenzial, über das Europa heute verfügt, wenig überzeugend aus. Hinzu kommen strukturelle Mängel, die auf die Entscheidungsprozesse durchschlagen.

Eine Europäisierung des französischen und britischen Nuklearpotenzials durch Übertragung der Verfügungsgewalt scheitert so lange am Nichtverbreitungsvertrag wie es keinen souveränen europäischen Staat gibt. Eine Übertragung im Zuge des europäischen Integrationsprozesses und der Ausgestaltung einer europäischen Sicherheits- und Verteidigungsdimension ist mit der Weitergabeverpflichtung nach Artikel I des Nichtverbreitungsvertrages nicht vereinbar. Damit korrespondiert, dass unterhalb der Schwelle eines souveränen europäischen Staates, der die Kontrolle über alle Aufgaben der Sicherheit hat, die Ausübung von Verfügungsgewalt durch einen Nichtkernwaffenstaat rechtlich ausgeschlossen ist (Artikel II. NVV). Konsequenz: Europa bleibt auf das Nuklearpotenzial der USA angewiesen. Auch in der Frage der Raketenabwehr ist schwerlich an eine rein europäische Lösung zu denken.

Mit Blick auf ihre künftige Interventionsfähigkeit hat die EU zwar beschlossen, bis 2002 aus einem „Pool" von rund 100 000 Soldaten, 300 Flugzeugen und 75 Schiffen innerhalb von 60 Tagen einen Verband in Korpsgröße bilden zu können, der dann über alle notwendigen Fähigkeiten für Aufklärung, Kommunikation, Logistik und Kampfunterstützung verfügen soll.

Doch dieses Ziel wird frühestens 2006 erreicht werden und bleibt selbst dann wohl hinsichtlich der Fähigkeiten hinter den Notwendigkeiten zurück. Im übrigen muss der „Pool" von 100 000 Soldaten mit Blick auf Rotation praktisch die dreifache Stärke haben – ein Umfang, der nicht in Sicht ist. Das Projekt „Europäische Streitkräfte" bleibt somit schon bei der Aufstellung begrenzter Möglichkeiten zur Krisenreaktion eher im Bekenntnis stecken als in der Verpflichtung jedes einzelnen Mitgliedstaates der EU, die notwendigen Mittel bereit zu stellen und zugleich die bisherige nationale Streitkräfteplanung als Teil einer Planung für Europa als Ganzes zu begreifen – auch wenn „European Headline Goals" verabschiedet sind.

Wenn Deutschland nur 1,1 % des Bruttosozialproduktes für Verteidigung aufwendet, Frankreich und Großbritannien aber ungefähr dreimal soviel, fällt ein koordinierter europäischer Planungsprozess in sich zusammen. Das tatsächliche Verhalten der einzelnen Mitgliedstaaten steht in krassem Gegensatz zu den objektiven Notwendigkeiten und vollmundigen politischen Bekenntnissen.

Vor diesem Hintergrund müssen fünf Schlussfolgerungen für die Entwicklung der militärischen Handlungsfähigkeit Europas gezogen werden:

1. Europa bleibt in essenziellen Fragen seiner Sicherheit auch künftig auf die Vereinigten Staaten von Amerika angewiesen. Nur die USA können das nukleare Abschreckungs- und Verteidigungspotenzial bereitstellen, das weiterhin – wenn auch unter sich wandelnder Zweckbestimmung – für Europa unverzichtbar sein wird. Nur die USA haben die militärischen Fähigkeiten, dem internationalen Terrorismus weltweit entgegen zu treten.

2. Die strategische Abhängigkeit von den USA wird durch die nun fast zehn Jahre anhaltende Vernachlässigung der Streitkräfte der europäischen NATO-Partner und Mitglieder der Europäischen Union stetig größer. Deutschland hat sich als Schrittmacher dieser verhängnisvollen Entwicklung etabliert. Die Konsequenz einer fahrlässigen Politik, die ihre Finanzleistungen für Sicherheit nicht nach strategischen, sondern nach zweifelhaften politischen Prioritäten festlegt, ist offenkundig: Europa ist nicht in der Lage, die USA in akuten Krisen an der europäischen Peripherie und darüber hinaus wirksam zu unterstützen und somit auch nicht fähig, seine vitalen Interessen selbst zu behaupten. Dieser Missstand lässt sich nur in Jahren grundlegend ändern, verlangt aber eine sofortige Trendwende, vor allem in Deutschland. Um welche Größenord-

nungen es sich dabei handelt, zeigt ein Vergleich mit Großbritannien: Um die dortigen Pro-Kopf-Ausgaben für Verteidigung zu erreichen, müsste Deutschland seine Verteidigungsausgaben um etwa 40 % steigern.

3. Die Defizite bei den europäischen militärischen Fähigkeiten können nicht durch institutionelle Ansätze gelöst werden, wenn auch die Fachpolitiker aus Gründen der Ablenkung von den gravierenden Versäumnissen vorziehen, auf diesem Felde die eigentliche Schlacht um die Zukunft europäischer Sicherheit zu führen. Selbst eine „Vergemeinschaftung" der Außen- und Sicherheitspolitik würde die EU auch so lange nicht zum gleichberechtigten Partner Amerikas machen, wie nicht die notwendigen „capabilities" bereitgestellt werden.

4. Dem steht nicht entgegen, dass innerhalb der Europäischen Union und im Kreis der europäischen NATO-Partner beträchtliche Synergien gehoben werden können, wenn die Beiträge an Streitkräften auf europäische Notwendigkeiten hin geplant und auf einander abgestimmt werden. In Europa werden seit Jahren beträchtliche Ressourcen vergeudet, weil teure Waffensysteme wie Jagdflugzeuge oder Kampfpanzer nebeneinander her entwickelt und dann auch noch in viel zu kleinen Stückzahlen unwirtschaftlich produziert werden. Außerdem frönt fast jeder europäische Staat der überkommenen Vorstellung, national über das ganze Spektrum von Land-, Luft- und Seestreitkräften verfügen zu müssen.

5. Daraus haben die Verteidigungsminister der sechs wichtigsten europäischen Industriestaaten im letzten Jahr nach mühseliger Vorarbeit zumindest wichtige Konsequenzen gezogen: Am 27. Juli 2001 haben sie ein umfangreiches Vertragswerk unterzeichnet, mit dem sie vereinbaren, die Tätigkeit der europäischen Rüstungsindustrie ebenso zu erleichtern wie die strukturelle Neuordnung dieser Industrie. Damit verpflichten sich Frankreich, Deutschland, Italien, England, Schweden und Spanien nicht nur, die Aufgaben ihrer Streitkräfte gemeinsam zu definieren, sondern auch den Materialbedarf zur Durchführung dieser Aufgaben gemeinsam zu decken. Wenn die Beteiligten diese Verpflichtung ernst nähmen, müssten sie einen gemeinsamen Haushalt aufstellen, der den nationalen Finanzministern und Budget-Komitees entzogen ist, und die politische Kraft an den Tag legen, die eingegangenen Verpflichtungen auch umzusetzen. Was aber tatsächlich geschieht, ist die schreckliche

europäische Wahrheit: der Vertrag ist bisher nicht ratifiziert. Die Beteiligten handeln weiter nach eigenem Gusto. Deutschland setzt dabei die schlechtesten Maßstäbe. Deutschland ist aber als wichtigstes Mitglied der Europäischen Union am meisten gefordert, die Integration auch und gerade auf dem Verteidigungssektor voranzutreiben.

Zu den Herausforderungen, die sich den Europäern stellen, gilt, was in Brüssel unter dem Stichwort ‚Komplementarität' von NATO und EU und Zugewinn an Flexibilität seit langem die Diskussion bestimmt: Um beide großen Bündnisse relevant zu halten beziehungsweise zu machen, müssen sie einem gemeinsamen Rational folgen: Die strategischen Risiken, die sich der EU und den USA in Europa und in dessen strategischem Umfeld stellen, sind nahezu identisch, mithin insofern auch die strategischen Interessen. Die kapitalen Defizite in den militärischen Fähigkeiten der Europäer, gemessen am neuen Risikospektrum, sind in NATO und EU weitgehend die gleichen. Wenn die Europäer in der NATO endlich diese Defizite abbauen, wozu sie sich 1999 und auch 2002 auf höchster Ebene verpflichtet haben, entsteht europäische Handlungsfähigkeit den Capabilities nach praktisch von selbst – als Partner der USA in der Allianz oder (mit oder ohne Unterstützung der Amerikaner) in der EU. Das ‚europäische' Potenzial wechselt dazu lediglich den institutionellen Rahmen. Die Europäer müssen sich endlich einen modernen *„pool of capabilities and forces "* schaffen, aus dem sie je nach Lage für NATO- oder EU-geführte Operationen schöpfen. Nur so bleibt auch die NATO als Handlungsforum und Rahmen ‚attraktiv' für die USA. Entscheidend sind nicht „institutionelle Glasperlenspiele", sondern *capabilities* and *decisiveness*.

Konsequenzen für deutsche Sicherheitspolitik und ihre Instrumente

Die neuen Herausforderungen unserer Sicherheit zeigen: Die Grenzen zwischen innerer und äußerer Sicherheit verlieren ihre Konturen und Bedeutung. Entschlossene Politik für mehr Sicherheit ist deshalb nicht nur allein nach außen wirkende Sicherheitspolitik, sondern zugleich neue Politik für innere Sicherheit – im Lande, in Europa und im Bündnis. Was jetzt gebraucht wird, ist ein System integrierter Sicherheit, in dem sich die Maßnahmen und Kräfte für innere und äußere Sicherheit wirksam ergänzen.

Für die deutsche Außen- und Sicherheitspolitik stellt sich in dieser Umbruchsituation die Frage, welche Rolle unser Land in der im Entstehen begriffenen neuen Weltarchitektur, in einem sich rasch wandelnden Bündnis, in einer nach Finalität suchenden Europäischen Union spielen will, kann und muss. Bisher ist keine Antwort auf diese Frage gegeben worden, bisher sind unsere Sicherheitsinteressen nicht neu definiert worden.

Dazu gehört zunächst, die Mittel und Möglichkeiten eines wirksamen Kampfes gegen den internationalen Terrorismus in einer durchdachten Strategie zusammenzufassen und diese einzubetten in die übergreifenden Ansätze der Allianz und der EU. Unser strategischer Ansatz muss die verschiedensten Elemente berücksichtigen – beispielsweise unsere diplomatischen Möglichkeiten der Einflussnahme und Zusammenarbeit, unsere Beteiligung am Kampf gegen Proliferation unter Zuhilfenahme aller Mittel, unsere Aufklärungsmöglichkeiten im In- und Ausland, eine Notfallplanung auf der Basis neuer Formen der Zusammenarbeit zwischen Bundeswehr, Bundesgrenzschutz und Polizei, aber natürlich auch angemessen ausgerüstete und ausgebildete Streitkräfte.

Da es sich bei den existenziellen Gefahren für unsere Sicherheit um ein globales Phänomen handelt, kann es darauf nur eine kollektive Antwort im globalen Maßstab geben. Deutschland muss daher seine eigenen strategischen Ziele und Möglichkeiten gemeinsam mit seinen Verbündeten und den Institutionen verfolgen, die zur Verfügung stehen, aber angepasst werden müssen. Deutsche Solidarität mit den USA und der NATO ist aus vitalem Interesse für unser Land geboten. Sicherheit für unser Land wird es überdies nur mit Russland und nicht gegen Russland geben. Schließlich finden wir Halt und Sicherheit in der Europäischen Union.

Unsere Demokratie und unsere Werte lassen sich dauerhaft nur in einer internationalen Solidargemeinschaft schützen, in der wir selbst allerdings auch solidarfähig sein müssen. Denn ein Land, das im globalen Kampf gegen den Terror abseits steht, wird damit nicht weniger bedroht sein. Im Gegenteil: Es wird den Terror auf sich ziehen, weil es sich als schutzloses Opfer geradezu anbietet.

Solidarität und Abschreckung gehören seit den Anfängen der Atlantischen Allianz zum Kernbestand des Bündnisses, das uns in schwerer Zeit Frieden und Sicherheit gegeben hat. Solidarität und Abschreckung haben ein gemeinsames Wesensmerkmal: wehe dem, der nicht bereit ist, die damit verbundenen Verpflichtungen einzulösen; wer zögert und womöglich nicht wahr macht, wozu er sich bekennt, der verliert seine Glaubwürdigkeit.

Unser Land hat es nach dem 11. September 2001 an Solidaritätsbekundungen für Amerika nicht fehlen lassen. Aber unsere Verbündeten haben spätestens seit der Irak-Krise Zweifel, ob auf Deutschland wirklich Verlass ist. Deutschland gilt als schwächstes Glied in der Kette und als Risikofaktor. Die Rot-Grüne Koalition gibt der Armee nicht die Mittel, die sie braucht. Dabei ist die Sorge um innere und äußere Sicherheit Kernaufgabe jedes Staates.

Unsere Verbündeten und die Welt warten darauf, dass die deutschen Solidaritätsbekundungen kein kurzatmiges Signal waren. Regierung und unser Parlament müssen in Wort und Tat unmissverständlich klarstellen: Deutschland ist entschlossen, seine nationalen Sicherheits- und Vorsorgemaßnahmen so zu steigern, dass angesichts der neuen Bedrohungen bestmöglicher Schutz gewährleistet wird. Die deutsche Sicherheitspolitik muss ausstrahlen: Europa ist keine Insel des Friedens in einer Welt voller Gefahren. Nur wer in Sicherheit hinreichend investiert, kann Risiken von uns fernhalten. Der Schlüssel zum Frieden hat für uns einen Namen: Entschiedenheit.

Deutschland ist europäische Zentralmacht – wegen seiner geographischen Lage, seines Bevölkerungs- und Wirtschaftpotenzials und wegen seiner zentralen Bedeutung für die Europäische Union und das Atlantische Bündnis. Daraus erwächst auch besondere Verantwortung für Freiheit, Frieden und Stabilität in und für Europa. Zugleich erwachsen daraus auch besondere Möglichkeiten der Einflussnahme auf die internationale Meinungsbildung, wenn unser Gewicht richtig eingesetzt wird.

Die Bundeswehr ist zentrales Element der Landes- und Bündnisverteidigung. Sie sichert gemeinsam mit den Streitkräften unserer Verbündeten und Partner Sicherheit und Frieden für unser Land. Sie steht für Solidarität und hilft Menschen in Not. Die Bundeswehr kann erwarten, dass sie allseitige Unterstützung erfährt. Die Soldaten und zivilen Mitarbeiter der Bundeswehr haben einen Anspruch darauf, dass sie die selbstverständliche politische und menschliche Zuwendung erfahren. Unsere Soldaten haben einen Anspruch auf bestmögliche Ausbildung und Materialausstattung – denn sie stehen im Einsatz mit ihrem Leben für uns alle ein. Die Bundesregierung verschließt sich dieser Verantwortung und gibt den Streitkräften keine klare Perspektive. Das Vertrauensgebäude, das in Jahrzehnten errichtet worden ist, zeigt Risse, die bis in die Fundamente gehen. Die Bundesregierung verspielt unser sicherheitspolitisches Kapital. Sie betreibt eine Außen- und Sicherheitspolitik der „zittrigen Hand" (DIE ZEIT) und setzt keine Prioritäten für eine solide Entwicklung der Streitkräfte.

NATO und Europäische Union sind lebenswichtig für Deutschland, können aber auch unsere Solidarität erwarten. Bündnistreue setzt Bündnisfähigkeit voraus. Aber der von der Politik gesetzte Auftrag und die vorhandenen Fähigkeiten klaffen immer weiter auseinander. Unsere Streitkräfte kämp-

fen heute mit einer nie gekannten ideellen, personellen und materiellen Aus-
zehrung. Personell ist die Bundeswehr durch die gestiegene Zahl der Einsätze an eine Grenze der Belastbarkeit der Soldaten und ihrer Familien gekommen. Die militärische Führung hat daraus nie einen Hehl gemacht.

In der neuen Struktur steigert die Bundeswehr den Grad ihrer Professionalisierung beträchtlich; dadurch soll sich zwar der Anteil der länger dienenden Soldaten deutlich erhöhen. Aber eine größere Ausweitung der Einsätze,
die über viele Jahre durchzuhalten sind, ist dennoch nicht leistbar. Die Bundeswehr ist derzeit in sechs Einsätzen präsent: im Kosovo, in Bosnien, Mazedonien, Georgien, in der Unterstützung der USA im Anti-Terroreinsatz
und jetzt in Afghanistan. Das Heer muss dazu noch eine nationale Reserve
bereithalten. Die Einsatzkräfte werden mit hohem Aufwand durch andere
Soldaten ausgebildet. Zusammen mit dem Vorbereitungs- und Nachberei-
tungskontingent sind fast 40.000 Soldaten des Heeres ständig durch die Einsätze gebunden. 63.000 Soldaten sind notwendig, wenn 12.600 Soldaten alle
zwei Jahre für sechs Monate in den Einsatz gehen sollen. Etwa 100.000
Grundwehrdienstleistende stehen von vornherein für Auslandseinsätze nicht
zur Verfügung.

Noch ist es herrschende, parteiübergreifende Meinung, dass die Allgemeine Wehrpflicht zentrales Element dieser Vorsorge ist, dass

- sie, wie keine andere Wehrform, die enge Verbindung zwischen Bürgern und Soldaten sichert und zugleich
- den Personalbedarf der Bundeswehr als einer jungen und intelligenten
  Armee deckt,
- sie die notwendige Fähigkeit zum Aufwuchs in der Krise garantiert und
- außerdem unverzichtbar ist als Basis des personellen Nachwuchses und
  dass schließlich
- nur durch sie die Bundeswehr in allen Teilen des Landes präsent zu
  halten ist.

Aber die Fragen werden lauter und bohrender, ob diese traditionelle Betrachtungsweise aufrecht zu erhalten ist. Die Wehrpflicht ist ihrer Natur nach
an die Landesverteidigung gebunden, kann sich auch als Bündnisverteidigung manifestieren. Die neuen strategischen Herausforderungen heben die
Notwendigkeit der Landesverteidigung jedoch immer mehr in die Ebene des
Abstrakten, geben ihr den Charakter des eher theoretisch denkbaren, aber
praktisch kaum zu erwartenden Falles. Die Einsätze der Bundeswehr in
Kambodscha, in Somalia, auf dem Balkan, in der Adria oder in Afghanistan

werden immer mehr abgekoppelt vom Sicherheitsbewusstsein unserer Bürger, weil sie nicht realisiert haben, dass diese Einsätze Bedrohungen von der Heimat fernhalten. Die Einsätze werden als Dienstleistung für europäische Sicherheit empfunden, ohne dass dabei eine patriotische Pflicht mitspielt. Das Parlament schickt unsere Soldaten heute in Einsätze, die für sie ein lebensbedrohendes Risiko bedeuten. Aber eben diese Soldaten werden dabei nicht von einer patriotischen Welle nationaler Geborgenheit getragen.

Wenn der freiwillig motivierte Einsatz für unser Land – und die Ableistung der Wehrpflicht ist heute praktisch freiwillig – in der Abstraktheit internationaler Einsätze aufgeht, dann droht die Wehrpflicht, ihre eigentliche Grundlage zu verlieren. Hinzu kommen andere Argumente, die auf eine Infragestellung der Wehrpflicht hindeuten: Schließlich werden die Auslandseinsätze fast ausschließlich von Berufs- und Zeitsoldaten getragen. Ob sich die Bundeswehr trotzdem eine aufwendige Ausbildungsorganisation für Wehrpflichtige leisten kann und soll, muss daher auch unter Gesichtspunkten der Einsetzbarkeit und Effizienz betrachtet werden.

Fest steht zumindest jetzt, dass die Debatte über die Beibehaltung oder Aufgabe der Wehrpflicht bisher unzureichend geführt ist und zu wenig einleuchtenden Ergebnissen geführt hat. Jede Entscheidung über die Nachsteuerung der Bundeswehrreform muss daher diese Debatte einschließen und auf ihr aufbauen. Geboten sind eine offene, nüchterne Debatte, Konsequenz und Ehrlichkeit. Dabei muss man sich allerdings im Klaren sein: Fürs erste sind weder die vielfältigen Einsätze noch der Aufbau der neuen Personalstruktur ohne die Wehrpflicht zu schaffen. Erstens könnte die Bundeswehr die Einsatzkontingente ohne die Tausenden freiwillig länger Wehrdienstleistenden (FWDL) und auch ohne die freiwilligen Reservisten nicht ausreichend bemannen – ein wichtiger Aspekt. Zweitens hängt die Nachwuchsgewinnung von Zeit- und Berufssoldaten entscheidend von den Grundwehrdienstleistenden ab, aus denen die Armee zurzeit über 30 % der Offizier- und fast 50 % der Unteroffizieranwärter gewinnt. In der künftigen Struktur werden rund 10.000 länger dienende Soldaten mehr benötigt, als zur Zeit vorhanden sind, dafür 34.000 Grundwehrdienstleistende weniger – eine gewaltige Herausforderung, gemessen an den Nachwuchsproblemen, mit denen die Bundeswehr schon jetzt kämpft.

Die Kommandeure der Bundeswehr sind daher fast geschlossen der Auffassung: Ohne die Wehrpflicht wird es uns nach allen bisherigen Erfahrungen in keinem Fall gelingen, die Bundeswehr personell einsatzfähig zu machen, es sei denn, mit ungeheuren finanziellen Aufwendungen und kostenintensiven Anreizen, da die Streitkräfte in Deutschland nicht durch eine

Woge des Patriotismus, des fraglosen Stolzes oder der Tradition getragen werden wie in anderen Ländern.

Der fatale Mangel an Investitionen liegt auf der Hand. Neben allem schönen ideellen Wortgeklingel bleibt bei Lichte betrachtet der eigentliche Legitimationsfaktor für die Wehrpflicht heute die Regenerationsfähigkeit der Streitkräfte. Ohne sie ist unter den obwaltenden Umständen auch die weitere Professionalisierung wohl nicht zu schaffen. Es kommt dabei auf den richtigen Mix zwischen Berufs- und Zeitsoldaten sowie Wehrdienstleistenden an.

In diesem Zusammenhang wird daher allerdings sicher zu prüfen sein, ob die Bundeswehr in der Herstellung ihrer neuen Struktur nicht konsequenter vorgehen sollte. Die Bundeswehr braucht eine deutlichere Trennung zwischen Ausbildungs- und Einsatzorganisation. Die Einsatzverbände müssen befähigt sein zu beweglichen Operationen auch über weite Distanzen und über lange Zeit im Einsatzgebiet verbleiben können. Da sich der strategische Fokus der NATO nach Süden verlagert, erhalten See- und Luftstreitkräfte eine größere Bedeutung als bisher.

Eine moderne Bundeswehr muss zeitgemäße Prioritäten setzen, die strategisch begründet sind: Deutschland braucht mehr Antiterroreinheiten, Gebirgs- und Fallschirmjäger, aber auch Panzeraufklärer. Notwendig ist auch eine Verstärkung der Kräfte zum Objektschutz, des Pionierwesens, des ABC-Schutzes und Sanitätswesens.

Zur Lage der Bundeswehr gebietet die Redlichkeit zwar anzuerkennen, dass auch die jetzige Regierung alles tut, damit die Soldaten im Einsatz bestens ausgebildet, ausgerüstet und ausgestattet sind. Dort brauchen die deutschen Verbände den Vergleich zu anderen Nationen nicht zu scheuen, im Gegenteil. Auch die begrenzten Investitionen des Heeres haben dort ihren eindeutigen Schwerpunkt.

Das Problem ist vielmehr die mangelnde Zukunftsperspektive. Es sind die Zukunftsaufgaben insgesamt und der Friedensbetrieb in den Standorten, in die dringend investiert werden muss – vor allem in die Führungs- und Aufklärungsfähigkeit, die Lufttransportfähigkeit, Informationstechnologie, U-Boote und Fregatten, in neuere Fahrzeuge und vieles mehr. Sonst kann die Bundeswehr die Aufgaben, die ihr die Politik stellt und zu denen sich Deutschland im Bündnis und in der Europäischen Union verpflichtet hat, nicht erfüllen.

Nur wenn ihre Finanzausstattung deutlich verbessert wird, kann die Bundeswehr auf ihre neuen Aufgaben ausgerichtet und auch eingesetzt werden, kann sie materiell und personell wieder Tritt fassen. Nur wenn Deutschland seine internationalen Verpflichtungen gegenüber der NATO,

der Europäischen Union und den Vereinten Nationen ernst nimmt und ein-
löst, werden unsere Verbündeten und Partner wieder Vertrauen zu uns gewinnen und uns nicht mehr als Trittbrettfahrer abstempeln. Sicherheit und
Verteidigung verlangen eine Politik der Vorsorge.

Unser Land braucht einen „Nationalen Sicherheitsrat" zur umfassenden,
ressortübergreifenden Analyse neuer Bedrohungen für die äußere und innere
Sicherheit, zur Einleitung geeigneter Abwehrmaßnahmen und Notfallpla-
nungen, zur Koordination aller Abwehrkräfte sowie schließlich zur einheitlichen Führung im Krisenmanagement. In einer solchen Organisation würde
sich dann auch folgerichtig widerspiegeln, dass Deutschland ein integriertes
System der innern und äußeren Sicherheit hat, in dem auch die Geheimdienste, die nach innen und außen arbeiten, zielgerichtet eingesetzt und verschränkt werden.

Sicherheit und Verteidigung bleiben aber auch unter veränderten Rahmenbedingungen eine gesamtgesellschaftliche Aufgabe. Politik und Gesellschaft sind gefordert, die notwendigen finanziellen Rahmenbedingungen für
die Bundeswehr zu schaffen. Die Finanzplanung muss wieder auf eine solide
Grundlage gestellt werden, was nur zu machen ist, wenn der Verteidigungshaushalt mittelfristig auf etwa 27 Milliarden Euro aufwächst. Die Bundeswehrreform braucht außerdem eine Anschubfinanzierung von mindestens
einer Milliarde Euro. Die Bundeswehr braucht ein Programmgesetz, das die
mittelfristige Entwicklung verlässlich absichert.

General a. D. Klaus Naumann, der vormalige Vorsitzende des NATO-
Militärausschusses und ehemalige Generalinspekteur der Bundeswehr, hat in
seiner Eigenschaft als Vorsitzender der Clausewitz-Gesellschaft schon am 9.
September 2001 einen Appell an alle Vorsitzenden der im Deutschen Bun-
destag vertretenen Parteien gerichtet und zur dramatischen Situation der
Bundeswehr unter anderem ausgeführt:

„Die seit 1993 anhaltende Unterfinanzierung des investiven Anteils des Verteidigungshaushaltes und die gleichzeitig stattfindende Revolutionierung der
Militärtechnik haben einen Modernisierungsstau erzeugt... Allein diesen Modernisierungsstau abzubauen, verlangt mindestens ein Jahrzehnt lang einen In-
vestitionsanteil von 30 % und mehr. Selbst damit würde Deutschland keineswegs zur Spitzengruppe der NATO aufschließen, aber es würde wenigstens
den Anschluss wahren und die Gefahr könnte gebannt werden, dass deutsche
Streitkräfte nicht mehr mit den Verbündeten zusammenarbeiten können. (...)
Die Soldaten der Bundeswehr tragen nun im Gegensatz zur Zeit des Kalten
Krieges, in der die gesamte Gesellschaft das Risiko eines Krieges solidarisch
trug, die Risiken bewaffneter Einsätze alleine. Sie tun dies mit großer Lei-

stungsbereitschaft. Sie haben daher Anspruch darauf, dass ihnen die zur Erfüllung ihrer Aufgaben notwendigen Mittel zur Verfügung gestellt werden. Eine Regierung und ein Parlament, die Soldaten in Einsätze schicken, aber nicht
alles tun, um die Risiken beherrschbar zu halten, werden ihrer Verantwortung
nicht gerecht."

Nur wenn die Bundeswehr wieder ein handlungs- und einsatzfähiges Instrument deutscher Außen- und Sicherheitspolitik wird, gewinnt Deutschland
Glaubwürdigkeit und Einfluss zurück, wird unser Land den Makel des Trittbrettfahrers los, der sich durch eine verfehlte Verteidigungspolitik an der
Solidarität im euro-atlantischen Bündnis versündigt.

Die Organisation der Sicherheit unter neuen Herausforderungen und die Zukunft der Bundeswehr

Klaus Naumann

Eine Welt im Umbruch

Mit dem Ende des Kalten Krieges ging die bipolare Weltordnung zu Ende, und es entstand für eine Übergangszeit eine monopolare Weltordnung, in der die USA als einzige in allen Feldern der Politik uneingeschränkt und global handlungsfähige Macht dominierend sind. Diese Stellung wird nicht unangefochten bleiben. Neue oder alte regionale Akteure mit globaler Handlungsfähigkeit dürften im Laufe der nächsten Jahrzehnte entstehen. Die USA werden sich bemühen, diese in Partnerschaften einzubinden, um zu verhindern, dass eine konkurrierende Hegemonialmacht entsteht.

Mit dem Ende des Kalten Krieges einher ging die Entfesselung des Krieges. Krieg wurde wieder zum Instrument der Politik. Während der Zeit der bipolaren Konfrontation hatte das Risiko, dass der Griff zu den Waffen zur nuklearen Eskalation führen könnte, die Option Krieg als Mittel der Politik ausgeschlossen.

Mit dem Ende des Kalten Krieges und mit dem Untergang der Sowjetunion als Supermacht sank die Wahrscheinlichkeit des Eingreifens der verbliebenen Supermacht in regionale Konflikte. Das Ergebnis ist erschreckend: Allein in den ersten fünf Jahren nach Ende des Kalten Krieges wurden mehr als 50 Kriege unter Mitwirkung von mehr als 70 Staaten geführt. Mehr als fünf Millionen Menschen starben in diesen bewaffneten Konflikten, 40 Millionen wurden zu Flüchtlingen. Die Prognose der meisten Friedens- und Konfliktforscher geht für die nähere Zukunft von einem „Konfliktsockel" von 25-30 bewaffneten Konflikten jährlich aus. Dies erscheint realistisch, denn die Konfliktursachen nehmen zu. Da ist als erstes das dramatische Gefälle zwischen Arm und Reich zu nennen. Etwa 90 % des Reichtums dieser Welt ist in den Händen von nur 10 % der Menschheit. Der zu erwartende rasche technische Fortschritt wird diese Diskrepanz eher noch wachsen lassen, denn den Abstand verringern.

Eine weiter wachsende und in den armen Ländern immer jünger werdende Weltbevölkerung, die dadurch ausgelöste weitere Verknappung lebenswichtiger Ressourcen, allen voran Wasser, die Ausbreitung von Krankheiten und die vielfach zunehmende Unfähigkeit der Staaten, mit den Problemen fertig zu werden, könnten ebenso zu Konflikten führen wie das anhaltende Streben der Nationalitäten dieser Welt, staatliche Unabhängigkeit in eigenen Nationalstaaten zu erreichen.

Die Vernetzung unserer Welt erlaubt es keinem Staat, nur nach innen zu sehen und den Konfliktursachen in scheinbar weit entfernten Ländern den Rücken zu zeigen. Neutralität ist damit ebenso überholt wie nationalstaatliche Sicherheitsvorsorge. Die Organisation der Sicherheit muss zunehmend globale Aspekte berücksichtigen und sie muss regionalen Organisationen übertragen werden, die in globalen Dimensionen denken müssen und teilweise gezwungen sein werden, auch global zu handeln.

In dieser Welt gilt es, Sicherheit für ein Europa zu schaffen, das unter den Dächern von NATO und EU eine Zone des Friedens geschaffen hat, in der Kriege der Mitgliedstaaten gegeneinander ausgeschlossen sind. Diesen Zustand des Friedens stabil zu erhalten, ist das Ziel der Erweiterungsprozesse von NATO und EU und der Zusammenarbeit beider Organisationen mit Russland. Beide Organisationen müssen dazu allerdings zunehmend auch bereit sein, im globalen Rahmen Verantwortung zu übernehmen. Beide Organisationen wurden allerdings, ebenso wie die UN in der Irak-Krise 2002/ 2003, durch Fehler europäischer Staaten, insbesondere Deutschlands und Frankreichs, und im Falle der NATO durch Fehler der USA so schwer beschädigt, dass es zunächst erheblicher Reparatur bedarf, bevor NATO und EU dieser Herausforderung gewachsen sein werden. Das Bündnis Europas mit den USA, die NATO, bleibt allerdings unverzichtbar, weil es Europa globale Handlungsfähigkeit gibt.

Europa ist in dieser Welt im Umbruch eine Insel der Stabilität und des Friedens, umgeben von einer zunehmend stürmischer werdenden See der Instabilität. Unter diesen Umständen Sicherheit zu organisieren, verlangt zunächst zu prüfen, welchen Herausforderungen Europa sich zu stellen hat und wie man ihnen am besten begegnet. Erst danach kann man die bestehenden Institutionen, die für Sicherheit zu sorgen haben, betrachten und untersuchen, wie sie zu verändern sind, um den Herausforderungen der Zukunft gerecht zu werden.

Die sicherheitspolitischen Herausforderungen

Die Risiken

Die Risiken sind schwerer vorhersehbar geworden. Neue, kaum durchschaubare Akteure und neue Formen der Gewaltanwendung sind hinzugetreten, und der Zugang zu Waffen aller Art ist nahezu unbegrenzt. Die tragischen Ereignisse, die mit dem 11. September 2001 in den USA begonnen haben, belegen dies. Viele haben schon seit Anfang der 90er-Jahre vor Terrorismus als neuer Risikoform gewarnt, aber ein Verbrechen dieses Ausmaßes war jenseits des Vorstellungsvermögens. Zu der nach dem Kalten Krieg entstandenen Entfesselung des Krieges ist daher am 11. September 2001 die Enthemmung der Gewalt hinzugekommen.

Es scheint sinnvoll, die Risiken nach Kategorien zu betrachten und weniger nach ihren geografischen Ursprüngen. Es erscheint auch sinnvoll, sie nicht in eine wertende Reihenfolge zu bringen, denn die Ungewissheiten, mit denen Sicherheitspolitik heute fertig werden muss, lassen eine solche Reihung nicht mehr zu. Die daraus resultierende Konsequenz für die Streitkräfte aller Nationen Europas ist in ihrer Logik ebenso einfach wie sie beispielsweise für ein Land wie Deutschland politisch brisant ist: Die Streitkräfte werden zu einem beträchtlichen Anteil Interventionskräfte, denn es gilt, den Risiken da zu begegnen, wo sie entstehen. Nur so kann man verhindern, dass die durch die neuen Risiken erzeugte Unsicherheit auch relativ stabile und weitgehend befriedete Regionen wie Europa erfasst.

Das Nationalitätenrisiko

Ein ganz offensichtliches Phänomen ist das Nationalitätenrisiko. Es ergibt sich aus den ungezählten ethnischen, zum Teil auch durch religiöse Spannungen oder ungelöste territoriale Ansprüche unterfütterten Problemen unserer Welt.

Man sah und sieht Probleme dieser Art leider auch in Europa. Kosovo, Bosnien, Albanien sind die sichtbarsten Beispiele für ungelöste ethnische, nur in geringerem Maße religiöse Fragen. Die ungelösten Probleme Nordirlands, der Terror der ETA im Baskenland, Separatisten in Korsika und Sardinien und die Kurdenfrage in der Türkei sind weitere offene Wunden Europas. Die Region des Kaukasus ist ein ethnischer Fleckenteppich von nahezu unübersehbarer Vielfalt, in dem die Spannungen zwischen den Nationalitäten durch geschichtliche Erblasten, erzeugt durch russischen und sowjetischen Kolonialismus oder durch religiöses Eiferertum, verschärft werden. Andere ungelöste Fragen in Europa, vielfach Bürden aus der in den jeweiligen Gebieten niemals völlig bewältigten Auflösung des Habsburger und des Osmanischen Reiches nach dem Ersten Weltkrieg, wurden und werden durch die integrativen Prozesse der EU- und NATO- Erweiterungen gelöst, zumindest aber entschärft.

Die höchst unterschiedliche wirtschaftliche Entwicklung in den Regionen Europas könnte allerdings für neue, zusätzliche Spannungen sorgen. Dennoch besteht in Europa die Hoffnung, dass das Beharren auf Nationalismus und auf der Überlegenheit einer Nation als Basis staatlicher Identität, mit dem Milosevic auf dem Balkan eine vereinsamte Insel der Verelendung in Europa geschaffen und vier Kriege mit Hundertausenden von Toten und Millionen von Flüchtlingen vom Zaune gebrochen hatte, der Vergangenheit angehören. In nahezu allen Teilen Europas gehört die Zukunft integrativen Ansätzen, in denen die Übereinkunft mit den Nachbarn auf der Basis eines konsensualen Kompromisses wichtiger ist als das Beharren auf egoistisch definierten nationalen Interessen. Das gegenwärtig zu beobachtende Aufflackern nationalistischer Egoismen dürfte vermutlich eher mit Positionierungen in den anstehenden Fragen der EU-Erweiterung verbunden sein und scheint nicht eine Rückkehr zum Nationalismus des ausklingenden 19. Jahrhunderts einzuleiten.

Aber diese in Europa mit Millionen von Opfern in einer Kette von Kriegen in den letzten dreihundert Jahren teuer erkaufte Einsicht hat keine universale Geltung. Die Tatsache, dass heute von den über 500 von den Vereinten Nationen anerkannten Nationalitäten unserer Welt mehr als 140 auf dem Gebiet von einem oder mehr Staaten anderer Nationalität leben, verheißt nichts Gutes. Viele dieser Nationalitäten werden, aus welchen Gründen auch immer, früher oder später nach Unabhängigkeit und Selbstbestimmung streben. Viele dieser Sezessionsbestrebungen können zu bewaffneten Konflikten führen, manche mögen zu derartiger Verletzung von elementaren Menschenrechten führen, dass die Staatenwelt die Pflicht, menschliches Leben zu schützen, höher einstufen mag als die Notwendigkeit, die Souveränität von Staaten zu respektieren. Die Wahrscheinlichkeit von Nationalitätenkonflikten ist daher hoch. Sie werden in vielen Fällen nicht auf das engere Konfliktgebiet zu begrenzen sein, sie können durch zusätzliche Konfliktursachen wie Zugang zu Rohstoffen, den Zerfall eines Staates oder die Übernahme eines Staates durch organisierte, internationale Kriminalität Ausweitung und Verschärfung erfahren. Die zunehmende Verflechtung unserer Welt bedingt, dass auch scheinbar nicht betroffene Regionen wie Europa oder die USA von diesen Konflikten berührt sein könnten.

Bei der Suche nach Lösungen, insbesondere solchen, die auf vorbeugende Konfliktverhinderung zielen, wird man sich auch fragen müssen, ob in Zukunft das Ordnungsprinzip der Staatenwelt, die sich seit dem Westfälischen Frieden von 1648 im Wesentlichen auf die Anerkennung des Nationalstaates als Hüter äußerer Sicherheit verständigt hat, in einer Zukunft, in der nationale Grenzen eine immer geringere Rolle spielen werden, noch Bestand haben kann. Die Krisen auf dem Balkan und die Tragödie in Ruanda haben ohnehin gezeigt, dass das Verständnis internationalen Rechts einer harten Prüfung unterzogen werden muss. Wer Verbrechen an der Menschheit verhindern will, wenn, aus welchen Gründen auch immer, die Handlungsfähigkeit des UN-Sicherheitsrates blockiert wird, muss bereit sein, über das der UN-Charta zu Grunde liegende Prinzip nachzudenken, das die Souveränität von Staaten für sakrosankt und Intervention für unzulässig erklärt. Das Handeln der NATO-Staaten im Kosovo ist gewiss kein Modell für künftiges Handeln, aber es hat dokumentiert, dass nicht alle Staaten der Welt bereit sind, Herrschern zuzugestehen, dass ein Staat mit seinen Bürgern machen kann, was er will.

Noch gibt es keine Antworten auf all diese Probleme, aber sie werden zu finden sein, wenn man glaubhaft Konfliktverhinderung anstreben will. Dazu muss man allerdings nachvollziehbare Regeln für ein Eingreifen entwickeln, denn ohne ausreichende und nachvollziehbare Legitimation würde dieses berechtigterweise als Interventionismus gebrandmarkt werden und könnte unerwünschte, die Welt weiter destabilisierende Nachahmung finden. Das Nationalitätenrisiko würde dann sogar noch gefährlicher werden.

Das Globalisierungsrisiko

Die neueste und durch den 11. September in aller Mund befindliche Risikokategorie könnte man das Globalisierungsrisiko nennen. Eines seiner Kennzeichen ist die zunehmende Irrelevanz nationalstaatlicher Sicherheitskonzepte und die Bedeutungslosigkeit nationaler Grenzen. Ein anderes Kennzeichen ist die Zunahme der Zahl internationaler Akteure in allen Handlungsfeldern der Politik. Sie bestimmen unsichtbar und unkontrolliert das Geschehen oftmals mehr als Nationalstaaten oder Bündnisse. Wirtschaftliche Macht bestimmt mehr als jede andere Vergleichsgröße Macht und Einfluss. Es muss nachdenklich stimmen, wenn man bedenkt, dass man allein mit Piraterie bis zu fünfzig Millionen und mit Drogenhandel bis zu 500 Milliarden Dollar im Jahr „erwirtschaften" kann.

Handlungen nichtstaatlicher Akteure können Auswirkungen auf die Sicherheit von Staaten oder Bündnissen haben. Der Wille, Zugang zu Ressourcen zu haben, kann zu Konflikten führen. Globalisierung erzeugt Macht, die keiner Kontrolle unterliegt und von der nichtstaatliche Akteure vielfach verantwortungslos Gebrauch machen werden. Die Kehrseite der Globalisierung führt daher zu neuen, bislang unbekannten Risiken. Die Besorgnis erregende Entwicklung internationaler Kriminalität und des Terrorismus, die fugenlos ineinander verschränkt sind, wird zur Gefahr. Heute bereits stellen nichtstaatliche Akteure das Gewaltmonopol der Streitkräfte infrage. Daraus kann für schwache Staaten ein existenzielles Risiko entstehen. Für starke Staaten, die USA eingeschlossen, bedeutet dies eine neue Gefahr, die sie verwundbar macht und auf die sie nicht vorbereitet sind. Terroristen sind Verbrecher, die ohne Hemmung Wehrlose töten. Polizei und Militär richten Gewalt niemals vorsätzlich auf Wehrlose. Diesen Unterschied vergessen viele.

Die Tendenz, durch Terrorismus die Überlegenheit der Postmodernen auch in bewaffneten Konflikten auszugleichen, dürfte zunehmen. Zunehmen wird auch die Entrechtlichung moderner bewaffneter Konflikte, die es schon heute zweifelhaft erscheinen lässt, ob beispielsweise das Rote Kreuz noch Schutz gibt. Mit wachsender Überlegenheit der Industriestaaten wird die Neigung zunehmen, die Achillesferse der postmodernen Welt zu treffen, deren oftmals ziemlich schutzlose Zivilbevölkerung und die empfindliche Infrastruktur dieser Staaten. Erfolgt derartiges Handeln in einem bewaffneten Konflikt mit einem Staat der postmodernen Welt, dann spricht man von asymmetrischer Reaktion.

Die Mittel, die nichtstaatliche Akteure anwenden können, reichen von allen Formen militärischer Mittel bis hin zum Einsatz geschlossener Söldnerformationen und, im schlimmsten, aber leider nicht mehr auszuschließenden Fall, zur Anwendung von Massenvernichtungswaffen. Terroristen, die bereit sind, das eigene Leben zu opfern, stellen die wohl gefährlichste, weil völlig unberechenbare Form des Angriffs aus dem Dunkel dar.

Staaten, die sich asymmetrischer Reaktion bedienen wollen, können sogar noch weiter gehen. Sie können beispielsweise Vertreibung oder erzwungene Migration nutzen, einen Gegner aus moralischen Gründen zum Handeln zu zwingen und ihn durch die Aufnahme von großen Mengen von Flüchtlingen wirtschaftlich zu destabilisieren. Geld öffnet den Zugang zu Waffen nahezu aller Art. Staaten, die auf Gewalt und Krieg als Mittel der Politik setzen, haben im allgemeinen keine oder wenig Hemmungen, ohne Rücksicht auf ihre wirtschaftliche Lage nahezu unbegrenzte Mittel für Rüstung aufzuwenden. Kriminelle und Terroristen haben in der Regel ebenfalls ausreichend Geld, um Waffen aller Art zu kaufen.

Mit der Globalisierung einher geht eine ungeheuere technologische Revolution. Sie bietet nicht nur Chancen, sondern sie kann auch weitere, beträchtliche Risiken erzeugen. Spezialkräfte in modernen Streitkräften sind heute in der Lage, Viren in Informationssysteme einzubringen, sensitive Informationen abzufangen, Befehle zu widerrufen, falsche Lagebilder zu erzeugen, ungenaue Daten abzuliefern oder Identifizierungssysteme außer Kraft zu setzen. Die wachsende Weltgemeinde der Hacker lässt das nicht ruhen und sie können, von handelsüblicher Software ausgehend, vielfach schon Gleiches leisten. Wovon Sun Tzu noch träumte, die Machtmittel eines Staates ohne Gewalt auszuschalten, das könnte im „information age" wahr werden. Was Sun Tzu aber nicht ahnen konnte ist, dass dies eine Möglichkeit ist, die in der Hand von Individuen liegt, Individuen, die bereit sein könnten, ihre diesbezüglichen Dienste gegen Geld an wen auch immer zu verkaufen. Allein die elektronischen Systeme des US Verteidigungsministeriums waren im Jahre 2001 Ziel von mehr als 40.000 elektronischen Angriffen, bei denen es mehr als 350 Akteuren gelang, in die Systeme einzudringen.

Ziel eines solchen Angriffs muss auch nicht unbedingt das Militär sein. Die moderne Infrastruktur eines Staates wie zum Beispiel das Bankensystem, das Energieversorgungssystem, die Wasserversorgung und andere Schlüsselversorgungssysteme bieten sich für elektronische Lähmung regelrecht an. Eine neue Waffenkategorie taucht auf: Die „weapons of mass disruption", die Waffen, die keine sind und die doch einen Staat lähmen können, ohne diesen erkennen zu lassen, woher der Angriff kam.

Bei der Beurteilung dieser Risikokategorie muss man einräumen, dass alle bisher gefundenen strategischen Ansätze zu kurz greifen. Die Staatengemeinschaft hat auf diese neue Herausforderung noch keine Antwort gefunden. Doch sie wird Antworten finden müssen. Es genügt nicht mehr, einen Teil dieser Risiken den Polizeiaufgaben zuzuordnen und einen anderen Teil dem Militär und sich der Illusion hinzugeben, mit diesem arbeitsteiligen Ansatz könne man Sicherheitsvorsorge zur Nebensache machen und sozusagen „outsourcen".

Das Risiko ist also offenbar, aber es wäre eine Illusion zu glauben, man könne darauf rein militärische Antworten finden. Gebraucht wird ein Verbund aller Abwehrmittel eines Staates oder eines Bündnisses, in dem militärische Mittel oft eine unterstützende, allenfalls in bestimmten Phasen eines Konfliktes eine dominierende Rolle spielen werden.

Das Proliferationsrisiko

Das dritte Risiko, das sogar noch an Bedeutung gewinnen wird, ist das Proliferationsrisiko. Insbesondere im Bereich der Trägertechnologie und der Massenvernichtungswaffen dürfte unsere Welt trotz aller Bemühung um Begrenzung weitere Verbreitung sehen. Die Tatsache, dass gegenwärtig rund vierzig Länder unbemannte Luftfahrzeuge (Unmanned Air Vehicles (UAV)) entwickeln oder besitzen, aber nur zweiundzwanzig davon dem Missile Technology Control Regime (MTCR) beigetreten sind, ist ein deutlicher Fingerzeig.

Selbst weniger entwickelte Länder besitzen heutzutage Trägermittel wie Raketen von zirka 1.500 km Reichweite, allein fünfunddreißig Staaten haben Flugkörper des Typs SCUD oder leistungsgesteigerte Derivate im Besitz. Die Zahl der Länder, die solche Waffen produzieren können, wird immer größer. Gegenwärtig können rund siebzig Länder der Welt Raketen oder Cruise Missiles herstellen und in zwölf Staaten gibt es Industrien, die Raketentechnologie exportieren. Die nun schon mehrere Jahre alte, aber immer noch gültige NATO-Prognose sagt, dass um das Jahr 2010 nahezu ganz Europa im Wirkungsbereich von Flugkörpern liegen wird, die, von außerhalb gestartet, Europa binnen weniger Minuten erreichen können.

Die Zielgenauigkeit dieser Waffen mag nicht der vergleichbarer amerikanischer oder russischer Waffen entsprechen, doch als Pressionspotenzial gegenüber den Regierungen eines nahezu ungeschützten, aber extrem verwundbaren Europa eignen sie sich allemal. Die Frage ist allerdings, ob ein Raketenabwehrsystem Europa Schutz bieten könnte, denn die im Vergleich zu einem Angriff auf die USA erheblich kürzeren Flugzeiten stellen die Technik vor heute noch schwer lösbare Probleme. Es wäre in jedem Falle ein unvollkommener Schutz, so wie auch das amerikanische Projekt einer „missile defense" keineswegs Unverwundbarkeit verspricht. Europa wie übrigens auch Russland werden daher sorgfältig prüfen müssen, ob der beträchtliche Aufwand für eine Raketenabwehr in einem noch vertretbaren Verhältnis zum erreichbaren Schutz steht und ob und welche anderen Mittel des Schutzes gegen die Ergebnisse rasch fortschreitender Raketenproliferation zur Verfügung stehen. Zweifelsfrei steht aber fest: Es gibt ein durch Proliferation von Raketentechnologie erzeugtes Risiko für Europa und es besteht eine zwingende Notwendigkeit, sich dagegen zu schützen.

Gefährlicher allerdings als Raketen und Cruise Missiles ist die Verbreitung von atomaren, biologischen und chemischen Massenvernichtungswaffen. Gegenwärtig besitzen bereits vermutlich mehr als 25 Staaten unserer

Welt Massenvernichtungswaffen, weitere mögen in der Lage sein, sie früher oder später zu entwickeln oder herzustellen.

Unter dem Begriff „Massenvernichtungsmittel" verstehen weite Kreise vor allem Atomwaffen, die entweder durch Kernspaltung oder Fusion ungeheure Energiemengen und tödliche Strahlung freisetzen. Sie sind technisch die anspruchvollsten und praktisch die am schwierigsten nutzbaren Massenvernichtungswaffen. Die Gefahr, dass sie in den Besitz von nichtstaatlichen Akteuren gelangen, ist nicht völlig von der Hand zu weisen, scheint aber doch eher unwahrscheinlich. Staaten dagegen könnten versuchen, solche Waffen zu entwickeln oder zu erwerben. Sie könnten es einerseits tun, um Atommächte wie die USA davon abzuschrecken, gegen sie vorzugehen. Es mag aber auch Staaten geben, die glauben, sie könnten Atomwaffen in Konflikten tatsächlich einsetzen. Man sollte auf westlicher Seite niemals den Fehler machen, eigene moralisch-ethische Skrupel als universal gültige Bedenken zu verstehen.

Angemessener Schutz gegen diese Gefahr und vor allem die Fähigkeit, einem potenziellen Gegner die Möglichkeit zu nehmen, diese Waffen zu verwenden, sollten daher die strategische Leitlinie sein.

Weniger bekannt als die durch ihre zerstörerische Energie wirkenden Kernwaffen sind radiologische Waffen. Sie sind aus radioaktivem Material relativ einfach herzustellen und sie eignen sich gut zum Einsatz gegen Ballungszentren. Sie könnten ein extremes Mittel in der Hand skrupelloser Terroristen sein.

Neben den Atomwaffen müssen aber auch die chemischen (C-Waffen) und insbesondere die bakteriologischen Waffen (B-Waffen) betrachtet werden. Die C-Waffen sind seit langem bekannt. Man weiß mit ihnen umzugehen, man kann sie relativ sicher und schnell erkennen und es gibt einen breiten Fächer von Schutz gegen ihre Wirkung. Sie sind leicht herzustellen, aber relativ schwierig einzusetzen. Sie werden in ihrer Wirkung allerdings vielfach überschätzt. Sie haben eher taktische Bedeutung auf dem Gefechtsfeld, dort und gegen ungeschützte Zivilbevölkerung eingesetzt können sie beachtliche Wirkung erzielen. Die Nutzung durch Terroristen oder Kriminelle ist nicht völlig auszuschließen, aber wegen des hohen Aufwandes beim Einsatz doch eher unwahrscheinlich.

Moderne B-Kampfmittel dagegen sind weit gefährlicher und können in ihrer Wirkung den Atomwaffen ziemlich ebenbürtig sein. Sie sind nicht einfach herzustellen, aber ihr Einsatz bedarf bei weitem nicht des hohen technologischen Aufwandes, den Atomwaffen verlangen. Auch hier ist Differenzierung geboten. Zu dieser Waffenkategorie gehören Gifte wie beispielsweise Botulinus, Bakterien wie Anthrax oder der Pesterreger und Viren wie Pocken oder Ebola. Letztere werden von der Mehrzahl der Experten als kaum einsetzbar bewertet, wenngleich die Sowjetunion Viren wohl waffentauglich gemacht hatte.

Gifte einzusetzen ist nicht einfach, wird aber als denkbare Möglichkeit terroristischen Handelns angesehen. Auch Bakterien wurden von der früheren Sowjetunion und anderen, so auch dem Irak, waffenfähig gemacht. Ihr Einsatz ist möglich, wenngleich noch immer schwierig und in seiner Wirkung eher begrenzt. Die Forschung in diesem Bereich geht aber weiter und sie könnte sich insbesondere den der Kategorie Gifte zuzuordnenden Toxinen zuwenden. Toxine sind ebenfalls nur mit Schwierigkeiten so zu stabilisieren, dass sie als Waffe einsetzbar sind, es scheint aber, dass sie leichter herzustellen und einfacher zu verwenden sind als andere B-Waffen.

B-Waffen sind heute in unserer Welt verfügbar, sie könnten in Umfang und Komplexität zunehmen. Sie könnten, wenn auch mit Schwierigkeiten, auch von nichtsstaatlichen Akteuren eingesetzt werden. Sie bieten nämlich einen Vorteil, der bei terroristischer Anwendung ausschlaggebend sein kann: Der Ort, von dem der Angriff ausging, ist nicht einwandfrei lokalisierbar. Rund ein Dutzend Staaten dürften gegenwärtig an B-Waffen Programmen arbeiten. Die höchste Hürde stellt der Einsatz dar, nicht zuletzt weil er mit Lebensgefahr für die verbunden sein kann, die die Erreger ausbringen. Für Selbstmordattentäter dürfte aber selbst diese Hürde nicht unüberwindlich sein. Man kann nicht ausschließen, dass eines Tages auch B-Waffen in den Arsenalen terroristischer Organisationen oder von Gangsterkartellen zu finden sein werden.

Die Verfügbarkeit von Trägermitteln immer größerer Reichweite und der nicht mehr zu verhindernde Zugang zu modernen Massenvernichtungswaffen stellen ein beträchtliches, tendenziell zunehmendes Risiko dar. Es verlangt Schutz und Abwehr, es verlangt auch Fortsetzung und Intensivierung multilateraler Rüstungskontrollbemühungen.

Das militärische Restrisiko

Ein Restrisiko besteht allein durch die Existenz militärischer Kapazitäten dann, wenn diese Potenziale in die Hand von Machthabern fallen, die keiner demokratischen Kontrolle unterliegen und die Gewaltanwendung als Mittel der Politik betrachten. In postmodernen Demokratien und in demokratischen Rechtsstaaten, die in strategisch defensiv orientierte Organisationen wie

NATO oder EU eingebunden sind, sind Krieg und Gewalt keine Option eigenen Handelns. Sie sind nur als Reaktion auf einen Angriff oder zur Abwehr einer offenkundigen Gefahr denkbar.

In vielen modernen und in allen vormodernen Staaten dagegen und in
Staaten, die noch in einer Umbruchphase sind, dürfte im Denken des einen
oder anderen Machthabers die Option theoretisch bestehen bleiben, im Falle
von innen-, gesellschafts- oder wirtschaftspolitischem Versagen durch die
Flucht nach Außen, durch Konflikte mit Nachbarn abzulenken und die Menschen wieder hinter sich zu bringen. Sind in einer solchen Lage die militärischen Fähigkeiten vorhanden, dann kann aus der hypothetischen Möglichkeit
relativ rasch eine politische Option werden.

Man muss daher auch in einem im Grundsatz als befriedet anzusehen-
den Kontinent wie Europa die vorhandenen militärischen Potenziale der
Staaten im Auge behalten, die noch im Umbruch sind, denn sie könnten relativ schnell zum Risiko werden. Man muss dieses Risiko allerdings wirklich
ein Hypothetisches nennen, weil der politische Wille, militärische Macht zur
Durchsetzung politischer Ziele gegen andere Staaten einzusetzen, in Europa
gegenwärtig nirgendwo erkennbar ist.

Politischer Wille kann sich in der Staatenwelt außerhalb der zunehmend
stabiler werdenden euro-atlantischen Zone leider recht kurzfristig ändern.
Für jeden Staat in Europa wäre daher, auch wenn er zurzeit nicht unmittelbar
bedroht ist, der Abbau von Streitkräften unter das für ein Mindestmaß an
Schutz notwendige Niveau ebenso falsch wie die Auflösung eines Bündnisses wie die NATO es ist. Bündnisse oder Streitkräfte erst in der Krise aufzubauen ist unmöglich. Wer so vorgehen würde, schränkte seine eigene Handlungsfähigkeit ein und würde außenpolitisch abhängig. Wer aber abhängig
ist, der kann eine der zentralen Aufgaben der Politik, nämlich dafür zu sorgen, dass Krieg kein Mittel der Politik ist, nicht oder nur mit Schwierigkeiten
erfüllen.

Folgerung

Moderne Streitkräfte müssen mehr denn je zuvor auf das Unerwartete vorbereitet sein. Dies ist die Schlussfolgerung aus allen bereits genannten Risiken.
Das ergänzende Mittel, gezielt die Nutzung militärischer Macht durch Staaten zu verhindern ist, wie die NATO in der Kosovo-Krise des Jahres 1999
lernen musste, Ungewissheit im Kalkül eines Gegners über das Risiko zu
erhalten, das der Griff zu den Waffen für ihn bedeuten würde.

Abschreckung als Instrument der Kriegsverhinderung in einem im Großen
und Ganzen befriedeten Europa wirksam zu erhalten und dennoch Stabilität
zu wahren setzt allerdings voraus, dass

- volle Transparenz der noch verbleibenden militärischen Kapazitäten
  gegeben ist,

- bewusst auf die Fähigkeit zu strategischer Überraschung verzichtet wird
  und die Streitkräftepotenziale, die zur Inbesitznahme von Territorien geeignet sind, abgebaut werden.

Dieser Zustand ist mit den heute bestehenden Abrüstungs- und Rüstungs-
kontrollvereinbarungen weitgehend erreicht. Auf dem Balkan gibt es allerdings noch Lücken, die zu schließen sind. Die gewaltige Verbesserung der
Sicherheitslage in Europa lässt sich daher wirklich in einem Satz ausdrücken:
Kein Land in Europa ist heute zur Eroberung fremden Territoriums aus dem
Stand heraus in der Lage. Die Nutzung der noch vorhandenen militärischen
Potenziale in Europa ist eher als eine hypothetische denn eine reale Möglichkeit einzustufen.
    Gegenüber Gegnern aber, die nicht eindeutig lokalisierbar sind und die
als nichtstaatliche Akteure oder Terroristen aus dem Dunkeln heraus zu-
schlagen, ist Abschreckung herkömmlicher Art nur sehr eingeschränkt wirksam. Das ist eine der heute bestehenden Lücken in der Organisation der Sicherheit in Europa. Die andere ist, dass außerhalb Europas die Nutzung militärischer Macht eine Option der Politik geblieben ist. Wird sie angewandt,
dann kann und wird dies Auswirkungen auf die Sicherheit Europas haben.
    Die Betrachtung der Risiken und der Konfliktursachen hat gezeigt, dass
die Risiken zunehmend globaler Natur und oft transnational sind, und dass
Europa, ja unsere Welt, für eine nicht zu bestimmende Zeit im Umbruch
bleibt. Es wird in den kommenden Jahrzehnten wegen der Unberechenbarkeit vieler Entwicklungen daher vermutlich um vieles schwerer sein, Frieden
zu erhalten, als es in den sehr berechenbaren Jahren des Kalten Krieges gewesen ist. Die Vorstellung, man könne sich wie im Kalten Krieg auf eine
bestimmte Form eines Konfliktes vorbereiten, gehört der Vergangenheit an.
    Die Herausforderung ist, mit einer Welt fertig zu werden, in der drei
Welten gleichzeitig und nebeneinander existieren: Die vormoderne, die moderne und die postmoderne Welt. Damit gibt es auch gleichzeitig und nebeneinander die Konfliktformen wie sie für jede dieser Welten typisch waren
oder sind.

Die postmoderne Welt der vernetzten, globalen Gesellschaften gibt der Transparenz, dem Informationsaustausch und der Kommunikation Vorrang. Gleichzeitig besteht aber die moderne, von den Postmodernen als altmodisch empfundene Welt weiter. Sie ist die Welt des Gleichgewichts der Macht, der Bündnisse und der Geheimhaltung, also der Instrumente, mit denen man seine nationalen Interessen schützt und mit denen man versucht, Konflikte mit jenen zu verhindern, die anderen Zielen folgen wollen. In dieser Welt hat nicht postmoderne Diplomatie Vorrang, sondern die Drohung mit und die Anwendung von Gewalt, die in einem Zustand eines machtpolitischen Gleichgewichts immer Optionen der Politik bleiben.

Schließlich haben wir vormoderne Inseln in unserer Welt, in der Regeln gelten, die uns Postmodernen und auch einem Gutteil der Modernen völlig fremd sind. Zum Teil ist es religiöses Eiferertum, das diese Regeln bestimmt, zum Teil eine Mischung aus Stammesdenken und übersteigertem Nationalismus, fast immer unterfüttert von Wirtschaftssystemen, die außer Landwirtschaft nichts zu bieten haben. Dort gibt es Formen der Legitimation von Gewalt als Mittel der Politik, die in unserer und auch in der modernen Welt überwunden sind.

Auch wenn der Trend in Richtung der postmodernen Welt langfristig kaum zu stoppen sein wird, so müssen wir gegenwärtig doch mit den Vorstellungen der vormodernen Welt ringen und versuchen, wenigstens die Ordnung der modernen Welt zu bewahren. Das heißt allerdings auch, anzuerkennen, dass die erstrebenswerte Situation einer Welt, in der man Konflikte vorrangig und überwiegend friedlich löst, für die vorhersehbare Zukunft in den Konflikten außerhalb Europas kaum gegeben sein dürfte. Man muss sich daher auf bewaffnete Konflikte einstellen und vorbereiten und wissen, dass es nicht mehr genügt, sich auf eine Form von Konflikt einzustellen. Streitkräfte postmoderner Staaten müssen die ganze Bandbreite militärischen Handelns der vormodernen, der modernen und der postmodernen Welt abdecken können.

Ein neuer Sicherheitsbegriff

Sicherheit heute und morgen ist etwas anderes als Sicherheit gestern. Unter Sicherheit verstand man bislang die Gesamtheit aller Maßnahmen eines Staates zum Schutz gegenüber äußeren Gefahren, die durch Angriffe eines anderen Staates oder durch Pressionen gestützt auf die Drohung mit Gewalt ausgelöst wurden. Dieser Sicherheitsbegriff schloss auch die Vorkehrungen zum Schutz gegenüber allen Gefahren ein, denen die Bürger eines Landes im Inneren ausgesetzt sein können.

Die Aufgabe des Schutzes vor äußerer Gefahr erfuhr in Europa schon mit dem Ende des Kalten Krieges eine geografische Erweiterung: Es galt nun, Sicherheit nicht nur in, sondern für Europa und seine unmittelbare Peripherie zu schaffen. Heute besteht Gewissheit, dass man Sicherheit nicht allein durch Schutz einer Region erlangen kann. Sicherheit hat zunehmend eine globale Dimension und die Trennung zwischen äußerer und innerer Sicherheit kann nicht mehr aufrecht erhalten werden.

Sicherheit zu schaffen ist eine gestaltende Aufgabe, die durch Vorbeugung, Eindämmung, Konfliktbeendigung und Stabilisierung von Krisenherden versuchen muss, Konflikte zu verhindern und einzudämmen, um damit Frieden wieder herzustellen und zu erhalten. Sicherheit ist als umfassende Aufgabe und als Prozess zu verstehen. Ein Staat oder ein Bündnis kann Sicherheit nur erreichen, wenn alle Instrumente der Politik ausgerichtet auf das Ziel Sicherheit koordiniert zum Einsatz gebracht werden. Das setzt voraus, dass ein Staat oder ein Bündnis einerseits sein eigenes Gebiet so umfassend wie möglich gegen Gefahren aller Art schützt und andererseits in der Lage ist, den Gefahren dort zu begegnen, wo sie entstehen. Sicherheit ist damit nicht mehr statisch und geografisch auf das eigene Gebiet begrenzt, sondern ist ein Prozess, dessen geografischer Wirkungsbereich von der Natur der Risiken bestimmt wird. Dies schließt für Europa einen nur auf Europa begrenzten Ansatz aus und verlangt zugleich, den Verbund mit der einzigen zu globalem Handeln fähigen Macht unserer Welt, den Vereinigten Staaten von Amerika, so eng wie möglich zu gestalten.

Sicherheit so verstanden, verlangt daher zuerst einmal zu überlegen, welche Strategie am sichersten zum Frieden führt, dann zu prüfen, welche Organisationen und Instrumente man dazu braucht und schließlich Wege zu erörtern, wie man die gewählte Strategie und die verfügbaren Instrumente sinnvoll einsetzt, um Frieden zu erhalten.

Die Suche nach der richtigen Strategie

Die großen Organisationen unserer Welt wie UN, OSZE, NATO, ASEAN oder EU haben mit Ausnahme der NATO keine klar formulierten Strategien. Ihre Antworten auf Krisen sind eher aus der Situation heraus geboren.

Die NATO-Strategie, niedergelegt und veröffentlicht im Strategic Concept von 1999, ist, dem Charakter der Allianz als defensiv orientierten Bündnis entsprechend, dessen primäres Instrument das Militär ist, vorwiegend auf Reaktion angelegt. Die Betrachtung der Lage hat aber mehr als deutlich gezeigt, dass die Aufgabe, Frieden zu erhalten, nur gelingen kann, wenn versucht wird, Konflikten vorzubeugen und das heißt in erster Linie, die Ursachen der Konflikte zu beseitigen. Zumindest in diesem Punkt bedarf die NATO-Strategie der Ergänzung. Die NATO stößt damit aber zugleich an Grenzen, denn die zur Vorbeugung in erster Linie erforderlichen Instrumente sind vorrangig nicht militärischer Natur.

Gegenwärtig sind wir somit in einer jener gefährlichen Umbruchphasen, in der die bisherigen Instrumente und Strategien nicht mehr so recht greifen und neue Instrumentarien noch nicht zur Hand sind. In solchen Zeiten ist es immer besonders schwer gewesen, Frieden zu erhalten.

Zunächst ist festzuhalten, dass Präsident Bush im Mai 2001 die im Kalten Krieg so erfolgreiche Strategie der Abschreckung bisheriger Art, das heißt der Abschreckung durch Bestrafung *(deterrence by punishment)*, für ungültig erklärte. Sie setzte voraus, dass der oder die Gegenspieler eindeutig lokalisierbar sind. Neue Risiken und andere Akteure sowie der nach Auflösung der Ost-West-Konfrontation nahezu unbegrenzte Zugang für jedermann zu Waffen aller Art lassen dies zunehmend unwahrscheinlich sein. Außerdem war Berechenbarkeit Voraussetzung der Strategie der Abschreckung bisheriger Prägung, viele der neuen Akteure sind aber nicht berechenbar.

Wo Berechenbarkeit nicht gegeben ist und der Zugang zu Waffen aller Art relativ leicht ist, da muss man dem Schutz, der Verteidigung, Vorrang geben vor auf Bestrafung beruhender Abschreckung. Das heißt jedoch nicht Kriegsverhinderung durch Abschreckung aufgeben, aber es ist eine andere Form der Abschreckung. Sie muss vorbeugend den Akteuren im Hellen wie im Dunklen sagen, dass sie gegen den Doppelansatz Schutz des eigenen Gebietes plus die Fähigkeit, jeden Angreifer auszuschalten, keine Chance haben: Sie können gegen geschützte Nation ihre Ziele nicht erreichen und sie werden ihre Instrumente verlieren, sobald sie aus dem Dunkel heraustreten. Bush betonte in seiner Rede die anhaltende Bedeutung von Atomwaffen, die aufseiten der USA in verringertem Umfang und veränderter Zusammensetzung, aber ergänzt durch ein Element des Schutzes auch künftig Abschreckung gewährleisten sollen. Die Bedeutung der Atomwaffen hat jedoch abgenommen.

Es zeichnet sich eine Hinwendung zu einer *„deterrence by denial"* an, zu einer Abschreckung, die dem potenziellen Friedensbrecher deutlich macht, dass man ihm die Möglichkeit, Frieden zu brechen, gar nicht erst geben will. Dies kann offensives Handeln und Präventiveinsatz bedeuten, und dies scheint auch geboten, um Ungewissheit im Risikokalkül potenzieller Friedensbrecher wiederherzustellen.

Verweigerung, also „denial", ist nur sehr schwer mit der Notwendigkeit, Stabilität zu wahren, zu vereinbaren. Andererseits entspräche das Verwehren einer Angriffsoption genau einem der Kernelemente der gültigen NATO-Strategie, Risiken auf Distanz zu halten. Das wird oftmals nur durch präventives Handeln und durch Intervention möglich sein, auch wenn dies politisch besonders heikel und in einer Allianz mit sehr unterschiedlichen Rechtsauffassungen zum Inhalt des Selbstverteidigungsrechtes nach Artikel 51 der UN-Charta rechtlich sehr schwierig ist. Nach heutigem Verständnis ist präventives Handeln möglich und legal, wenn ein Angriff innerhalb kurzer Zeit bevorsteht. Die weitergehende Vorstellung, die der neuen amerikanischen Strategie zugrunde liegt, man müsse auch dann bereits handeln dürfen, wenn man einen Konflikt für unabwendbar hält, ist gegenwärtig vom Völkerrecht nicht gedeckt.

Man sollte sich in dieser Lage an den Erfolg des Harmel-Ansatzes von 1967 erinnern und über einen neuen Doppelansatz nachdenken. Statt Verteidigung und Entspannung könnte man heute den Doppelansatz des Helfens einerseits und des entschlossenen Vorgehens gegen Friedensbrecher andererseits, also des Bestrafens, wählen. Unter diesem Überbau könnte man ein Konzept der Abschreckung entwickeln, das aus der passiven Komponente Schutz und der aktiven Komponente „denial" besteht. Es wäre zu ergänzen durch Vorschläge zu multilateraler, möglicherweise auch qualitativer Rüstungskontrolle und Abrüstung einschließlich stabilisierender Kontrolle. Voraussetzung einer solchen Strategie, deren Ziel es ist, Gegnern die Möglichkeit zu nehmen, gegen einen oder mehrere Staaten mit Gewalt vorzugehen, ist die Fähigkeit, das eigene Gebiet zu schützen. Das bedeutet, dass drei Bereiche besonderer Aufmerksamkeit bedürfen:

1. Schutz gegen elektronische Angriffe
2. Schutz gegen terroristische Angriffe aller Art
3. Schutz gegen Angriffe mit Raketen und/oder Cruise Missiles.

Neuland für die Streitkräfteplanung stellt davon nur der Schutz gegen „cyber attacks", gegen elektronische Angriffe, dar. Ihn zu verwirklichen, ist vermutlich die dringlichste, aber auch schwierigste Aufgabe. Lösungen sind ebenso schwierig und aufwändig wie dringend geboten. Hier liegt die größte Gefahr für unsere extrem verwundbaren Gesellschaften und die nahezu in allen Bereichen von Elektronik im weitesten Sinne abhängige Infrastruktur.

Der Schutz gegen Angriffe dieser Art, die von jedem Teil der Welt aus, ohne jede Vorwarnung und ohne eigentliche Waffen geführt werden können, kann zunächst nur national angepackt werden, dennoch müssen Bündnisorgane beteiligt und informiert werden.

Der dritte Aufgabenbereich, die Abwehr von Flugkörpern aller Art, kann dagegen in Europa national überhaupt nicht mehr gelöst werden. Es handelt sich um eine höchst komplexe Operation, die in den wenigen Minuten Flugzeit gelöst werden muss. Sie dürfte technisch ohne geregelte Zusammenarbeit mit dem weltweit operierenden amerikanischen Frühwarn- und Führungssystem angesichts der extrem kurzen Flugzeiten von 15 bis 30 Minuten überhaupt nicht möglich sein. Man kann damit im günstigsten Fall punktuellen Schutz erreichen, der aber gibt wenigstens ein gewisses Maß an politischer Handlungsfreiheit.

Sich auf den Faktor Schutz zu beschränken, wäre jedoch falsch. Das entscheidungssuchende Element, das zur gleichen Zeit auch erlauben soll, gegebenenfalls vorbeugend zu handeln, ist der Strategieteil, der dem Gegner, wer immer es ist, die Möglichkeit nimmt, seine Waffen gegen eigenes Staats- oder Bündnisgebiet einzusetzen. Dieses „denial" kann verschiedene Formen annehmen, aber es wird in der Regel zu Operationen außerhalb des eigenen Staats- oder Bündnisgebietes führen. Es kann im äußersten Falle, dem der Prävention, auch bedeuten, gegen einen anderen Staat präventiv vorzugehen, wenn eindeutig belegt ist, dass ein Angriff von dort unmittelbar bevorsteht.

Ein denkbarer Ansatz zur Entwicklung einer Strategie der Konfliktverhinderung und Friedenserhaltung wäre somit ein Doppelansatz, der aus jeweils zwei Elementen besteht:

1. Der konfliktvorbeugende Teil sucht aktuelle Konflikte durch politische Mittel zu entschärfen und durch Hilfeleistung das sich abzeichnende Entstehen neuer Konfliktursachen zu verhindern. Damit wird Terror und Gewalt der Nährboden entzogen.

2. Der konfliktverhindernde Teil sucht durch möglichst umfassenden Schutz der Staaten und Gesellschaften Angriffe sinnlos zu machen und durch die Fähigkeit zur Intervention weit außerhalb des eigenen Gebietes dem potenziellen Angreifer zu zeigen, dass er Gefahr läuft, seine Angriffsmittel zu verlieren und selbst gefasst zu werden.

Krisenbewältigung

Voraussetzung raschen und entschlossenen Handelns ist frühzeitiges Erkennen der sich anbahnender Krisen. Früherkennung bedeutet neues Gewicht für die klassische Aufklärung durch Spionage (HUMINT)[1] und durch elektronische Mittel (ELINT)[2], weil man nur damit Absichten erkennen kann. Abbildende Aufklärung tritt demgegenüber in den Hintergrund, sie kommt vor allem in der Krisenreaktion zum Tragen, insbesondere, wenn sie als Zieldaten verwertbare Ergebnisse liefern kann.

Früherkennung ist Voraussetzung für Krisenprävention, die als das beste Instrument der Krisenbewältigung anzustreben ist. Es ist allerdings zu befürchten, dass Prävention die Ausnahme bleiben wird, obwohl zum Beispiel der Erfolg des vorbeugenden Einsatzes von Friedenstruppen in Mazedonien in den 90er Jahren und auch der des gegenwärtig laufenden vorbeugenden NATO-Einsatzes in diesem unverändert instabilen Land zur Nachahmung anregen sollte.

Krisenreaktion wird daher, obwohl letzten Endes teurer, schwieriger und in der Regel zu unerwünschten und langfristigen Bindungen führend, der Regelfall internationaler wie nationaler Krisenbewältigung bleiben. Krisenreaktion ist nicht von Krisennachsorge zu trennen, weil das Eingreifen oftmals und vielfach nahezu zwangsläufig die bestehenden staatlichen Ordnungsrahmen zerstört. Krisenreaktion beginnt, wenn alle Versuche, die Krise vorbeugend zu entschärfen und zu verhindern, fehlgeschlagen sind. Sie beginnt in einer Lage, in der der Gegenspieler die Initiative besitzt. Der erste Schritt des eigenen Handelns muss daher darauf zielen, die Initiative zurückzugewinnen. Das bedeutet, dass die Seite, die zum Eingreifen bereit ist, sich vor ihrem ersten Schritt darüber im Klaren sein muss, dass sie von da an zur Eskalation bereit und fähig sein muss, bis das Ziel erreicht ist. Ist ein Staat, ein Bündnis oder eine Staatenkoalition dazu nicht bereit, dann ist es ratsam, nicht zur Krisenreaktion zu greifen.

Der Ablauf der Krisenreaktion kann grundsätzlich als ein Prozess gesehen werden, der in vier Phasen abläuft. *Phase Eins*, im Englischen *„diplomacy backed by threats"* genannt, beginnt nach dem Scheitern der Krisenprävention und besteht im Allgemeinen aus politischen und diplomatischen Bemühungen, den Gegenspieler durch alle denkbaren Formen von Druck bis hin zur Drohung zum Einlenken zu bringen. *Phase Zwei* wird eingeleitet,

---

[1] HUMIT = Human Intelligence
[2] ELINT = Electronic Intelligence

sobald offensichtlich ist, dass durch Druck allein das Ziel nicht zu erreichen ist. Im englischen Sprachgebrauch wird sie *„diplomacy backed by force"* genannt. Sie beginnt oftmals mit deutlich unterstrichenen Androhungen militärischen Eingreifens und an ihrem Ende steht, sofern alle Bemühungen um eine friedliche Lösung scheitern, militärisches Eingreifen, das unterhalb der Schwelle eines Krieges gehalten wird, aber das Ziel hat, den Gegenspieler zum Einlenken zu zwingen. *Phase Drei, „force backed by diplomacy"*, hat das Ziel, das Einlenken des Gegenspielers durch weitgehende Zerschlagung seines Machtpotenzials zu erzwingen. Selbst diese Phase darf nicht mit Krieg gleichgesetzt werden, denn ihr Ziel ist nicht die dauernde Inbesitznahme eines gegnerischen Staates oder seine Besetzung, ja noch nicht einmal die völlige Zerschlagung seines militärischen Potenzials. Dieser schwersten Phase der Krisenreaktion folgt *Phase Vier*, die schwierigste und die häufig am längsten dauernde. Im Englischen könnte man sie *„diplomacy backed by reconstruction"* nennen. Ihr Ziel ist die Wiederherstellung selbsttragender Stabilität durch Wiederaufbau, Wiederbelebung der Wirtschaft und Wiederherstellung staatlicher Ordnung. An ihrem Ende steht der Abzug aller fremden Kräfte von dem Gebiet, in dem die Intervention stattfand.

Staaten und Bündnisse, die sich zum Handeln in der Krisenreaktion entschließen, sind gut beraten, sich den soeben geschilderten Prozess in Gänze vor Augen zu führen, bevor sie sich entscheiden einzugreifen. Nur wenn sie den politischen Willen und die notwendigen Fähigkeiten haben, alle vier Phasen durchzustehen, sollten sie den ersten Schritt tun. Krisenbewältigung in unseren Zeiten erlaubt kein *„quick in, quick out"*, es bedeutet in der Regel andauernde, die eigene Wirtschaft belastende Verantwortung zu übernehmen.

Die geschilderte Notwendigkeit zu agieren hat unmittelbare qualitative und quantitative Auswirkungen auf die Streitkräfteplanung, und auch das dargelegte Kontinuum der Krisenbewältigung ist zu bedenken. Ersterer Faktor bedeutet, dass ein Teil der Streitkräfte in hoher Einsatzbereitschaft zu halten ist, um einerseits den Schutz des eigenen Gebietes jederzeit wahrnehmen zu können und andererseits rasch verlege- und einsatzbereit zu sein, sollten sich Regierung und Parlament entschließen, sich an Interventionen zu beteiligen. Die Notwendigkeit, auch nach einer Intervention im Einsatzgebiet präsent zu bleiben, bis selbsttragende Stabilität erreicht ist, verlangt ebenfalls die Zusammensetzung und die Verfügbarkeit der für solche Einsätze in Betracht kommenden Truppenteile zu überprüfen.

Sicherheit als multilaterale Aufgabe

Ausgehend von den geschilderten Risiken und der Lage ist festzuhalten, dass die Aufgabe, Sicherheit für Deutschland zu gewährleisten, nur noch im internationalen Verbund zu lösen ist. Die Frage NATO oder EU stellt sich dabei nicht, da Übereinstimmung besteht, dass die Verteidigung Europas Sache der NATO ist und bleibt. Die EU wird in Krisen dann und dort handeln, wo ein Einsatz der NATO nicht in Betracht kommt. Das bedeutet, dass die Organisation der Sicherheit auch künftig bei der NATO am besten aufgehoben ist. Die NATO hat deshalb bei ihrem Gipfel in Prag ihre Transformation zu einem Bündnis eingeleitet, das dann und dort handelt, wo es das gemeinsame Interesse seiner Mitglieder gebietet. Erfolg wird sie allerdings nur dann haben, wenn sie dazu eng mit der EU und in vielen Fällen auch mit Russland zusammenarbeitet.

Das Ausmaß der Handlungsfähigkeit von NATO und EU wird nicht zuletzt von der Verfügbarkeit ausreichender und geeigneter Streitkräfte bestimmt. Der politische Einfluss eines Mitgliedslandes auf den Entscheidungsprozess entspricht in der Regel der Größe seines Beitrages, vor allem seines militärischen Beitrages. Dies verlangt, einen Blick auf die Lage der Bundeswehr zu werfen.

Wo steht die Bundeswehr?

Die Frage, wohin es mit unserer Bundeswehr geht, ist auch mit der Vorlage der *Verteidigungspolitischen Richtlinien* durch den Bundesminister der Verteidigung nicht abschließend beantwortet. Das Bundeskabinett hatte zwar im Jahr 2000 nach Vorlage des Berichts der sogenannten *Weizsäcker-Kommission* einen Entschluss zur Reform der Bundeswehr gefasst, doch die Realisierung geht nur stockend voran und die finanzielle Ausstattung lässt befürchten, dass die Reform am Rande des Scheiterns steht, vermutlich bereits gescheitert ist. Nach Abschluss der Regierungsbildung im Herbst 2002 hat der Verteidigungsminister noch einmal eingehend geprüft, wo die Bundeswehr steht und wo Anpassungs- oder gar Änderungsbedarf besteht. Das erste Zwischenergebnis sind die erwähnten Verteidigungspolitischen Richtlinien, die manche Gedanken aus der ersten Fassung dieses Gutachtens vom Juli 2002 aufgreifen. Klarheit dürfte aber erst bestehen, wenn die für Herbst 2003 angekündigte Konzeption der Bundeswehr und eine darauf aufbauende Streitkräfteplanung vorliegen.

Es versteht sich von selbst, dass man gegenwärtig nur von dem ausgehen kann, was die Regierung beschlossen hat. Alles andere würde die Truppe überhaupt nicht mehr zur Ruhe kommen lassen. Anpassung und Änderung kann also nur da erfolgen, wo Fehlentwicklungen eingetreten sind oder wo die internationale Lage Veränderung verlangt. Man tut daher gut daran, noch einmal zu überdenken, ob und was sich seit dem Beschluss der Bundesregierung zur Reform der Bundeswehr geändert hat. Ich habe im Sommer 2002 vier Punkte genannt, die damals eine Überprüfung begründeten. Im Licht der aus dem Irak-Krieg zu ziehenden Lehren füge ich einen fünften hinzu.

1. Die tragischen Ereignisse des 11. September 2001 haben deutlich gezeigt, dass man über den Schutz unserer verwundbaren Gesellschaften noch einmal nachdenken muss. Alle bisherigen Planungen sind ausgerichtet auf die Abwehr eines Angriffs durch Streitkräfte. Spätestens am 11. September 2001 müsste man verstanden haben, dass das nicht mehr ausreicht. Es muss ein Schutzkonzept entwickelt werden, das alle Schutz- und Rettungskräfte unseres Landes zur Abwehr von Angriffen auf Deutschland zusammenfasst und sie bei Angriffen, die nicht durch feindliche Streitkräfte erfolgen, unter Führung des Innenministers einsetzt. Die Bundeswehr kann und muss dazu Beiträge im Bereich Schutz des Luftraumes und der Territorialgewässer leisten. Sicherungskräfte, ABC-Abwehr-, Pionier-, Sanitäts- und Transportkräfte könnten zur Hilfeleistung im Inneren herangezogen werden. Man muss daher prüfen, ob die bislang geplanten Kräfte ausreichen und ob ihre Verfügbarkeit gegeben ist. Zusätzlich sollte man untersuchen, ob Teile dieser Kräfte so beweglich sein sollten, dass sie zur Unterstützung Verbündeter herangezogen werden können.

2. Der 11. September hat auch gezeigt, dass man den Risiken am besten dort begegnet, wo sie entstehen. Das ist der wirkungsvollste Schutz des eigenen Landes wie des NATO-Vertragsgebietes. Dazu benötigt Deutschland ebenso wie seine Verbündeten rasch einsetzbare, verlegefähige Einsatzkräfte, die auch weit außerhalb des Bündnisgebietes Einsätze aller Art über längere Zeit durchhalten können. Die Entscheidung der Bundesregierung, 150.000 Mann Einsatzkräfte vorzusehen, entspricht dieser Forderung. Überprüft werden müssen allerdings die Einsatzbereitschaft dieser Kräfte, der, wie der Aufwuchs der Stellen der Besoldungsgruppe B zeigt, deutlich überzogene Führungsaufwand und die materielle Ausstattung, die nicht den Möglichkeiten zu entsprechen

scheint, die moderne Technologie heute bietet. Der Prüfung bedarf auch, ob die Zusagen, die gegenüber Vereinten Nationen, NATO und EU gemacht wurden, eingehalten werden können.

3. Nach dem 11. September zeigte sich, dass die seit 1996/97 von den Militärs als den Zusammenhalt des Bündnisses gefährdende Lücke der militärischen Fähigkeiten zwischen den USA und ihren Verbündeten zwischenzeitlich so groß geworden ist, dass nur noch geringe Teile der rund eine Million Mann starken europäischen Streitkräfte geeignet sind, mit den US-Truppen in gemeinsamen Operationen eingesetzt zu werden. Die materielle Ausstattung bedarf daher der Verbesserung, zu knapp bemessene Kräfte wie beispielsweise Special Forces der Verstärkung und noch nicht vorhandene Kräfte wie beispielsweise Raketenabwehr der Aufstellung.

4. Das am 29. Mai 2002 in Rom geschlossene Abkommen zwischen den NATO-Staaten und der Russischen Föderation stellt eine weitere Verbesserung der Sicherheit Europas dar. Der strategische Schwerpunkt der NATO ist spätestens seit diesem Tage der Südosten und der Süden des NATO-Vertragsgebietes. Kräfte, die vorrangig zur Verteidigung des europäischen Festlandes vorgesehen waren, verlieren mit der Festigung des Verhältnisses zu Russland an Bedeutung. Die Gewichtung der Teilstreitkräfte ist daher ebenso zu überprüfen wie der Aufwand für die Mobilmachung mit dem Ziel weiterer Reduzierung untersucht werden sollte.

5. Im Irak-Krieg hat man zum ersten Male das Konzept der netzwerkzentrischen Kriegführung erfolgreich angewandt. In ihm steht nicht mehr die Zerstörung der militärischen Macht eines Gegners im Vordergrund, sondern die Ausschaltung und Lähmung seiner Führungs- und Reaktionsfähigkeit. Dies erfordert die Verknüpfung eines leistungsfähigen Aufklärungssystems mit einem verzugsarmen Datenverarbeitungs- und Führungssystem und einem reaktionsschnellen, zur präzisen Waffenwirkung aus dem Abstand heraus fähigen Verbund von Waffensystemen aller drei Teilstreitkräfte. Ziel muss es sein, in einer ununterbrochenen Operation (24 Stunden am Tage und 7 Tage in der Woche) Ereignisse in Operationsgebieten von rund 200 x 200 km binnen Sekunden erfassen, lokalisieren und erkennen zu können, um sie dann binnen we-

niger Minuten mit einer Waffenwirkung zu bekämpfen, deren Genauigkeit unabhängig von der Entfernung im Meterbereich liegt.

Diese fünf Punkte und der alarmierende Zustand der zwischen Überforderung durch immer ehrgeizigere Einsätze und Unterfinanzierung einer tiefgreifenden Reform zunehmend zermürbten Bundeswehr verlangen Überprüfung und anpassende Veränderung der heute bekannten Planung für die Bundeswehr. Wer dies heute leugnet und auf das ebenso schlichte wie falsche Konzept „weiter wie bisher" setzt, der zeigt, dass er entweder nicht verstanden hat, worum es bei der so genannten *„revolution in military affairs"* wirklich geht, oder dass es ihm gleichgültig ist, was aus dem nach wie vor wichtigsten Instrument deutscher Außen- und Sicherheitspolitik wird.

Deutschland ist heute trotz der anerkannt guten Leistung der Bundeswehr in allen Einsatzgebieten und der nach wie vor guten Ausbildungsleistung in der Heimat in Sachen Verteidigung der kranke Mann Europas, das nahezu ungefährdete Schlusslicht in der NATO. Korrektur ist daher dringend geboten.

Vorschläge für eine moderne Bundeswehr

Der Ansatz

Die Suche nach einer Lösung muss mit Überlegungen zur NATO- und EU-Planung beginnen. Man sollte die Identifizierung der Schwächen der amerikanischen Streitkräfte und die Entwicklung eines Beitrages der Europäer an den Anfang stellen. Dieser Beitrag muss gleichzeitig die Fähigkeit der Europäer zu eigenständigem Handeln erhöhen und europäische Komponenten schaffen, mit deren Einsatz in gemeinsamen Operationen Schwächen der USA reduziert und die Durchhaltefähigkeit erhöht werden könnte.

Dieser Ansatz ist von zwei Überlegungen bestimmt, die letztlich beide von der Realität knapper Mittel und bereits bestehender Lücken diktiert werden.

1. Man sollte mit den Elementen beginnen, in denen die Amerikaner entweder Verstärkung brauchen oder wo sie in ihrem Streitkräftedispositiv Lücken aufweisen. Europa könnte so für die Amerikaner unverzichtbar werden.

2. Würden die Europäer damit Zugang zu amerikanischen Fähigkeiten erhalten, die Europa nicht hat und auf absehbare Zeit gar nicht erwerben kann, wie beispielsweise die überlegene, globale Satellitenkapazität der Amerikaner.

Ein solcher Ansatz verspricht bei beschränkten Mitteln, die auch nach der für 2006 in Aussicht gestellten, wenn auch sehr begrenzten Anhebung der Verteidigungshaushalte knapp bleiben werden, zu einer der Anstrengung angemessenen Steigerung des europäischen Einflusses zu führen. Dieses politische Ziel sollte man nie aus dem Auge verlieren, denn die europäischen Streitkräfte müssen einem doppelten Zweck dienen: Sie müssen, erstens, einen Beitrag in der NATO darstellen, der für die USA so unverzichtbar ist, dass die Europäer ein ausreichendes Maß an politischer Mitsprache erreichen. Zweitens müssen sie so zugeschnitten sein, dass Europa da und dann handlungsfähig ist, wenn, aus welchen Gründen immer, die USA nicht bereit oder nicht willens sind zu handeln. Angesichts des Schadens, welcher der NATO wie der EU in der Irak-Krise zugefügt wurde, ist dieser Gesichtspunkt besonders wichtig geworden.

Geht man von der Annahme aus, dass nationale Streitkräfte im Grundsatz immer aus den drei Komponenten Interventionskräfte, Heimatschutzkräfte und Ausbildungsorganisation bestehen, dann sollte man damit beginnen, dass man zuerst die Aufgabenbereiche ermittelt, die man zweckmäßiger in einem multinationalen Verbund bewältigt. Erst danach sollte man an die Ausplanung der nationalen Kräfte gehen. Man muss also die Bereiche und Aufgaben identifizieren, die erstens für eine begrenzte eigenständige Handlungsfähigkeit der Europäer unabdingbar sind, bei denen zweitens die USA Verstärkung durch die Verbündeten gut gebrauchen können und deren Komplexität es, drittens, nahe legt, Lösungen im europäischen oder atlantischen Verbund zu suchen.

So überlegen die USA auch in dem Bereich sind, den man neuerdings C4ISTAR (Command, Control, Communications, Computers, Intelligence, Surveillance, Target Acquisition, Reconnaissance) nennt, so sehr brauchen sie auch gerade da Verstärkung durch europäische oder verbündete Kräfte. Eine europäische Komponente, die beispielsweise aus bemannten Aufklärungsflugzeugen der Typen JSTARS oder ASTOR, aus unbemannten Aufklärungsflugzeugen des Typs Global Hawk und dessen taktischen Geschwistern, wie den unbemannten Fluggeräten (UAV) Predator oder KZO, sowie mit Aufklärungsradar ausgestatteten Hubschraubern zur taktischen Nahaufklärung bestünde, wäre eine jederzeit und hoch willkommene Ergänzung der amerikanischen Aufklärungsfähigkeit. Man könnte sie als multinationale, europäische Komponente der NATO planen, die, ergänzt um abgestellte amerikanische Mittel, eine NATO Component Force nach dem Muster AWACS würde. Man könnte sie auch als EU-Truppe konzipieren, die ebenfalls, im Bedarfsfall durch amerikanische und andere Komponenten verstärkt, zu einer NATO-Truppe würde. In jedem Falle muss eine solche Komponente über einen Mix aus bemannten und unbemannten Systemen verfügen und man muss bei der Auswahl bemannter Systeme beachten, dass sie groß genug sind, das für die Feuerleitung des Präzisionswaffenverbundes erforderliche Personal an Bord zu nehmen. Dies ist eine heute bereits eindeutig aus den im Irak-Krieg abzuleitende Lehre.

Auch im C4-Bereich kann man sich multinationale, europäisch besetzte Module vorstellen, deren primärer Auftrag es wäre, die Führungsfähigkeit der EU-Eingreiftruppe sicherzustellen, die aber integraler Bestandteil des Führungssystems der NATO sind. Beide Elemente würden in Ergänzung der nationalen Mittel der EU-Staaten eine für die Petersberg-Aufgaben der EU durchaus ausreichende C4ISTAR-Architektur der EU erzeugen. Sie könnten in NATO-Operationen genutzt werden und sie könnten in einer von den USA geführten Koalition, an der die Europäer sich beteiligen, zum Einsatz kommen. Würde Europa die politische Kraft aufbringen, zusätzlich noch eine mit Marschflugkörpern oder anderen Abstandswaffen ausgerüstete EU-Truppe aufzustellen, dann wäre dies die ideale Abrundung.

Andere Bereiche, in denen sich ein solcher Ansatz lohnen würde, sind das weite Feld der elektronischen Kampfführung und der Operationen im Cyberspace. Dieser Ansatz erlaubte es, modernste Technik zu nutzen, Kosten zu sparen und Effizienz zu steigern.

Die genannten Aufgabenbereiche, die man eines Tages sicher um eine Komponente Raketenverteidigung sowohl für das Gebiet Europas wie für außerhalb Europas eingesetzte Truppen wird ergänzen müssen, sind die, in denen die Europäer besonders aufwändige Elemente, die im Sprachgebrauch oft „force multipliers" genannt werden, zu integrierten, multinationalen Truppenteilen zusammenfassen könnten. Europa würde damit Fähigkeiten bieten können, welche die USA brauchen, um lange dauernde Operationen durchzuhalten oder in mehreren Operationsgebieten gleichzeitig zu handeln. Europa könnte sich so Einfluss und Mitsprache sichern.

Andere Elemente der Streitkräfte bieten sich für eine Poolbildung oder die Zusammenfassung unter einem europäischen Kommando an. See- und Lufttransport sind Bereiche, für die es bereits Blaupausen gibt. Weitere Möglichkeiten bestehen im Bereich der Logistik und des Sanitätsdienstes

sowie überall da, wo die Größe der verbleibenden Truppenteile eine eigenständige nationale Führung und Versorgung fragwürdig erscheinen lassen.
Diese Schritte würden auch der Aufstellung der in Prag beschlossenen
schnellen Eingreiftruppe der NATO dienen. Vor allem würden sie die ebenfalls in Prag beschlossene Transformation der Bündnisstreitkräfte in Streitkräfte des 21. Jahrhunderts voranbringen. Sich auf Lufttransportkräfte zu
beschränken, wie es einige Nationen in der NATO gegenwärtig tun, bedeutet
dagegen keine Transformation. Dies allein ist nicht mehr als die vorhandenen, modernisierungsbedürftigen Kräfte verlegefähig zu machen.

Erst wenn das Herausfiltern derjenigen Elemente erfolgt ist, die sich für
europäische Pool-Lösungen anbieten, sollte man sich an die Ausplanung der
nationalen Streitkräfte machen. Dies bedeutet zwar weitere Abhängigkeit
und letzten Endes könnte man das sogar als einen teilweisen Verzicht auf
Souveränität interpretieren, doch der Gewinn ist nicht unbeträchtlich. Die
eingesparten Kosten für Führungs- und Versorgungsaufwand können für die
Modernisierung des Kerns der nationalen Streitkräfte genutzt werden.

Wichtiger aber noch scheint mir, dass die Schaffung multinationaler europäischer Elemente die europäische Integration sozusagen „bottom up"
wachsen lässt. Ich halte diesen Weg für realistischer als heute eine europäische Armee zu fordern, obwohl Europa noch nicht in der Lage ist, sich auf
eine gemeinsame Außen- und Sicherheitspolitik zu verständigen. Der Europäische Konvent kam bedauerlicherweise nicht zu Ergebnissen, die Anlass
sein könnten, diese pessimistische Einschätzung zu revidieren. Sollten die
Mitgliedsländer der EU in der zweiten Hälfte dieses Jahrzehnts zu anderen
Ergebnissen kommen, kann über das Thema europäische Armee, das als
langfristige Vision auf jeden Fall im Auge behalten werden sollte, neu nach-
gedacht werden. Heute aber eine Armee aus dem Boden zu stampfen, ohne
Klarheit zu haben, ob Europa supranationale Züge annehmen wird, und ohne
zu wissen, wer die Befugnis haben wird, über den Einsatz dieser Armee zu
entscheiden und ohne bereit zu sein, in den dazu nötigen Transfer von nationaler Souveränität einzuwilligen, das hieße den Karren vor das Pferd span-
nen. Aus diesem Grund halte ich die bislang getroffene Festlegung der EU,
gegenwärtig keine europäische Armee anzustreben, für ebenso pragmatisch
wie richtig.

Die machbare und in der gegebenen Lage wünschenswerte Konstruktion
ist die skizzierte: Eine in die NATO integrierte, aber für Operationen der EU
herauslösbare Führungs- und Aufklärungsstruktur (C4ISTAR) zu schaffen
und in ihr möglichst viele unterstützende Module, wie beispielsweise Raketenverteidigung oder Lufttransport usw. zu verankern, die ebenfalls in die

NATO integriert, aber abtrennbar sind. Damit würde eine Struktur geschaffen, die sich beliebig ergänzen und erweitern ließe, bis hin zu der Vision einer europäischen Armee. Aber selbst die müsste stets den Gedanken engster Verknüpfung amerikanisch-kanadischer militärischer Fähigkeiten mit denen der europäischen Verbündeten im Auge behalten. Diese Verknüpfung ist angesichts der Leistungsfähigkeit Europas der beste Weg, die Verteidigung Europas ebenso zu gewährleisten wie das Meistern neuer, globaler Gefahren.

Die Bundeswehr zu Beginn des 21. Jahrhunderts

Die Bundeswehr muss ebenso wie wesentliche Teile der nationalen Streitkräfte der europäischen Verbündeten so konzipiert werden, dass ihre zu Einsätzen außerhalb Deutschlands geeigneten Kräfte in das oben skizzierte Grundnetz der NATO integrierbar sind. Sie sollte aus den drei Komponenten Interventionskräfte, Heimatschutzkräfte und Ausbildungsorganisation bestehen.

Es würde den Rahmen dieses Gutachtens sprengen, detaillierte Vorstellungen zur Gliederung und Organisation der Bundeswehr darzulegen.

Die Größenordnung des Kerns der Bundeswehr, der Interventionskräfte, ist von der Bundesregierung mit 150.000 Soldaten festgelegt worden. Diese Entscheidung ist richtig und zweckmäßig. Für die Ausplanung der Interventionskräfte haben die NATO, aber insbesondere auch die EU, die dazu auf Vorarbeiten der WEU zurückgreifen konnte, qualitative Vorgaben gemacht. Sie sind in allgemein gehaltenen Charakteristiken wie Beweglichkeit, Mobilität, Flexibilität und Durchhaltefähigkeit ebenso ausgedrückt wie in den weitergehenden Präzisierungen der Beschlüsse von Helsinki. Würde man sie nun durch die Forderung nach voller Nutzung streitkräftegemeinsamer Synergien (Jointness), nach schlanken und einfachen Führungsstrukturen, nach dem allmählichen Übergang zum Planungsansatz „systems of systems" und durch präzise Angaben zur Verlegefähigkeit ergänzen, dann hat man Richtlinien, die es erlauben, die Truppenstrukturen auszuplanen.

Unterhalb der obersten nationalen Führungsebene sollten drei Führungsebenen genügen und es sollte sicherzustellen sein, dass in den Interventionskräften nur einsatzbereite, länger dienende Soldaten verwendet werden.

Besondere Aufmerksamkeit verdient die Gewichtung der Land-, Luft- und Seestreitkräfte. Es sei daran erinnert, dass Deutschland sich nicht mehr auf eigenem Gebiet gegen Angriffe von Landstreitkräften verteidigen, aber

entsprechende Beiträge zur Bündnisverteidigung leisten muss. Es sei auch
erinnert, dass viele der heute zu bewältigenden Risiken globaler Natur sind.
Ein Blick auf den Globus zeigt, dass bis zu 80 % aller denkbaren Krisenge-
biete im Durchschnitt nicht weiter als circa 200 km von einer Küste entfernt
sind. Den größten Erfolg verspricht daher eine Strategie, die sich der Machtprojektion „onward from the sea" bedient. Sie bietet ein hohes Maß an politischer Unabhängigkeit, sofern projektionsfähige Seestreitkräfte verfügbar
sind. Seestreitkräfte bieten in den Lagen, die durch Unberechenbarkeit, die
Notwendigkeit zu rascher Reaktion und durch große Entfernung zum Hei-
matgebiet gekennzeichnet sind, folgende Vorteile:

1.   Eine Reaktion ist früh in der Krise möglich, weil die Entscheidung zu
     intervenieren fallen kann, wenn man Streitkräfte nahe am Interventions-
     gebiet auf See stehen hat.

2.   Die Machtprojektion von See aus, „onward from the sea", kann in gro-
     ßer Unabhängigkeit von Lande- und Überflugrechten geschehen. See-
     streitkräfte sind gegenüber der Verweigerung von Zugang, „access de-
     nial", einer ebenso wirksamen wie einfachen asymmetrischen Reaktion,
     am unempfindlichsten. Der Verlauf der Irak-Krise hat diesen Punkt
     deutlich unterstrichen.

Wer diese Komponente moderner Streitkräfte nicht ausreichend ausbaut,
verzichtet auf Flexibilität, verurteilt sich selbst zur Reaktion und erhöht die
eigene Verwundbarkeit.

Doch moderne Streitkräfte müssen auch weiterhin über ausreichende,
zum Kampf unter allen Bedingungen befähigte und durchhaltefähige Landstreitkräfte verfügen, die der Unterstützung durch Luftstreitkräfte bedürfen,
die sowohl zum Präzisionsfeuer aus großer Entfernung wie zum Schutz der
eingesetzten Interventionskräfte gegen Angriffe mit bemannten und unbemannten Luftangriffsmitteln in der Lage sind. In diesem Zusammenhang ist
davor zu warnen, aus dem Irak-Krieg die falsche Schlussfolgerung zu ziehen,
er habe die Wirksamkeit gepanzerter Bodentruppen erneut belegt. Wer dies
tut, übersieht, dass der amerikanische Erfolg im Irak das Ergebnis einer verbundenen Operation aller Teilstreitkräfte war, deren entscheidende Wir-
kungselemente C4 ISTAR und Präzisionswaffen waren. Bei der Bemessung
des Umfangs der Landstreitkräfte und in gewissem Maße auch der Luftstreitkräfte ist zu bedenken, dass diese oftmals für längere Zeit fern der Heimat im Einsatz sein werden. Die Länge des Einsatzes und der Ablösungs-

rhythmus bestimmen den Faktor mit dem das Einsatzkontingent zu multiplizieren ist. Die für die Bundeswehr derzeit gültigen Festlegungen verlangen einen Faktor fünf, wenn man die Zusage halten will, Soldaten erst zwei Jahre nach einem Einsatz wieder in ein Einsatzgebiet zu verlegen.

Teile der interventionsfähigen Landstreitkräfte sollten außerdem in der Lage sein, für die Übergangszeit bis zum Eintreffen internationaler Polizeikräfte im Einsatzgebiet Polizeifunktionen übernehmen zu können. Solche Kräfte könnten dem Modell der italienischen Carabinieri folgen.

Zusätzlich gilt es zu prüfen, ob der Anteil an Spezialkräften erhöht werden kann, und das Materialkonzept muss, als Konsequenz aus einer neuen Konzeption der Bundeswehr, die hoffentlich erste Lehren aus dem Irak-Krieg bereits berücksichtigt, in Gänze auf den Prüfstand. Es gilt modulare Waffensysteme zu entwickeln, um der Vielfalt der Aufgaben gerecht zu werden. Es muss die immer leichter werdende Entdeckbarkeit bedacht werden. Auch muss der Schutz der einzusetzenden Soldaten verbessert werden. Außerdem ist weit mehr als bislang geplant, von unbemannten Plattformen für Aufklärung und Kampf aller drei Teilstreitkräfte Gebrauch zu machen.

Teile der Interventionskräfte, nach meiner Ansicht mindestens eine luft- wie seetransportfähige Heeresbrigade sowie ein gemischter Verband Luftstreitkräfte (Luftangriff/Luftverteidigung einschließlich Abwehr von taktischen Flugkörpern) und eine Marine Task Group und die dazugehörigen Versorgungselemente sollten ständig so in Bereitschaft gehalten werden, dass sie binnen sieben Tagen verlegt werden können. Daraus kann auch ein angemessener deutscher Beitrag zu der beim NATO-Gipfel in Prag beschlossenen NATO-Response-Force (NRF) gestellt werden.

Die Durchführung der Verlegung würde in Zukunft Angelegenheit des europäischen Lufttransportkommandos beziehungsweise des europäischen Seetransportkommandos sein, die dementsprechend Transportmittel bereithalten müssen.

Die Achillesferse dieser Kräfte ist ihre Verwundbarkeit, sobald sie außerhalb des Bündnisgebietes eingesetzt werden. Eine Abwehrfähigkeit gegen ballistische Raketen zum Schutz der eingesetzten Interventionskräfte ist daher anzustreben. Das setzt jedoch voraus, eine mit dem Abwehrsystem für das Bündnisgebiet verbundene Battle Management Architektur aufzubauen, die mit dem Problem der extrem kurzen Flugzeiten fertig wird und für die verlegbare Raketenabwehrsysteme zur Verfügung stehen.

Die Territorialkräfte sind schwieriger zu konzipieren, weil hier als Konsequenz aus den Ereignissen des 11. September 2001 erheblicher Änderungsbedarf besteht. Zum einen muss die grundsätzliche Ausrichtung vorhandener Heimatschutzkräfte ebenso auf den Prüfstand wie die noch immer zu große Mobilmachungskomponente. Zum anderen muss ein umfassendes System der Heimatverteidigung geschaffen werden, in dem militärische Kräfte nur ein Segment darstellen. Außerdem muss geprüft werden, inwieweit diese Kräfte darauf vorzubereiten sind, im Bündnisgebiet zur Verstärkung von entsprechenden Kräften der Verbündeten eingesetzt zu werden.

Der reagierende Schutz setzt zunächst ein funktionierendes Führungssystem für den koordinierten Einsatz aller Hilfs- und Rettungskräfte eines Landes voraus. Hier können und müssen die Streitkräfte mit ihrem Führungssystem eine unterstützende Rolle spielen. Spezielle Fähigkeiten, wie sie in Form von ABC-Abwehrkräften oder auch Pionieren nur in den Streitkräften vorhanden sind, könnten selbstverständlich auch im Inneren des Landes zum Einsatz kommen. Aber auch Feldjäger, die zumindest zu Teilen wie die italienischen Carabinieri, die französische Gendarmerie oder die spanische Guardia Civil auszurüsten und auszubilden wären sowie Sicherungstruppenteile und Versorgungskräfte einschließlich Sanitätstruppen können zur Bewältigung der Folgen terroristischer Angriffe herangezogen werden.

Es wird daher zu prüfen sein, ob diese Kräfte in ausreichender Zahl und Verfügbarkeit in den nationalen Streitkräften vorhanden sind. Sie sind aber stets so zu gliedern und auszustatten, dass sie auch weiterhin primär ihren eigentlichen militärischen Auftrag durchführen können. Im Inneren Deutschlands sollten sie nur komplementär zu den Kräften von Bundesgrenzschutz (BGS), Technischem Hilfswerk (THW), Bereitschaftspolizei der Länder, Feuerwehren/Katastrophenschutz und Rotes Kreuz im Sinne eines umfassenden Schutzes der Bevölkerung zum Zuge kommen. Es sollte auch geprüft werden, inwieweit Lücken in der Schutzfähigkeit der EU beziehungsweise der Bündnisländer bestehen. Dementsprechend sollten die EU/Bündnisländer aufgefordert werden, Teile ihrer Heimatschutzkräfte für Einsätze innerhalb des NATO-/EU-Gebietes verlegefähig zu machen. Diese Kräfte müssen binnen weniger Tage abmarschbereit sein. Ihr Einsatz im Ausland darf jedoch das eigene Land nicht schutzlos zurücklassen.

Das dritte Element ist eine Ausbildungsorganisation. Sie hat die Interventions- und territorialen Kräfte von allen Ausbildungsaufgaben zu entlasten, damit diese stets einsatzbereit sind. Zusätzlich können Ausbildungseinheiten im Falle einer Mobilmachung den Kern mobil zu machender Kräfte oder auch, nach entsprechender Vorbereitung, von Ergänzungstruppenteilen der territorialen Kräfte, eventuell sogar der Interventionskräfte bilden. In Teilbereichen, insbesondere dort, wo identische Ausrüstung vorhanden ist, könnte Ausbildung auch im internationalen Verbund durchgeführt werden.

Sorgfältigste Prüfung ist allerdings geboten, da in der Regel identische Ausbildungsgrundlagen und -ziele selbst da nicht vorhanden sind, wo Nationen das gleiche Waffensystem verwenden. Andererseits waren die Erfahrungen der Bundeswehr mit der trinationalen Ausbildung der Tornadopiloten in Cottesmore oder mit der fliegerischen Grundausbildung in Sheppard Air Force Base ermutigend.

Folgte man diesem NATO/EU-Planung mit nationaler Planung verknüpfenden Ansatz und würde man darüber hinaus all das, was nicht unbedingt für rasch verfügbare Interventions- und Schutzkomponenten gebraucht wird, so weit wie möglich an zivile Betreibergesellschaften übertragen, dann könnte man die Bundeswehr modern halten. Zusätzlich würden Schritt für Schritt europäische Streitkräfte entstehen. Dies würden Streitkräfte sein, die in der Lage wären, gemeinsam mit den USA die Risiken von Europa und vom Bündnisgebiet auf Distanz zu halten und die helfen könnten, Konflikte vorbeugend zu verhindern.

Ein europäischer Beitrag, wie hier skizziert, würde den Wunschpartner Europa zum unentbehrlichen Partner der USA machen. Das wäre der beste Weg, amerikanischen Neigungen zum Unilateralismus, die nie ganz auszuschließen sein werden, erfolgreich zu begegnen.

Eine Europäische Union dagegen, die auf leistungsfähige Streitkräfte und deren Projektionsfähigkeit verzichtet, verurteilt sich selbst zur Reaktion, zur Abhängigkeit von den Amerikanern. Sie bliebe wirtschaftlicher Riese, aber politisch, in einer Zeit voller Ungewissheit und Unsicherheit, ein impotenter Zwerg. Ob dies so bleibt oder nicht, hängt stärker als von jedem anderen Land von Deutschland ab. So bleibt die Frage, ob Deutschland eine solche Reform realisieren kann.

Realisierbarkeit

Dies ist in erster Linie eine Frage politischen Wollens, aber die Antwort hängt auch von der Frage Personal und damit der Zukunft der Allgemeinen Wehrpflicht und von der Finanzierbarkeit ab.

Personal

Mehr als jeder andere Faktor wird das Gewinnen von ausreichend qualifiziertem Nachwuchs die Zukunft der Bundeswehr bestimmen. Die deutliche

Abnahme der Gesamtbevölkerung, die zunehmende Überalterung und die wohl anhaltende mangelnde Mobilität der in Betracht kommenden Altersgruppe der 18- bis 30jährigen stellt die Bundeswehr vor erhebliche Probleme. Sie dürften nur zu lösen sein, wenn man entweder die finanziellen Anreize beträchtlich erhöht oder man am Institut der Wehrpflicht, möglicherweise als Auswahlwehrpflicht, festhält. Der erstgenannte Ansatz ist nur vertretbar, wenn dennoch der Anteil der Personalkosten nicht größer wird als 45 % des Verteidigungshaushaltes. Dies zu erreichen, ist kurzfristig eher unwahrscheinlich, mittelfristig aber machbar. Will man also an dem bislang vorgesehenen Umfang von 210.000 Zeit- und Berufssoldaten festhalten, was angesichts der Aufgaben und internationalen Verpflichtungen vernünftig erscheint, aber dennoch den Verteidigungshaushalt ohne nennenswerte Erhöhung in seinem Betriebs- und Investitionsverhältnis gesunden lassen, was mindestens 30 % für Investition heißt, dann bleibt nur der Ausweg Wehrpflicht.

Das Bundesverfassungsgericht hat in seinem jüngsten Urteil zur Wehrpflicht nach seiner grundsätzlichen Bejahung der anhaltenden Legitimität der Wehrpflicht eindeutig herausgestellt, dass es Aufgabe der Politik ist, das Wehrsystem durch politische Entscheidung festzulegen. Dies verlangt die Wehrpflicht schlüssig zu begründen.

Die Wehrpflichtigen leisten heute einen entscheidenden Beitrag zur Landes- und Bündnisverteidigung. Dies wird auch künftig so sein. Selbst wenn die heutige Planung als Folge der tragischen Ereignisse des 11. September 2001 erheblich geändert würde, es blieben ausreichend Schutzaufgaben in den territorialen Kräften, also in der Landes- wie Bündnisverteidigung, die Wehrpflichtige wahrnehmen können. Ferner bietet die Wehrpflicht die besten und kostengünstigsten Möglichkeiten, ein ausreichendes Reservistenpotenzial zu gewinnen. Das wiederum erlaubt es jeder Regierung, auf heute noch nicht erkennbare Veränderungen der internationalen Lage durch Aufwuchs der Streitkräfte flexibel zu reagieren. Zum anderen bringen Reservisten durch ihre Berufserfahrung später ein Erfahrungs- und Wissenspotenzial in die Bundeswehr ein, für das Berufsarmeen teuer bezahlen müssen. Die hohen Kosten für die US National Guard beispielsweise sollten jedermann als Warnung dienen, die glauben, eine deutsche Nationalgarde sei die Lösung.

Ein weiteres Argument, das man nicht zu gering schätzen sollte, das allerdings zur Begründung der Wehrpflicht nicht ausreicht, ist die Bindewirkung, die Wehrpflichtige zwischen Bundeswehr und Gesellschaft erzeugen. Es ist allerdings in den politischen Entscheidungsprozessen über den Einsatz von Streitkräften, aber auch in den Beratungen über den Verteidigungshaushalt gewiss kein Nachteil, wenn es Abgeordnete gibt, die die Streitkräfte aus eigenem Erleben von innen kennen.

Schließlich ist die Wehrpflicht, wie dargelegt, die Basis für die Regeneration der Streitkräfte. Ohne ausreichende Regenerationsfähigkeit kann der Staat die im Artikel 87a des Grundgesetzes gestellte Aufgabe nicht erfüllen. Ich meine, dies sind Gründe, die es erlauben sollten, die Beibehaltung des Instrumentes der Allgemeinen Wehrpflicht auch künftig zu rechtfertigen.

Die Entscheidung über die Zukunft der Wehrpflicht ist deshalb politisch zu treffen. Ich vermag nach Abwägen des Für und Wider keine Gründe zu sehen, die ein Abrücken von der Wehrpflicht politisch zwingend machen. Es sollte allerdings eine ganze Entscheidung sein und nicht eine halbherzige. Die Wehrpflicht auszusetzen ist Ausdruck einer „wasch mir den Pelz, aber mach mich nicht nass" Haltung und verursacht vermeidbare Kosten. Aussetzen macht nur Sinn, wenn man den Erfassungs-, Musterungs- und Einberufungsapparat erhält. Das aber ist teuer und produziert keine den Aufwand rechtfertigende Gegenleistung.

Die Wehrpflicht muss aber auch von den jungen Wehrpflichtigen als sinnvoll empfunden werden. Eine Wehrpflicht, die so kurz ist, dass sie nur noch einer Art Grundausbildung dient, dem Mann aber nicht mehr erlaubt, zu erleben, wie seine Einheit im Einsatz funktionieren würde, erfüllt diese Bedingung nicht und ist auch nicht kostengünstig. Die heutige Dauer des Grundwehrdienstes sollte daher beibehalten werden. Zu prüfen ist, wie man unter diesen Bedingungen Wehr- und Dienstgerechtigkeit erreichen kann. Sich dabei ausschließlich auf das bisherige Modell der Gerechtigkeit durch Dienen zu beschränken, dürfte nicht ausreichen, wenn es bei der bisher gültigen politischen Festlegung des Ausschlusses einer allgemeinen Dienstpflicht bleibt.

Die Politik sollte klar ja oder nein zur Wehrpflicht sagen. Nach meiner Ansicht sollte die Antwort ja sein. Die Wehrpflicht ist noch immer begründbar. Sie hat sich bewährt. Sie erlaubt der Bundeswehr, dem neuen Aufgabenspektrum mit der geplanten Mischung von Wehrpflichtigen und Längerdienenden flexibel und zu beherrschbaren Kosten gerecht zu werden. Trennt man die aus Berufs- und Zeitsoldaten sowie freiwillig länger dienenden Wehrpflichtigen bestehende Einsatzkomponente sauber von den aus Wehrpflichtigen und Längerdienenden bestehenden, auf Heimatschutz und Ausbildung konzentrierten Elementen der Streitkräfte, dann endet man zwar bei einer Auswahlwehrpflicht, aber man kann eine Streitkräftestruktur planen,

die einer Berufsarmee qualitativ in nichts nachsteht und letztendlich durch-
haltefähiger ist.

Bleibt man bei den von der Bundesregierung beschlossenen Umfängen
für die Zeit- und Berufssoldaten von 210.000 und ergänzt sie durch eine
Wehrpflichtigenkomponente von 30.000 bis max. 40.000, dann hätte man
eine solide Struktur. Würde ebenfalls noch ein drastischer Abbau der territorialen Bundeswehrverwaltung und des Rüstungsbereiches vollzogen, müsste
es möglich sein, die Personalkosten binnen vier Jahre auf 45 % zu reduzieren.

Ein solches Modell dürfte sich als die kostengünstigste Lösung erweisen. Es wird voraussichtlich keine bessere Antwort als die Wehrpflicht geben, um gleiche Leistung und gleiche Flexibilität zu erreichen. Es gibt daher
keine sachlichen Gründe, die Allgemeine Wehrpflicht aufzugeben. Die
Wehrpflicht ist Teil der Erfolgsgeschichte Bundeswehr. Sie könnte und sollte
es auch bleiben. Es gibt keinen nachvollziehbaren Grund, die Pferde zu
wechseln, während man den Fluss überquert.

Finanzen

Technologie und Personal bestimmen die Qualität von Streitkräften. Das
durch politische Entscheidung als Verteidigungshaushalt zur Verfügung
gestellte Geld legt die Größe der Streitkräfte und auch ihre Qualität fest. In
einer idealen Welt würden Strategie, Risiken und politische Absichten die
politische Entscheidung über den Verteidigungshaushalt eines Landes
bestimmen. Doch eine ideale Welt gibt es nicht.

Die Entscheidung über den Verteidigungshaushalt wird in der politischen Realität demokratischer Staaten stärker vom Steueraufkommen und
von der Rangordnung der Staatsaufgabe Verteidigung in einer Kette anderer
Staatsaufgaben als von konzeptionellen Faktoren bestimmt. Dies war im
demokratischen Teil Deutschlands selbst während des Kalten Krieges so.
Heute, ohne einen für jeden Bürger erkennbare existenzielle Bedrohung, gibt
es keinen politisch vermittelbaren Grund, von dieser Gewohnheit abzuwei-
chen.

Die beeinflussbare Variable ist somit der politische Stellenwert der Aufgabe Verteidigung und damit das Gewicht der Streitkräfte als Instrument zur
Wahrung außen- und sicherheitspolitischer Interessen.

Eingegangene internationale Verpflichtungen eines Landes sind ein
wichtiger Faktor zur Festlegung dieses Stellenwertes. Doch die politischen

Realitäten in Deutschland wie anderswo zeigen, dass die Nationen relativ schnell bei der Hand sind, internationale Verpflichtungen in Bündnissen wie der NATO zu übernehmen, aber mindestens ebenso rasch mit einem Achselzucken erklären, sie könnten die Verpflichtungen nicht einhalten. Alle Nationen vermeiden, aus einer politisch bindenden eine rechtlich bindende Verpflichtung werden zu lassen. Deutschland kann seine eingegangenen Verpflichtungen mit den vorgesehenen Finanzansätzen nicht erfüllen. Eine Möglichkeit, eine gewisse Verstetigung der Verteidigungshaushalte und damit auch bessere industrielle Planbarkeit zu erreichen, wäre die Einführung von Konvergenzkriterien für Verteidigung, wie sie François Heisbourg vorgeschlagen hat. Wie notwendig dies wäre, zeigt ein Blick auf die Realität der Verteidigungshaushalte wichtiger NATO-Staaten im Jahre 2000.

	Anteil in % BSP	Davon % Personal	Beschaffung in Mrd. US $	Forschung/ Entwicklung in Mrd. US $
Frankreich	2,7	-[3]	5,7	2,9
Deutschland	1,5	60,1	3,5	1,3
Italien	1,9	72,9	2,0	0,2
Spanien	1,3	66,6	0,9	0,1
Großbritannien	2,4	39,2	9,9	3,1
USA	3,2	38,6	71,2	40,3

Diese Zahlen sind im Jahre 2002, für das naturgemäß noch keine offiziellen Daten der NATO vorliegen, in der grundlegenden Tendenz der aus ihnen ablesbaren Aussage unverändert. Nur die USA und Großbritannien haben einen annehmbaren BSP-Anteil, investieren in modernes Material und verschwenden nicht die Masse ihres Geldes für Personal. Alle anderen Nationen weisen Haushalte auf, die eine Modernisierung der Streitkräfte auf die lange Bank schieben, ja sie in einigen Fällen fast unmöglich machen. Diese Zahlen belegen auch, dass die Umsetzung der Beschlüsse der EU von Helsinki, eine europäische Eingreiftruppe aufzustellen, im Jahre 2000 keinerlei Niederschlag in den Verteidigungshaushalten fand. Was aber 2000 nicht eingeleitet war, kann angesichts der langen Zeiträume, die militärische Beschaffungen kennzeichnen, 2003 nicht Wirklichkeit werden.

Sie zeigen schließlich das dramatische Wachsen der Lücke zwischen den USA und Europa: Den 40,3 Mrd. US Dollar für Forschung und Entwicklung stehen in Europa gerade einmal 7,6 Mrd. gegenüber. Diese 7,6

---

[3] Für diesen Zeitraum liegen keine Zahlenangaben vor.

Mrd. Dollar bilden noch nicht einmal den Aufwand für koordinierte europäische Forschung und Entwicklung ab, sondern nur die Summe aus den nationalen Haushalten. Auch die Tatsache, dass die USA dreimal mehr Geld als die Europäer für die Forschung und Entwicklung im Bereich der Nano- und Bio-Technologie ausgeben, also den beiden Feldern auf denen in nur wenigen Jahren die nächste Revolution der Kriegführung stattfinden wird, zeigt an wie groß und wie dringlich der Handlungsbedarf in Europa ist.

Es muss umgehend gehandelt werden. Die EU oder die NATO, am besten beide, sollten darum schnellstens einen Beschluss herbeiführen, der die Mitgliedstaaten verpflichtet, beginnend ab 2004 binnen einiger Jahre eine Aufteilung der Verteidigungshaushalte zu erreichen, bei der nicht mehr als maximal 45 % für Personal und mindestens 30 % für investive Ausgaben, also Beschaffungen, Infrastruktur sowie Forschung und Entwicklung, eingeplant werden.

Zusätzlich sollte beschlossen werden, ab 2005 mindestens 1,5 % des Bruttosozialprodukts als Richtschnur für den Verteidigungshaushalt zu akzeptieren. Danach sollte dieser Anteil durch jährliche Steigerung um 0,05 % bis zum Zielanteil von zwei Prozent wachsen. Bis zu diesem Zieljahr sollten entweder die EU-Staaten oder besser die NATO-Staaten ohne die USA zusätzlich ein Programm zur Verbesserung der europäischen Handlungsfähigkeit beschließen, mit dem die dringlichsten Beschaffungen für die Verwirklichung der auf dem NATO-Gipfel von Prag getroffenen Entscheidungen und der in Helsinki 1999 beschlossenen EU Eingreiftruppe eingeleitet werden könnten.

Wenn die Streitkräfteplanungen der NATO und der EU sowie der Nationen, wie vorgeschlagen, harmonisiert würden, dann würden die Nationen eine sie letztlich entlastende Planungsvorgabe erhalten. Sie könnten sich in ihren nationalen Planungen auf Intervention und Schutz konzentrieren. Diese nationalen Kräfte zu finanzieren müsste mit der Umsetzung der vorgeschlagenen Konvergenzkriterien und der zusätzlichen Nutzung moderner Finanzierungsmethoden möglich sein.

Ich komme daher zu der Schlussfolgerung, dass das Problem der Finanzierung moderner Streitkräfte für Deutschland wie seine europäischen Bündnispartner mittel- bis langfristig durchaus auch ohne die Haushalte sprengende neue Belastungen lösbar und damit in der Tat ein Problem politischen Wollens ist. Voraussetzung ist allerdings, dass alle Möglichkeiten gemeinsamer Aufgabenwahrnehmung in der NATO und der EU genutzt und die Möglichkeiten des Kapitalmarktes wie des Dienstleistungsbereiches so umfassend wie möglich ausgeschöpft werden.

Schlussbetrachtung

Die Organisation der Sicherheit ist auch unter den nun vorherrschenden neuen Bedingungen möglich, aber sie ist nicht zum Nulltarif zu haben. Auch die Verwirklichung einer Reform der Bundeswehr ist möglich, sofern sie politisch gewollt wird.

Deutschland muss daher für sich selbst die Frage beantworten, ob es seine Rolle als eines der großen Mitgliedsländer der NATO und der EU wahrnehmen will oder ob es Getriebener mit eingeschränktem Einfluss bleiben will. Streitkräfte kann man nicht in der Krise aufbauen. Man hat sie und kann sich schützen oder man hat sie nicht und ist vom Schutz durch andere abhängig, verzichtet damit allerdings auf Einfluss. Das ist die Dimension, um die es wirklich geht, wenn man über die Zukunft der Bundeswehr nachdenkt.

An der Frage der Verwirklichung einer Reform der Streitkräfte wird sich letztlich entscheiden, ob Europa handlungsfähig wird oder nicht. Davon hängt dann ab, ob es gelingt, das transatlantische Verhältnis belastbar und stabil zu erhalten und Einfluss in Washington zu haben. Deutschland fällt dabei die Schlüsselrolle zu. Stellt es sich seiner Verantwortung, dann werden die übrigen Europäer folgen. Tut es das nicht, dann scheitert Europa. Das aber darf nicht geschehen, denn an Deutschland darf Europa nicht scheitern.

Die EU und die Herausforderung des internationalen Terrorismus
Handlungsgrundlagen, Fortschritte und Defizite

Jörg Monar

Nur knapp zweieinhalb Jahre nach der formellen Einführung des „Raumes der Freiheit, der Sicherheit und des Rechts" (RFSR) durch den im Mai 1999 in Kraft getretenen Vertrag von Amsterdam wurde dieses jüngste und nach der Wirtschafts- und Währungsunion gegenwärtig vielleicht ehrgeizigste Integrationsprojekt der Europäische Union mit einer unerwarteten und in ihrer Dimension unerhörten Herausforderung konfrontiert: Die vernichtenden Terroranschläge in den Vereinigten Staaten vom 11. September 2001 offenbarten nicht nur eine neue Dimension der Rücksichtslosigkeit und Handlungskapazität des internationalen Terrorismus, sondern auch die enorme Verwundbarkeit moderner Staats- und Gesellschaftssysteme gegenüber dem Phänomen des internationalen Terrorismus. Der Schock auf dieser Seite des Atlantiks was um so größer, als die Anschläge mit den USA nicht nur den wichtigsten internationalen Partner der EU, sondern auch die einzig verbliebene und trotz ihrer enormen militärischen und zivilen Sicherheitsinstrumente offenbar weitgehend unvorbereitete Supermacht getroffen hatten.

Obwohl die vertraglichen Bestimmungen zum RFSR die Terrorismusbekämpfung nicht zentral behandeln – diese wird als Ziel eher beiläufig in Artikel 29 und 30(e) EUV[1] genannt – betrifft die Herausforderung des internationalen Terrorismus dennoch den Kern des durch Artikel 2 EUV zu einem fundamentalen Integrationsziel erhobenen RFSR. Tatsächlich gründet sich der RFSR wesentlich auf den Gedanken eines gemeinsamen Raumes der inneren Sicherheit, der – wie in Artikel 29 EUV und 61(e) EGV[2] formuliert – den Bürgern „ein hohes Maß an innerer Sicherheit" bieten soll. Das angestrebte „hohe Maß an Sicherheit" im Rahmen des RFSR wurde auch in den Schlussfolgerungen des Europäischen Rates von Tampere im Oktober 1999, die nach wie vor die grundlegenden Leitlinien für die weitere Entwicklung

---

[1] Vertrag über die Europäische Union
[2] Vertrag zur Gründung der Europäischen Gemeinschaft

des RFSR vorgeben, betont, wobei sich die Staats- und Regierungschefs bei dieser Gelegenheit auch erstmalig auf „unser Gebiet"/"our territory" (Singular) bezogen.[3] Der Gedanke eines gemeinsamen – wenn auch nicht notwendigerweise einheitlichen – Sicherheitsraumes, entspricht auch der Logik des seit 1999 in die EU eingegliederten Schengen-Systems, das durch die Aufhebung der Binnengrenzkontrollen und umfangreiche Ausgleichsmaßnahmen an den Außengrenzen und in anderen Bereichen, wie etwa der polizeilichen Zusammenarbeit, de facto ebenfalls Elemente einer gemeinsamen Zone der inneren Sicherheit konstituiert. Betrachtet man somit den Gedanken der Europäischen Union als eines gemeinsamen Raumes der Sicherheit, in dem die Union auch selbst (zusammen mit und durch die Mitgliedstaaten) als ein hohes Maß an Sicherheit gewährleistendem Akteur in Erscheinung tritt, als den Kern des RFSR, dann kann kein Zweifel daran bestehen, dass der internationale Terrorismus mit seiner am 11. September deutlich gewordenen globalen Bedrohungskapazität in der Tat eine grundlegende Herausforderung für die Handlungsfähigkeit und Glaubwürdigkeit der Europäischen Union in diesem Bereich darstellt.

Im Folgenden werden zunächst in Teil I die im Rahmen des RFSR und benachbarten Aktionsbereichen nach dem Vertrag von Amsterdam bestehenden generellen Grundlagen für die Terrorismusbekämpfung betrachtet. In Teil II werden dann – als „Testfall" – die Reaktion der Europäischen Union auf den 11. September 2001 analysiert,[4] woran sich eine kritische Bewertung der bislang erzielten Fortschritte und weiterbestehenden Defizite anschließt. Im abschließenden Teil III werden dann auf der Grundlage der vorangegangenen Analysen Gedanken zu den Möglichkeiten und Grenzen der Weiterentwicklung der Handlungspotenziale der Europäischen Union bei der Bekämpfung des internationalen Terrorismus entwickelt.[5]

---

[3] Schlussfolgerungen des Europäischen Rates von Tampere, Ratsdokument Nr. SN 200/99, Paragraphen 3 und 40.

[4] Mit Ausnahme der von Rat und Kommission zur Überwindung der wirtschaftlichen Konsequenzen des 11. September ergriffenen Maßnahmen, die nicht zur Terrorismusbekämpfung im eigentlichen Sinne gerechnet werden können.

[5] Die folgenden Analysen und Bewertungen gründen sich teilweise auf vertrauliche Informationen aus den Diensten des Rates der Europäischen Union und Europol sowie auch eine Reihe nicht zitierfähiger Dokumente, die dem Autor aufgrund seiner Tätigkeit als Sonderberater des britischen House of Lords für Fragen der EU Innen- und Justizpolitik zur Verfügung stehen. Auf exakte Quellennachweise musste daher in vielen Fällen verzichtet werden. Da dem Autor viele der verwendeten Texte nur in englischer Sprache zur Verfügung standen, können einige der verwendeten Termini leicht von den offiziell im Deutschen gebräuchlichen abweichen.

Die Grundlagen der Terrorismusbekämpfung im Rahmen des „Raumes der Freiheit, der Sicherheit und des Rechts"

Die veränderte Ausgangsbasis nach den Verträgen von Maastricht und Amsterdam

Die Herausforderung des Terrorismus ist für das europäische Einigungswerk natürlich keine neue. Tatsächlich gehen die Ursprünge der heutigen, sehr viel weiter entwickelten Zusammenarbeit der Mitgliedstaaten in der Innen- und Justizpolitik auf die terroristische Bedrohung mehrerer Mitgliedstaten, darunter vor allem Deutschlands, Großbritanniens und Italiens, in den 70er Jahren zurück: Die 1976 begonnene intergouvernementale TREVI-Zusammenarbeit, die erst 1993 durch die „Dritte Säule" des Maastrichter Vertrages abgelöst wurde, war in ihren Anfängen sogar fast ausschließlich mit der Zusammenarbeit der damaligen EG-Mitgliedstaaten in der Terrorismusbekämpfung befasst.[6] Die Union konnte daher am 11. September 2001 bereits auf ein Vierteljahrhundert an Erfahrungen der Mitgliedstaaten mit der Zusammenarbeit bei der Terrorismusbekämpfung zurückgreifen. Dennoch befindet sich die Union heute in einer deutlich anderen Ausgangslage für Maßnahmen gegen den Terrorismus als zu Zeiten von TREVI. Zum einen verfügt die Europäischen Union seit dem Vertrag von Amsterdam, wie einleitend bereits ausgeführt, über ein ausdrückliches Mandat hinsichtlich des öffentlichen Gutes der inneren Sicherheit und ist somit im Rahmen der vertraglichen Bestimmungen zum Handeln ermächtigt und aufgefordert. Zum anderen sind in den letzten zehn Jahren als Resultat der sukzessiven Vertragsreformen von Maastricht (1993) und Amsterdam (1999) in den Bereichen Inneres und Justiz Handlungsmöglichkeiten, Verfahren und Strukturen geschaffen worden, die erheblich über die frühere lockere und jeglicher vertraglichen und institutionellen Fundierung entbehrende intergouvernementale Zusammenarbeit hinausgehen und die Union und ihre Mitgliedstaaten in eine ungleich bessere Lage versetzen, im Sinne dieses Sicherheitsmandats auch in konkreter Form auf europäischer Ebene gegen den internationalen Terrorismus tätig zu werden.

Zu berücksichtigen ist auch, dass der Union heute Handlungsmöglichkeiten in den Bereichen der „Zweiten Säule" (Gemeinsame Außen- und Sicherheitspolitik, GASP) und der „Ersten Säule" (wirtschaftliche und finanzi-

---

[6] Siehe hierzu Wenceslas de Lobkowicz: L'Europe et la sécurité intérieure. Une élaboration par étapes, Paris (La documentation Française) 2002, S. 18-21.

elle Instrumente der Europäischen Gemeinschaft) zur Verfügung stehen, auf welche die TREVI-Zusammenarbeit entweder noch gar nicht oder in nur äußerst unvollkommener Weise zurückgreifen konnte. Als globaler Bedrohungsfaktor der inneren Sicherheit mit erheblichen außenpolitischen und – wie sich nach dem 11. September gezeigt hat – auch möglichen militärischen Implikationen ist der internationale Terrorismus wesentlich eine „säulenübergreifende" Herausforderung, für die der Union heute auch eine Reihe von Instrumenten im Rahmen jeder Säule zu Verfügung stehen. In den letzten Jahren hat sich zudem in der Union die Entwicklung säulenübergreifender Strategien und Nutzungen von Instrumenten unter dem Stichwort der „cross-pillarisation" zu einem wichtigen Thema entwickelt, dies vor allem im Bereich der Außenbeziehungen, so dass auch in dieser Hinsicht eine bessere Ausgangsbasis als zu Zeiten des TREVI-Rahmens besteht.

Rechtliche Grundlagen

Durch den Vertrag von Amsterdam sind die rechtlichen Handlungsmöglichkeiten der Union und ihrer Mitgliedstaaten im Bereich der Terrorismusbekämpfung erheblich erweitert worden. Nicht nur wurde den EU-Organen mit dem generellen Integrationsziel der Errichtung und Weiterentwicklung des RFSR in Artikel 2 EUV und der ausdrücklichen Bezugnahme auf „ein hohes Maß an innerer Sicherheit" als wesentliches Ziel des RFSR in Artikel 29 EUV und 61(e) EGV ein generelles Mandat für Maßnahmen im Bereich der inneren Sicherheit erteilt, sondern die Verträge enthalten nunmehr auch eine Reihe von nähere definierten Handlungsbereichen und -zielen, die für die Terrorismusbekämpfung von erheblicher Relevanz sind. Dies gilt zunächst für den Titel VI EUV (die „Dritte Säule"), wo vor allem die folgenden vom Vertrag für Maßnahmen des Rates vorgesehen Bereiche zu erwähnen sind:

- Die polizeiliche Zusammenarbeit zwischen den Mitgliedstaaten unter Einschluss operativer Zusammenarbeit, des Datenaustauschs und der Datenanalyse, gemeinsamen Ausbildungsmaßnahmen und gemeinsamer Bewertung von Ermittlungstechniken (Artikel 30(1) EUV)

- Die Weiterentwicklung der Rolle der europäischen Polizeibehörde Europol unter Einschluss der Unterstützung spezifischer Ermittlungsmaßnahmen nationaler Behörden, der möglichen Initiierung und Koordinierung nationaler Ermittlungen durch Europol und der Zusammenarbeit zwischen Europol und nationaler Strafverfolgungs- und Ermittlungsbehörden, deren Spezialgebiet die Bekämpfung der organisierten Kriminalität ist (Artikel 30(2) EUV)

• Die Verbesserung der justiziellen Zusammenarbeit in Strafsachen durch Maßnahmen der Erleichterung und Beschleunigung der Zusammenarbeit bei Gerichtsverfahren und der Vollstreckung von Entscheidungen unter Einschluss der Erleichterung der Auslieferung (Artikel 31(a)-(b) EUV)

• Die Festlegung von Mindestvorschriften über die Tatbestandsmerkmale strafbarer Handlungen und die Strafen in auch den Terrorismus umfassenden Bereichen schwerer Kriminalität (Artikel 31(e) EUV)

• Der Abschluss von Übereinkünften mit Drittstaaten oder internationalen Organisation in den Bereichen des Titels VI (Artikel 38 EUV im Verein mit Artikel 24 EUV[7])

Obwohl alle diese Handlungsmöglichkeiten im intergouvernementalen Bereich verbleiben und keinerlei ausschließliche Kompetenzen der Union begründen, öffnen sie dennoch im Bereich der Terrorismusbekämpfung den Weg zu einer erheblich intensivierten Zusammenarbeit zwischen nationalen Polizeibehörden, einer gestärkten Rolle von Europol, einer effizienteren gegenseitigen Unterstützung von Gerichten und Strafverfolgungsbehörden und einer zumindest partiellen Harmonisierung des nationalen Strafrechts.

Auch in den durch den Vertrag von Amsterdam „vergemeinschafteten" Bereichen des Titels IV EGV finden sich zumindest zwei, die von Relevanz für die Terrorismusbekämpfung sind:

• Normen und Verfahren, die von den Mitgliedstaaten bei der Durchführung von Personenkontrollen an den Außengrenzen einzuhalten sind (Artikel 62(2)(a) EGV)

• Vorschriften über Visa bis zu einer Aufenthaltsdauer von drei Monaten, die auch die Liste visumpflichtiger Drittstaaten umfasst (Artikel 62(2)(b) EGV)

---

[7] Dieser Artikel regelt den Abschluss von internationalen Übereinkommen im Rahmen der GASP.

Diese Bestimmungen sind vor allem für die Schengen-Mitgliedstaaten von Bedeutung, die bereits einen beträchtlichen gemeinsamen Besitzstand im Bereich Außengrenzkontrollen und Visapolitik entwickelt haben, dem das Vereinigte Königreich und Irland aufgrund ihrer in Protokollen zum Vertrag von Amsterdam bestätigten „opt-outs" bislang noch nicht beigetreten sind.

Zu den rechtlichen Grundlagen gehören auch die für Maßnahmen gegen den Terrorismus anwendbaren rechtlichen Instrumente. In den vergemeinschafteten Bereichen des Titels IV EGV kommen nunmehr als Resultat der Amsterdamer Reformen die bewährten Rechtsinstrumente der EG (vor allem Verordnungen und Richtlinien) zur Anwendung, aber auch in den verbleibenden intergouvernementalen Bereichen der polizeilichen und strafrechtlichen Zusammenarbeit im Rahmen des Titels VI EUV stehen mit den neu eingeführten "Rahmenbeschlüssen" und "Beschlüssen" (Artikel 34(2)b) und c) TEU) neue, verbesserte und im Unterschied zu den vor Amsterdam vielfach verwendeten „soft law" Texten rechtlich vollauf verbindliche Instrumente zur Verfügung.[8]

Im Hinblick auf die säulenübergreifende Dimension der Herausforderung des internationalen Terrorismus sind noch zwei Rechtsgrundlagen außerhalb der unmittelbaren Regelungsbereiche des RFSR zu erwähnen: Die eine ist die altgediente Generalermächtigung des Artikels 308 EGV, die zusätzliche Möglichkeiten zur Rechtsetzung im Rahmen der „Ersten Säule" eröffnet, wenn ein Tätigwerden der Gemeinschaft zur Erreichung von Vertragszielen erforderlich erscheint, der Vertrag aber nicht die hierzu notwendigen Befugnisse vorsieht. Da die Errichtung des RFSR und sein Sicherheitsmandat zu den Zielen des Vertrages zählen, kann dieser Artikel ebenfalls ergänzend zur Terrorismusbekämpfung herangezogen werden. Die andere Rechtsgrundlage findet sich im Rahmen der GASP: Gemäß Artikel 11 EUV ist es eines der Grundziele der GASP, „die Sicherheit der Union in allen ihren Formen" zu stärken, eine Formulierung, die aufgrund ihrer Breite eindeutig auch Bedrohungen durch den internationalen Terrorismus einschließt. Damit können zum Zwecke der Terrorismusbekämpfung nicht nur die spezifischen außen- und sicherheitspolitischen Instrumente des Artikels 12 EUV (gemeinsame Aktionen, Standpunkte, Strategien...) und des Artikels 17(2) EUV (Rettungseinsätze, friedenserhaltende Aufgaben, Kampfeinsätze bei der Krisenbewältigung...) genutzt werden, sondern auf dem Wege über

---

[8] Zu den verbesserten Rechtsinstrumenten im Einzelnen siehe Steve Peers: EU Justice and Home Affairs law, Harlow (Longman) 2000, S. 48-50.

Artikel 301 EGV bzw. 60 EGV auch – als Sanktionen – außenwirtschaftliche Instrumente der „Ersten Säule".

Abschließend ist zu erwähnen, dass alle diese Rechtsgrundlagen für potenzielle Anti-Terrorismus-Maßnahmen – mit Ausnahme der erwähnten in der Visapolitik – gegenwärtig nur auf der Grundlage einstimmiger Entscheidungen im Rat zur Anwendung gelangen können.

Strukturelle Grundlagen

Die rasche Entwicklung der Innen- und Justizpolitik der Union in den 90er Jahren hat die strukturellen Grundlagen für die Terrorismus-Bekämpfung auf europäischer Ebene erheblich verändert. Die relativ lockeren intergouvernementalen Kooperationsstrukturen des TREVI-Rahmens wurden in die Gremien-Struktur des (Minister-)Rates der Union integriert, an deren Spitze der Rat „Inneres und Justiz" steht. Dieser Rat, der Repräsentanten auf Ministerebene sowohl der Innen- als auch der Justizministerien der Mitgliedstaaten sowie den für diese Bereiche zuständigen EU-Kommissar zusammenführt, fungiert als oberstes Entscheidungsgremium für die den RFSR betreffenden Fragen. Der Rat „Inneres und Justiz" ist somit auch für Entscheidungen im Bereich der Terrorismusbekämpfung zuständig, sofern es sich allerdings nicht um außen- und sicherheitspolitische Aspekte handelt, die als GASP-Angelegenheiten zu betrachten sind und daher in die Zuständigkeit des die Außenminister zusammenführenden Rates „Allgemeine Angelegenheiten" handelt. Die letztendliche Vorbereitung und Koordination der Entscheidungen auf Ministerebene obliegt dem Ausschuss der Ständigen Vertreter (AStV), der Agenda-Punkte des Rates „Inneres und Justiz" allerdings gewöhnlich nur dann behandelt, wenn es auf der nachgeordneten Ebene zu keiner Einigung gekommen ist oder Probleme „transversaler" Art entstanden sind, wie z. B. Überschneidungen mit dem Kompetenzbereich anderer Ratsformationen oder den EG-Haushalt betreffende Fragen. Ansonsten ist das im Bereich der Terrorismus-Bekämpfung wichtigste, die Entscheidungen im Rat „Inneres und Justiz" vorbereitende Gremium der aus hohen Beamten bestehende „Ausschuss nach Artikel 36" – im Brüsseler Jargon auch „CATS" („Comité de l'Article 36") genannt -, der gemäß Artikel 36 EUV als Koordinationsgremium für die Bereiche des Titels VI EUV („Dritte Säule") fungiert. Spezifische Entscheidungsvorlagen im Bereich der Terrorismusbekämpfung werden im Rahmen der Leitlinien des „Ausschusses nach Artikel 36" in der Arbeitsgruppe „Terrorismus" beraten, die sich aus Vertretern der für die Terrorismusbekämpfung zuständigen Polizei- und Nachrichtendienste zusammensetzt und Teil der auf polizeiliche und Zollzusammenarbeit konzentrierten Reihe der Ratsarbeitsgruppen ist. Die Arbeitsgruppe „Terrorismus" ist jedoch nicht federführend für die Terrorismusbekämpfung betreffende Fragen der justiziellen Zusammenarbeit. Für diese gibt es zwei separate, gleichfalls dem „Ausschuss nach Artikel 36" zuarbeitende Arbeitsgruppen: Eine mit Schwerpunkt bei Verfahren der justiziellen Zusammenarbeit und die andere für Fragen des materielles Strafrechts.

Im Bereich der GASP gibt es einen separaten Entscheidungsstrang, der von einer Details der außen- und sicherheitspolitischen Aspekte der Terrorismusbekämpfungen beratenden „COTER" („Counter-terrorism")-Arbeitsgruppe „Terrorismus" über das „Politische und Sicherheitspolitische Komitee" (PSK) und den AStV zum Rat „Allgemeine Angelegenheiten" führt. Diese Trennung der Entscheidungsstränge mag nicht optimal erscheinen, entspricht aber weitgehend der, die sich auch in den meisten Mitgliedstaaten zwischen den Außen-, Innen- und Justizministerien antreffen lässt.

Die Europäische Kommission hat – wie bereits zuvor das Generalsekretariat des Rates – seit 1999 eine Generaldirektion „Inneres und Justiz" aufgebaut. Dieser fehlt es jedoch nach wie vor in vielen Bereichen der Terrorismusbekämpfung an der notwendigen internen Expertise. Dies ist nicht zuletzt auch der Fall weil die nicht vergemeinschafteten Bereiche der „Dritten Säule", in denen die Kommission trotz eines nicht-ausschließlichen Initiativrechts eine schwächere politische Position als die Mitgliedstaaten hat, lange Zeit nicht als eigentliche Aktionsfelder für die Kommission betrachtet wurden. Vor allem im Bereich der justitiellen Zusammenarbeit hat die Kommission allerdings durchaus leistungsfähige Strukturen aufbauen können, die ihr unter anderem hinsichtlich des Europäischen Haftbefehls eine wichtige Initiativrolle ermöglicht haben.

Neben Rat und Kommission als den wichtigsten Entscheidungsorganen – das Europäische Parlament verfügt in den für die Terrorismusbekämpfung relevanten Bereichen nur über ein auf rechtlich verbindliche Akte beschränktes Anhörungsrecht – ist als weitere Struktur vor allem Europol zu erwähnen. Die mittlerweile um die 300 Mitarbeiter umfassende europäische Polizeibehörde in Den Haag verfügte ursprünglich über kein Mandat im Bereich der Terrorismusbekämpfung, erhielt ein solches allerdings maßgeblich auf Betreiben Spaniens mit Wirkung vom 1. Januar 1999. Die Aufgaben Europols im Bereich der Verhütung und Bekämpfung des Terrorismus sind – wie auch in anderen Bereichen seiner Tätigkeit – bislang weitgehend auf die Sammlung, systematische Zusammenstellung und analytische Aufbereitung von hauptsächlich von nationalen Behörden zur Verfügung gestellten Informationen, die Erstellung von Studien und die Unterstützung nationaler Behörden durch die Weitergabe verfügbarer Daten an die nationalen Kontaktstellen (in Deutschland das Bundeskriminalamt) beschränkt. Die oben bereits erwähnten, durch den Vertrag von Amsterdam[9] eröffneten Möglichkeiten zu einer aktiveren Rolle Europols sind bislang noch nicht voll ausgeschöpft worden.

Für die polizeiliche Zusammenarbeit im Bereich der Terrorismusbekämpfung von Relevanz ist auch die erst im Oktober 2000 eingerichtete Task Force der europäischen Polizeichefs (TFCP), die in Zusammenarbeit mit Europol den Austausch von Erfahrungen, die Entwicklung gemeinsamer Bewertungen und die Planung gemeinsamer Operationen bei der Bekämpfung grenzüberschreitender Formen der Kriminalität unter Einschluss des Terrorismus ermöglicht.[10] Im Unterschied zu Europol handelt es sich bei der TFCP allerdings um keine Institution mit rechtlichen Befugnissen und fester organisatorischer Infrastruktur, sondern um eine vornehmlich der Koordination dienende hochrangige Gruppe, die im Regelfall nur einmal unter jeder Präsidentschaft der EU zusammentritt.

Im polizeilichen Bereich schließlich auch noch zu erwähnen, ist die durch einen Ratsbeschluss vom Dezember 2000[11] im Laufe des folgenden Jahres zur Durchführung von Ausbildungsprogrammen für Führungskräfte und Seminare und Studien im Bereich der Bekämpfung der grenzüberschreitenden Kriminalität vorerst nur als Netzwerk nationaler Ausbildungsbehörden eingerichtete Europäische Polizeiakademie (CEPOL), die auch Ausbildungsmaßnahmen im Bereich der Terrorismusbeämpfung durchführen kann.

Im Bereich der justiziellen Zusammenarbeit ist als Struktur vor allem die neugeschaffene Strafverfolgungsbehörde Eurojust zu nennen, die in Form einer „Pro-Eurojust" genannten provisorischen Stelle ihre Arbeit im März 2001 aufnahm und nach der Annahme des Ratsbeschlusses vom 28. Februar 2002[12] und der Einführung ihrer Geschäftsordnung sowie Ernennung ihres ersten Präsidenten im Juni 2002 ihre endgültige Gestalt annahm. Die Aufgabe von Eurojust ist es, in Bereichen schwerer grenzüberschreitender Kriminalität – unter Einschluss des Terrorismus – die Koordinierung von in verschiedenen Mitgliedstaaten laufenden Ermittlungen und Strafverfolgungs-

---

[9] Artikel 30(2) EUV.
[10] Siehe Leo Schuster: Europäisierung der Polizeiarbeit, in: Kriminalistik 2000, S. 74-76.
[11] Amtsblatt der EG Nr. L 336 vom 30.12.2000.
[12] Amtsblatt der EG Nr. L 63/1 vom 6.3.2002.

maßnahmen durch Informationsaustausch und Kontaktvermittlung zu verbessern und die Zusammenarbeit zwischen den zuständigen nationalen Behörden insbesondere durch die Erleichterung der internationalen Rechtshilfe und der Auslieferungsverfahren zu verbessern.[13] Eurojust, das aus von den Mitgliedstaaten benannten Staatsanwälten, Richtern oder Polizeibeamten besteht, kann unter anderem auch Mitgliedstaaten ersuchen, zu bestimmten Tatbeständen Ermittlungen aufzunehmen, und geht damit als Struktur erheblich über das 1998 eingerichtete „Europäische Justitielle Netzwerk" hinaus, das nur auf einem System nationaler Kontaktstellen beruht.

Obwohl die Vielzahl der in den letzten Jahren geschaffenen Strukturen gewiss beachtlich ist – vor allem wenn man diese mit der erheblich strukturschwächeren TREVI-Zusammenarbeit bis Anfang der 90er Jahre vergleicht – ist der bei weitem größte Teil der innerhalb des RFSR vorhandenen Strukturen der Terrorismusbekämpfung immer noch auf der Ebene der Mitgliedstaaten angesiedelt. Vor allem die von terroristischen Gewalttaten in Vergangenheit und Gegenwart besonders betroffenen Mitgliedstaaten, wie vor allem Spanien und das Vereinigte Königreich, haben ausgedehnte nationale Strukturen der Terrorismusbekämpfung geschaffen, die von Sondereinheiten der Polizeibehörden, über spezialisierte Staatsanwaltschaften bis hin zu Sondersektionen der Geheimdienste reichen. In den Mitgliedstaaten finden sich aufgrund unterschiedlicher Herausforderungen im Bereich des Terrorismus teilweise ganz unterschiedliche Strukturen mit unterschiedlichen Spezialisierungen und Kapazitäten, die auf EU-Ebene allesamt nicht einmal ansatzweise existieren. Die immer noch erst im Entstehen begriffenen europäischen Strukturen sind von daher in extremem Maße von den bestehenden nationalen Strukturen abhängig, die zudem auch bereits seit langem bilaterale und multilaterale Formen praktischer Zusammenarbeit entwickelt haben, die außerhalb der EU-Verfahren und Organe stattfinden. Aus diesem Grund ist eine möglichst genaue Kenntnis der in den Mitgliedstaaten vorhandenen Kapazitäten der Terrorismusbekämpfung für die EU-Ebene von beträchtlicher Bedeutung. Der Rat der EU hat daher denn auch bereits im Oktober 1996 aufgrund einer britischen Initiative die Erstellung eines regelmäßig zu aktualisierenden Verzeichnisses der „besonderen Fähigkeiten und Fachkenntnisse der Terrorismusbekämpfung" in den Mitgliedstaaten beschlossen, das unter Wahrung der notwendigen Geheimhaltung dem Rat und den Mit-

---

[13] Siehe Michael Lemke: Eurojust: Ziele, Aufgaben und Aufbau, in: Strafverteidiger, Januar 2002, http://www.strafverteidiger-stv.de/hlv.

gliedstaaten zur Entwicklung gemeinsamer Maßnahmen und zur gegenseitigen Beistandsgewährung zur Verfügung steht.[14]

Politische Grundlagen

Bereits vor dem 11. September 2001 herrschte unter den Mitgliedstaten Konsens darüber, dass es sich bei dem internationalen Terrorismus um eine Herausforderung erster Ordnung für die demokratischen Staats- und Gesellschaftssysteme in der Europäischen Union handelt. Schon in der auf einer
informellen Ratstagung in La Gomera am 14. Oktober 1995 von den Mini-
stern angenommenen und dann vom Europäischen Rat von Madrid im Dezember 1995 übernommenen „Erklärung von La Gomera" wurde der Terrorismus als eine Bedrohung der Demokratie, der Menschenrechte und der
wirtschaftlichen und sozialen Entwicklung bezeichnet, der auf nationalstaatlicher Ebene alleine nicht mehr begegnet werden könne und die weitergehende gemeinsame Maßnahmen vor allem im Bereich der polizeilichen und
justiziellen Zusammenarbeit notwendig mache.[15] Der frühe Schwerpunkt der
TREVI-Kooperation bei der Terrorismusbekämpfung und die oben erwähnten inzwischen geschaffenen rechtlichen und strukturellen Grundlagen können gleichfalls als Beleg dafür betrachtet werden, dass die Mitgliedstaaten
die Herausforderung des Terrorismus bereits seit langem als eine gemeinsame betrachten, die auch nach gemeinsamen Antworten auf EU-Ebene verlangt.

Der politische Grundkonsens hinsichtlich der Terrorismusbekämpfung
in der EU ist jedoch weniger homogen und solide, als die wiederholt beton-
ten gemeinsamen Positionen und geschaffenen gemeinsamen Handlungsmöglichkeiten dies annehmen lassen könnten. Eine Reihe von Faktoren
schwächen den gemeinsamen politischen Handlungswillen:

-   Unter den Mitgliedstaaten bestehen nach wie vor sehr unterschiedliche
    nationale Erfahrungen und Bedrohungsperzeptionen hinsichtlich des
    Terrorismus. Dies gilt vor allem für Mitgliedstaaten, in denen der Terro-
    rismus als eine beständige Bedrohung erscheint – vor allem Spanien und
    das Vereinigte Königreich, in geringerem Maße auch Italien und Frank-
    reich – und anderen, die Terrorismusproblemen nur gelegentlich ausge-

---

[14] Amtsblatt der EG Nr. L 273/1 vom 21.10.1996.
[15] Ratsdokument Nr. Press 00400/95, Annex III.

setzt waren. Hierdurch werden gemeinsame Einschätzungen, Prioritätensetzungen und Aktionsprogramme erschwert.

- Aufgrund unterschiedlicher nationaler Herausforderungen im Bereich des Terrorismus sind auch – wie bereits erwähnt – die nationalen Kapazitäten im Bereich der Terrorismusbekämpfung sehr unterschiedlich entwickelt. Dies aber bedeutet, dass es für Mitgliedstaaten mit sehr hoch entwickelten Kapazitäten nur von begrenztem Interesse ist, mit solchen mit sehr viel geringeren Kapazitäten zusammenzuarbeiten, zumal auch immer ein gewisses Risiko besteht, dass bei der Zusammenarbeit hochgradig sensitive Informationen in unbefugte Hände gelangen.

- In den letzten drei Jahrzehnten sind in der Terrorismusbekämpfung zahlreiche, größtenteils informelle bilaterale und multilaterale Kooperationsformen zwischen den Behörden der Mitgliedstaaten entstanden. Auch wegen der oben erwähnten Kapazitätsunterschiede kann es diesen daher sehr viel effizienter erscheinen, weiter nur mit einigen wenigen bewährten Partnern (unter Einschluss von Drittstaaten, wie etwa im Falle des Vereinigten Königreichs und den USA) zusammenzuarbeiten, als sich in reguläre Strukturen unter Einschluss aller 15 Mitgliedstaaten einbinden zu lassen. In diesem Zusammenhang spielt auch der Faktor Vertrauen eine Rolle, denn aufgrund von bereits gemachten Erfahrungen, manchmal aber auch wohl Vorurteilen, wird von den betreffenden Diensten nicht allen Partnern dasselbe Vertrauen entgegengebracht.

- Die Zusammenarbeit zwischen den Mitgliedstaaten bei der Terrorismusbekämpfung wird gelegentlich durch politische Positionsunterschiede belastet. So ist es beispielsweise in der zweiten Hälfte der 90er Jahre mehrfach zu politischen Konflikten zwischen Spanien und Belgien wegen der Behandlung von sich auf belgischem Territorium aufhaltenden vermutlichen Terroristen der baskischen Separatistenorganisation ETA gekommen. Politische Einschätzungsunterschiede zwischen den Mitgliedstaaten sind auch in der Bewertung des palästinensischen Terrorismus zum Vorschein gekommen, und über Tendenzen der italienischen Berlusconi-Regierung, vor dem Hintergrund der Unruhen während des G-8 Gipfels in Genua im April 2001 gewaltsame Anti-Globalisierungsdemonstraten in die Nähe von Terroristen zu rücken, ist es zu verständlichen Meinungsunterschieden gekommen.

Insgesamt kann man daher zwar von einem politischen Grundkonsens in der EU hinsichtlich der Bekämpfung des internationalen Terrorismus sprechen. Dieser Grundkonsens kann sich immer noch rasch als dünn oder sogar brüchig erweisen, wenn es um Fragen der einheitlichen politischen Einschätzung oder gemeinsamer Aktionen geht.

Die Antworten der Europäischen Union auf den 11. September 2001: Ein Testfall für den RFSR

Die Hauptherausforderungen und der Aktionsplan des Rates

Die Terroranschläge des 11. September 2001 stellten die Europäische Union und ihre Mitgliedstaaten vor drei hauptsächliche Herausforderungen, auf die sie jeweils unter erheblichem Zeitdruck zu reagieren hatten:

1. Die durch die Terroranschläge geschaffene neue Bedrohungssituation verlangte nach spezifischen internen Anti-Terror-Maßnahmen, die den RSFR zentral betrafen und vor allem im Rahmen der „Dritten Säule" beschlossen und durchgeführt werden mussten.

2. Die internationale Dimension der neuen Bedrohungssituation mit ihren erheblichen außen- und sicherheitspolitischen Implikationen verlangte parallel hierzu externe Maßnahmen auf der internationalen Ebene, die vor allem im Rahmen der GASP, aber auch unter Nutzung von Instrumenten der „Ersten" und „Dritten Säule", beschlossen und durchgeführt werden mussten.

3. Die Tatsache, dass die Terroranschläge mit den USA den wichtigsten politischen und sicherheitspolitischen Partner der Union getroffen hatte, versetzte die Union in die Notwendigkeit, ihrer Solidarität mit den USA durch neue Formen der Zusammenarbeit bei der Terrorismusbekämpfung Ausdruck zu verleihen, die aufgrund des relativen Entwicklungsrückstandes der transatlantischen Beziehungen in den Bereichen der „Dritten Säule" vor allem diese betreffen mussten.

Von zentraler Bedeutung waren zunächst eine rasche politische Stellungnahme und die Entwicklung einer gemeinsamen Strategie, die allen diesen Herausforderungen gleichermaßen gerecht werden konnte. Trägt man dem notwendigen Koordinierungsaufwand und den unvermeidlichen Einschätzungsunterschieden zwischen den fünfzehn Regierungen und den EU-Organen Rechnung, so kann man die Schlussfolgerungen der Sondersitzung des Rates für Allgemeine Angelegenheiten am 12. September[16] und die am 14. September veröffentlichte „Gemeinsame Erklärung"[17] der Staats- und Regierungschefs, der Präsidenten des Europäischen Parlaments und der Europäischen Kommission sowie des Hohen Vertreters der GASP, welche die Solidarität mit den USA betonte und interne und internationale Maßnahmen ankündigte, durchaus als eine äußerst rasche Reaktion bewerten. Gleiches gilt für den auf der Grundlage der Vorarbeiten des Rates für Allgemeine Angelegenheiten und der Schlussfolgerungen der Sondersitzung des Rates Inneres und Justiz am Vortag[18] bereits am 21. September von der Sondertagung des Europäischen Rats in Brüssel angenommenen Aktionsplan.[19] Dieser dann mehrfach ergänzte und konkretisierte Aktionsplan, der nach wie vor Gültigkeit besitzt, umfasste in der Gestalt des vom Rat im Oktober angenommenen „Fahrplans" („road map") zu seiner Umsetzung nicht weniger als 72 Bereiche mit über 200 Einzelmaßnahmen[20], deren Schwerpunkt zwar bei innen- und justizpolitischen Aktionen liegt, die sich aber auch auf die „Zweite" und „Erste Säule" erstrecken. Mit seiner Festlegung sowohl von Zielen als auch Umsetzungsleitlinien sowie seiner säulenübergreifenden Ausrichtung erfüllt der Aktionsplan durchaus Anforderungen an eine umfassende und integrierte Strategie. Seine Annahme in so kurzer Zeit ist als eine beachtliche Leistung des Unionssystems zu werten, vor allem wenn man dies mit der Langwierigkeit der Entscheidungsprozesse bei früheren Krisen- und Konfliktsituationen (im ehemaligen Jugoslawien zum Beispiel) oder bei der Entwicklung der „Gemeinsamen Strategien" der GASP vergleicht. Der Aktionsplan wies jedoch auch noch zu behandelnde Defizite auf, und auch bei seiner Umsetzung ist es zu nicht unbeträchtlichen Problemen gekommen.

In den folgenden drei Abschnitten werden die wichtigsten Maßnahmen und Probleme der Reaktion der Union auf den 11. September getrennt nach den oben aufgewiesenen drei hauptsächlichen Herausforderungen betrachtet.

---

[16] Ratsdokument Nr. 11795/01.
[17] Auswärtiges Amt: http://www.auswaertiges-amt.de/www/de/eu_politik/aktuelles/gemeinsame_erkl_html.
[18] Ratsdokument Nr. SN 3926/6/01.
[19] Ratsdokument Nr. SN 140/01.
[20] Siehe Ratsdokumente Nr. SN 14925/01 und 13909/1/02 REV 1.

Interne Maßnahmen

Nach den Anschlägen vom 11. September wurde zunächst deutlich, dass die EU zwar auf eine Reihe von generellen rechtlichen Handlungsmöglichkeiten und Strukturen zurückgreifen konnte, nicht aber auf einen hinreichenden, spezifisch auf die Bekämpfung der Terrorismus ausgerichteten rechtlichen Besitzstand. So fehlte es insbesondere an einer gemeinsamen Definition des Terrorismus und der anzuwendenden Strafmaße. Es fehlte aber auch an den notwendigen Voraussetzungen zur raschen Auslieferung von mutmaßlichen Terroristen, die durch die Auslieferungsübereinkommen vom 10. März 1995 und vom 27. September 1996 nicht gegeben waren, die zudem bis heute noch immer nicht von Frankreich und Italien ratifiziert wurden,. Gleiches galt für Maßnahmen gegen die finanziellen Grundlagen des internationalen Terrorismus, die aufgrund der offenkundigen internationalen Ressourcen der an den Anschlägen des 11. September beteiligten Terroristen besonders erforderlich erschienen. Der Aktionsplan setzte daher denn auch einen Schwerpunkt bei der Annahme legislativer Maßnahmen, was angesichts des Zeitdrucks – die Staats- und Regierungschefs erwarteten abschließende Einigungen der Innen- und Justizminister bereits für deren Sitzung am 6. und 7. Dezember 2001 – einen besonderen Testfall für die Leistungsfähigkeit der Verfahren und Strukturen im Rahmen des RFSR darstellte.

Bei den gesetzlichen Maßnahmen handelte es sich vor allem um die Einführung eines die gegenwärtigen umständlichen Auslieferungsverfahren zwischen den Mitgliedstaaten ersetzenden, nach Ausfertigung durch die Justizbehörde eines Mitgliedstaates weitgehend automatisch in allen Mitgliedstaaten ausführbaren Europäischen Haftbefehls, die Einführung einer gemeinsamen Definition terroristischer Straftatbestände mit dazugehörigen Mindeststrafen und die Einfrierung der Vermögenswerte von des Terrorismus verdächtigten Personen und Organisationen. Die Verhandlungen im Rat zum Europäischen Haftbefehl und zu einer gemeinsamen Definition terroristischer Straftaten wurde durch den besonderen Umstand erleichtert, dass die Kommission schon vor dem 11. September erhebliche Vorarbeiten zu diesen Schlüsselthemen der justiziellen Zusammenarbeit geleistet hatte und daher bereits am 20. September dem Rat „Inneres und Justiz" ausformulierte Entscheidungsvorschläge vorlegen konnte. Dennoch kam es dann in den Verhandlungen zu erheblichen Verzögerungen, die im Falle des Europäischen Haftbefehls vor allem durch Positionsunterschiede zu den Straftaten, auf denen dieser anwendbar sein sollte, und zur Abschaffung des Grundsatzes der doppelten Strafbarkeit, und im Falle der gemeinsamen Definition terroristische Akte durch unterschiedliche Auffassungen zu den Grenzen der Definition sowie zu den Mindeststrafen bedingt waren. Im Oktober waren die erzielten Fortschritte noch so gering, dass sich der Europäische Rat auf seiner Sitzung am 19. Oktober in Gent veranlasst sah, die Minister in ungewöhnlich scharfer Form an die Notwendigkeit einer Einigung bis zum Dezember zu erinnern.[21] Aufgrund des Druckes der Staats- und Regierungschefs und unermüdlicher Bemühungen der belgischen Präsidentschaft konnte der Rat dann am 6. und 7. Dezember 2001 eine politische Einigung auf einen Rahmenbeschluss zur Terrorismusbekämpfung erzielen, die aufgrund von Parlamentsvorbehalten dann allerdings erst im Juni 2002 in rechtsverbindlicher Form umgesetzt werden konnte. Der Rahmenbeschluss sieht nicht nur eine gemeinsame Definition terroristischer Akte als Handlungen, die mit dem Vorsatz begangen werden, die Bevölkerung einzuschüchtern und die politischen, wirtschaftlichen oder gesellschaftlichen Strukturen eines Landes ernsthaft zu schädigen oder zu zerstören (Mord, Körperverletzung, Geiselnahme, Erpressung, Anschläge, Anführen einer terroristischen Vereinigung usw.) vor, sondern auch die Einführung einer Höchststrafe von mindestens acht Jahren für die Beteiligung an einer terroristischen Vereinigung und für die Leitung einer solchen Organisation eine Höchststrafe von mindestens 15 Jahren in die nationalen Rechtsordnungen.[22] Der Rahmenbeschluss ging damit hinsichtlich der Harmonisierung der materiellen Strafrechtsnormen weit über das hinaus, was die Mehrzahl der Experten noch wenige Monate zuvor für politisch möglich erachtet hatten.

Eine gleichzeitige Einigung auf die Einführung des Europäischen Haftbefehls wurde durch italienische Einwände gegen einige der Berlusconi-Regierung offenkundig Sorge bereitenden Delikte auf der Liste (u. a. Bestechung) zunächst verhindert. Nachdem die belgische Präsidentschaft Italien dann aber Zeit bis 2004 angeboten hatte, um eventuelle notwendige Verfassungsänderungen durchzuführen und gleichzeitig für den Fall eines anhaltenden italienischen Vetos auch mit der Nutzung des Instruments der „verstärkten Zusammenarbeit" durch die übrigen 14 Mitgliedstaaten gedroht hatte, zog die italienische Regierung ihre Einwände am 11. Dezember zurück, so dass die Einigung doch noch zustande kam. Obwohl es am Ende doch nicht möglich gewesen war, den Grundsatz der doppelten Strafbarkeit gänzlich abzuschaffen,[23] bedeutete die Einigung einen Durchbruch für das

---

[21] Ratsdokument Nr. SN 4296/2/01.

[22] Amtsblatt der EG Nr. L 164 vom 22.6.2002.

[23] Artikel 2 Abs. 2 des Rahmenbeschlusses enthält zwar eine Liste von 32 auch Terrorismus einschließenden Straftaten, bei denen eine Überprüfung der beiderseitigen („doppelten") Strafbarkeit

Prinzip der gegenseitigen Anerkennung im strafrechtlichen Bereich und einen wichtigen Schritt im Hinblick auf die Bildung eines einheitlichen europäischen Strafverfolgungsraums.[24] Der ab dem 1. Januar 2004 voll anwendbare Europäische Haftbefehl ermöglicht die Verhaftung und Überstellung von Verdächtigen ohne formelles Auslieferungsverfahren für insgesamt 32 Delikte unter Einschluss des Terrorismus.[25]

Auch hinsichtlich der Bekämpfung der finanziellen Grundlagen des internationalen Terrorismus konnten in sowohl technisch als auch politisch teilweise sehr schwierigen Verhandlungen beachtliche Ergebnisse erzielt werden. Am 27. Dezember 2001 nahm der Rat eine Verordnung (EG 2580/2001) zur Einfrierung der Vermögenswerte und wirtschaftlichen Einkünfte von mit terroristischen Akten in Verbindung gebrachten Personen und Organisationen an.[26] In Ermangelung einer unmittelbareren Vertragsgrundlage für wirtschaftliche Maßnahmen gegen den Terrorismus wurde diese EG-Verordnung auf eine Kombination der Artikel 60, 301 und 308 EGV und der am gleichen Tag verabschiedeten Gemeinsamen Position 2001/931 im Rahmen der GASP gestützt, womit sie formal zu einer außen- und sicherheitspolitisch motivierten Wirtschaftssanktion der Union wurde. Dieses interessante Beispiel von *„cross-pillarisation"* in der Terrorismusbekämpfung war unter anderem dadurch gerechtfertigt, dass die Union mit der Ratsverordnung auch auf die Resolution 1373(2001) des UN-Sicherheitsrates zur Einfrierung terroristischer Vermögenswerte reagierte. Die ebenfalls am 27. Dezember 2001 in Form revidierbarer Listen erfolgte Einigung auf die von den Sanktionen betroffenen Personen und Organisationen[27] verlief nicht ohne politische Probleme, da beispielsweise die spanische Regierung erfolglos darauf drängte, nicht nur die spanische Terror-Organisation ETA, sondern auch deren politi-

---

(doppelte Strafbarkeitsprüfung) nicht erfolgt. Voraussetzung hierfür ist aber, dass diese Straftaten im ausstellenden Mitgliedstaat mit freiheitsentziehenden Maßnahmen von mindestens drei Jahren bedroht sind. Bei den anderen Straftaten kann nach Art. 2 Abs. 4 des Beschlusses die Übergabe davon abhängig gemacht werden, dass die dem Übergabebegehren zugrundeliegende Straftat auch nach dem Recht des Vollstreckungsmitgliedstaats strafbar ist. Gleiches gilt für die Unterschreitung des Strafbarkeits-Schwellenwertes von drei Jahren.

[24] Siehe hierzu Emmanuel Barbe: Le mandat d'arrêt européen: en tirera-t-on toutes les conséquences?, in: Gilles De Kerchove/Anne Weyembergh (Hrsg.): L'espace pénal européen: enjeux et perspectives, Brüssel 2002, S. 113-117.

[25] Rahmenbeschluss über den Europäischen Haftbefehl und für die Übergabeverfahren zwischen den Mitgliedstaaten, Amtsblatt der EG Nr. L 190 vom 18.7.2002.

[26] Amtsblatt der EG Nr. L 344/70 vom 28.12.2001.

[27] Amtsblatt der EG Nr. L 344 vom 28.12.2001, S. 95. Die Listen wurden inzwischen durch Ratsbeschlüsse mehrfach erweitert (2. Mai 2002, Amtsblatt Nr. L 116 vom 3.5.2002; 17. Juni 2002, Amtsblatt Nr. L 160 vom 18.6.2002; 28. Oktober 2002, Amtsblatt Nr. L 295 vom 30.10.2002; 12. Dezember 2002, Amtsblatt Nr. L 337 vom 13.12.2002).

schen Flügel „Batasuna" in die Liste aufzunehmen. Nach Angaben von Europol, die auf unterschiedlichen Schätzungen der Mitgliedstaaten basieren, waren bereits 2002 als Ergebnis dieser Maßnahmen zwischen 40 und 100 Millionen Euro an Vermögenswerten eingefroren.[28]

Den zweiten Schwerpunkt des Aktionsplans des Rates im internen Bereich bildete eine Vielzahl von Einzelmaßnahmen zur Stärkung der operationellen Kapazitäten in der Union. Hierbei ließen sich drei Hauptaktionsbereiche erkennen:

1. *Die stärkere Nutzung bestehender EU-Strukturen für die Terrorismusbekämpfung*: Europol erhielt den Auftrag, in Zusammenarbeit mit den Behörden der Mitgliedstaaten eine Liste in der EU-tätiger terroristischer Organisationen sowie einen Lagebericht zum Terrorismus in der EU auszuarbeiten, der seit Dezember 2001 in regelmäßigen Abständen aktualisiert und dem Rat vorgelegt wird. Im Rahmen von Europol wurde auch ein Team von seitens der Mitgliedstaaten abgeordneter Anti-Terror-Spezialisten aufgebaut. Die provisorische Eurojust-Einheit erhielt den Auftrag, die Zusammenarbeit zwischen den Staatsanwaltschaften im Anti-Terrorismus-Bereich zu verstärken. Eine Aufgabe, die dann 2002 von Eurojust in seiner endgültigen Gestalt (siehe oben) voll übernommen wurde. Die Task Force der Polizeichefs erhielt vom Rat den Auftrag, Sitzungen der Chefs der Anti-Terrorismus-Einsatzgruppen der Mitgliedstaaten abzuhalten und ein Inventar nationaler Anti-Terrorismus-Maßnahmen und Notfallpläne zu erstellen, woraufhin die Task Force am 31. Oktober 2001 auch eine Reihe von Empfehlungen annahm. Nachdem sich Schwächen in der Kontinuität und Schwerpunktsetzung der Task Force gezeigt hatten, wurde diese im April 2002 durch Einsetzung eines Lenkungsausschusses reorganisiert. Es wurde auch beschlossen, die Koordination zwischen Europol, Eurojust und der Task Force der Polizeichefs zu verstärken. Zu diesem Zweck wurden zwischenzeitlich auch gemeinsame Sitzungen abgehalten. Zur verstärkten Nutzung bestehender Strukturen zählt schließlich auch die Einführung spezifischer Ausbildungsseminare zu Ermittlungstechniken im Bereich der Terrorismusbekämpfung in die Jahresprogramme der Europäischen Polizeiakademie.[29]

---

[28] Europol: 2002 Organised Crime Report, Den Haag 2002, S. 17.
[29] 2002 wurden zwei solcher Seminare durchgeführt. Ratsdokumente Nr. 12871/01 und 10010/03 (CEPOL Jahresbericht für 2002).

2. *Die Einführung neuer Strukturen und Mechanismen:* Hierzu zählen in
erster Linie die Einführung von regelmäßigen Sitzungen der Leiter der
Anti-Terrorismus-Abteilungen der Nachrichtendienste der Mitgliedstaaten, die bereits am 11. November 2001 erstmalig zusammentraten,
sowie der bereits erwähnte, gleichfalls im November erfolgte Aufbau
eines besonderen, aus nationalen Experten bestehenden Teams von Anti-Terror-Spezialisten im Rahmen von Europol. Nach Aufhebung eines
dänischen Vorbehalts konnte der Rat im Juni 2002 auch den Teil des
Aktionsplanes bildenden Rahmenbeschluss zur Einsetzung gemeinsamer
Ermittlungsgruppen verabschieden, der die Bildung gemeinsamer multi-
national zusammengesetzter Ermittlungsteams (unter Beteiligung von
Europol) zur Durchführung strafrechtlicher Ermittlungen auch im Bereich des Terrorismus ermöglicht.[30] Zu erwähnen ist auch die Einführung einer gegenseitigen Evaluierung von Stärken und Schwächen nationaler Maßnahmen im Bereich der Terrorismus-Bekämpfung durch die
Mitgliedstaaten. In seiner Sitzung vom 28./29. November 2002 einigte
sich der Rat auf einen gemeinsamen Mechanismus für die Begutachtung
der einzelstaatlichen gesetzlichen Regelungen zur Bekämpfung des Terrorismus, das die Bildung von besonderen unabhängigen Gutachteraus-
schüssen für jeden einzelnen Mitgliedstaat vorsieht, die Berichte über
Ausgestaltung und Anwendung der betreffenden nationalen Regelungen
erstellen sollen.[31]

3. *Sicherheitsmaßnahmen in Teilbereichen:* Hierzu zählen vor allem die
temporäre Verstärkung von Kontrollen an den Schengen-Außengrenzen,
die Definition von Kriterien für die Wiedereinführung von Grenzkontrollen an den Schengen-Binnengrenzen im Falle außerordentlicher terroristischer Bedrohungssituationen, eine Verstärkung der Zusammenarbeit im Bereich des Zivilschutzes und gemeinsame Maßnahmen im Bereich der Flugsicherheit. Maßgeblich auf der Grundlage einer Initiative
der spanischen Regierung vom Juni 2002[32] sollen auch in das erneuerte
und erweiterte Schengener Informationssystem (das sogenannte „SIS
II"), das spätestens 2006 eingeführt werden soll, neue Alarm- und Er-
mittlungsfunktionen im Rahmen der Terrorismusbekämpfung eingeführt
werden.

---

[30] Amtsblatt der EG Nr. L 162 vom 20.6.2002.
[31] Amtsblatt der EG Nr. L 349 vom 24.12.2002.
[32] Amtsblatt der EG Nr. C 160 vom 4.7.2002.

Obwohl weniger „sichtbar" als die erwähnten gesetzlichen Maßnahmen, können auch diese operationellen Maßnahmen in ihrer Vielfalt und raschen Umsetzung als gehaltvolles Element der Reaktion der Union auf den 11. September bewertet werden.

Externe Maßnahmen

Hinsichtlich der externen Dimension der Antwort auf den 11. September ging es für die Union vor allem darum, das ihrige zur Formierung der internationalen Koalition gegen den Terrorismus beizutragen, dies nicht zuletzt auch, um unilateralen Maßnahmen der USA und einer Polarisierung in der internationalen Staatengemeinschaft nach der zu erwartenden und dann mit britischer Beteiligung im Oktober 2001 auch angelaufenen militärischen Intervention in Afghanistan vorzubeugen. Hierzu wurden zunächst die diplomatischen Instrumente im Rahmen der GASP genutzt. So wurde nach dem 11. September die Terrorismusbekämpfung von der Union auf die Agenda aller Treffen im Rahmen „politischer Dialoge" mit Drittstaaten gesetzt. Auch entsandte die Union bereits vom 24. zum 28. September die Troika in die wichtigsten Länder des Nahen Ostens, Pakistan und den Iran, gefolgt von einer weiteren Mission in die Krisenregion vom 30. Oktober bis zum 2. November und einer Reise von Guy Verhofstadt und Romano Prodi im Nahen Osten, Indien und Pakistan vom 16. bis zum 20. November 2001. Gleichfalls für die diplomatische Initiative genutzt wurden: Ein Sondertreffen der nicht nur die Beitrittskandidaten und die EFTA-Länder, sondern auch die Balkan-Länder, die Russische Föderation, Moldawien und die Ukraine einbeziehenden Europäischen Konferenz am 20. Oktober, das EURO-MED Ministertreffen am 5./6. November und die Ministerwoche der 56. UN-Generalversammlung Mitte November. Bei jedem dieser Treffen drängte die Union ihre internationalen Partner auch zu raschen Maßnahmen gegen die Finanzierung des internationalen Terrorismus. Obwohl die Maßnahmen im Rahmen des GASP in den ersten Monaten nach dem 11. September ihren Höhepunkt erreichten, wurden sie auch danach fortgesetzt, so beispielsweise durch eine der Terrorismusbekämpfung gewidmete Troika-Tour in Zentralasien vom 10. bis zum 14. Juni 2002, die Verabschiedung einer gemeinsamen Erklärung mit den asiatischen Partnerstaaten auf dem ASEM-Gipfel in Kopenhagen am 23./24. September 2002 und die Einbeziehung von Terrorismusbekämpfung in das Troika-Ministertreffen mit der russischen Regierung[33] in Moskau am 5. November 2002.

Die diplomatische Offensive im Rahmen der GASP wurde von Maßnahmen im Bereich der Außenwirtschaftsinstrumente begleitet. Zu erwähnen sind hier insbesondere die nach beschleunigten Verhandlungen erfolgte Unterzeichnung eines neuen, besondere Hilfsmaßnahmen einschließenden Handels- und Kooperationsabkommens mit Pakistan am 24. November 2001, die Anbahnung der Verhandlungen über ein Handels- und Kooperationsabkommen mit dem Iran, für das der Rat im Juni 2002 ein Verhandlungsmandat annahm, und die bereits im Mai 2002 559 Millionen Euro erreichende humanitäre Hilfe für Afghanistan.[34] Der Rat einigte sich auch auf eine systematische Evaluierung der Beziehungen der Union zu Drittstaaten mit der Möglichkeit, gegebenenfalls die Suspendierung von Handelserleichterungen ermöglichende Anti-Terrrorismus-Klauseln in Handels- und Kooperationsabkommen mit Drittstaaten einzuführen. Am 17. April 2002 nahm der Rat Leitlinien zur Abfassung derartiger Klauseln an.[35]

Obwohl natürlich der präzise Einfluss der diplomatischen und wirtschaftlichen Maßnahmen ein schwer messbarer ist, kann kaum ein Zweifel daran bestehen, dass die Union mit ihren externen Maßnahmen effektiv zur Isolation der Taliban in Afghanistan und zur Erhaltung der fragilen internationalen Koalition beigetragen hat. Dies muss insbesondere für ihre Bemühungen um Länder wie Pakistan und den Iran gelten, die für die Koalition von besonderer politischer Bedeutung waren, gleichzeitig aber nicht in den besten Beziehungen zu den Vereinigten Staaten standen.

Als eigenständiger Akteur völlig abwesend war die Union hingegen im Bereich der militärischen Reaktion auf den 11. September. Der unfertige Entwicklungsstand der Europäischen Sicherheits- und Verteidigungspolitik (ESVP) mit ihrer geplanten schnellen Eingreiftruppe ließ hier kaum eine andere Situation erwarten. Die Meinungsunterschiede unter den Mitgliedstaaten hinsichtlich der Militärintervention der USA und des Vereinigten Königreichs in Afghanistan hätten jedoch auch im Falle einer voll entwickkelten ESVP eine entschiedene militärische Reaktion wohl recht unwahrscheinlich gemacht. Wie wenig die Mitgliedstaaten immer noch bereit sind, sich als Teil einer gemeinsamen militärischen Reaktion der Union zu begreifen, wurde deutlich, als der belgische Außenminister am 14. Dezember 2001

---

[33] Ratsdokument Nr. 13855/02.
[34] Ratsdokument Nr. 14925/01.
[35] Ratsdokument Nr. 7750/02.

der Presse etwas zu enthusiastisch erklärte, dass die Union eine „multinationale" Friedensstreitmacht nach Afghanistan senden werde. Er wurde sogleich im Anschluss in teilweise recht rüden Worten vom britischen Europaminister Peter Hain und Bundesaußenminister Joschka Fischer korrigiert und darauf verwiesen, dass es sich hierbei um eine UN-Streitmacht unter Beteiligung von Verbänden der Mitgliedstaaten und nicht einen EU-Verband handeln werde.[36] Bis heute operieren die sich an der Mission in Afghanistan beteiligenden Verbände von EU-Mitgliedstaaten unter der UN- und nicht der EU-Flagge.

Die transatlantische Dimension

Da die Union aus den obengenannten Gründen nicht „bereit" war, den Vereinigten Staaten mit militärischen Mitteln beizustehen, war es um so wichtiger, den USA gehaltvolle Solidarität durch Maßnahmen im Innen- und Justizbereich zu demonstrieren, handelte es sich hier doch auch in gewissem Sinne um eine neuartige Herausforderung für die transatlantische Sicherheitspartnerschaft. Zwar hatte die Terrorismusbekämpfung bereits seit vielen Jahren Eingang in die transatlantische Agenda gefunden, aber die Zusammenarbeit zwischen Washington und den EU-Organen war nicht über einen eher allgemeinen Informationsaustausch hinausgegangen. Dies lag weniger an der amerikanischen Seite – die sich nach Einführung des „Dritten Pfeilers" und noch mehr nach der Bildung von Europol an einer intensiveren Zusammenarbeit sehr interessiert gezeigt hatte –, als vielmehr an der Zurückhaltung mehrerer EU-Mitgliedstaaten, die einer engeren Kooperation mit den US-Behörden aufgrund der abweichenden Datenschutzregelungen, polizeilichen Praktiken und Strafrechtssystemen skeptisch gegenüberstanden. Dies hinderte jedoch andere Mitgliedstaaten, darunter vor allem das Vereinigte Königreich, nicht an einer weitaus engeren bilateralen Zusammenarbeit mit den USA.

Bereits die Schlussfolgerungen des Rates „Inneres und Justiz" vom 20. September 2001 sahen eine Reihe von Maßnahmen zur raschen Intensivierung der Kooperation mit den Vereinigten Staaten vor, die sich auf gemeinsame Bedrohungsanalysen, intensive Konsultationen und den Zugang von US-Vertretern zu relevanten EU-Gremien und zu Europol-Daten konzen-

---

[36] Siehe Europe, 15. und 16.12.2001 und Guardian, 15.12.2001.

trierten.[37] Zusätzliche Impulse kamen von der US-Regierung selbst, die im Anschluss an das Treffen vom 27. September zwischen dem EU-Rats-präsidenten und dem US-Präsidenten weitergehende konkrete Kooperations-vorschläge unterbreitete.[38] Zwar wurden diese nicht alle umgesetzt, aber es kann kein Zweifel daran bestehen, dass der Rat angesichts der politischen Umstände den Begehren der US-Administration sehr viel weiter entgegen-kam, als dies von Experten vor dem 11. September für politisch möglich erachtet worden war. Zu den wichtigsten Neuerungen in der transatlantischen Zusammenarbeit bei der Terrorismusbekämpfung können die folgenden Elemente gezählt werden:[39]

- *Die Einführung einer regulären Zusammenarbeit von Europol mit zuständigen US-Behörden.* Zu diesem Zweck wurde bereits am 6. Dezember 2001 in Brüssel ein erstes Abkommen zwischen Europol und der US-Administration unterzeichnet, das den Austausch strategischer und technischer Informationen im Kampf gegen den Terrorismus und ande-ren Formen internationaler Kriminalität sowie den Austausch von Ver-bindungsbeamten vorsieht.[40] Dieses erste Abkommen erstreckte sich noch nicht auf den Austausch personenbezogener Daten – ein für die Union aufgrund der Abwesenheit umfassender Datenschutzgesetze und einer zentralen Datenschutzbehörde in den USA problematisches Feld. Nach teilweise schwierigen Verhandlungen konnten sich dann beide Seite jedoch auf ein zweites, am 20. Dezember 2002 unterzeichnetes Abkommen einigen, das auch den Austausch zahlreicher Kategorien personenbezogener Daten zwischen Europol und zuständigen US-Behörden erlaubt.[41] Dieses Abkommen stieß bis zuletzt auf Bedenken in einigen mitgliedstaatlichen Parlamenten. Die britische Regierung sah sich sogar veranlasst, sich über einen formellen Parlamentsvorbehalt des britische Oberhauses hinwegzusetzen. Parallel zum Abschluss dieser beiden Abkommen wurden regelmäßige Kontakte zwischen dem Anti-Terror-Team von Europol (siehe oben) und US-Experten aufgenommen.

- *Die Aushandlung eines Auslieferungs- und eines Rechtshilfeabkommens mit den USA in Strafsachen.* Die Aushandlung dieser Abkommen, die

---

[37] Ratsdokument Nr. SN 3926/6/01.
[38] Ratsdokument Nr. SN 4296/2/01.
[39] Einzelheiten gemäß Ratsdokument Nr. 14925/01.
[40] Ratsdokument Nr. 14586/01.
[41] Ratsdokument Nr. 13689/02.

auf die bereits erwähnte neue Vertragsschließungsmöglichkeit gemäß Artikel 38 und 24 EUV gestützt wurde, verzögerte sich wegen erheblicher Bedenken in mehreren Mitgliedstaaten gegen die Todesstrafe und die fragwürdige Anwendung von Militärgerichtsbarkeit auf US-Seite. Die Hauptphase der Verhandlungen vollzog sich von Mai 2002 bis Februar 2003 in strikter Geheimhaltung, was im Europäischen Parlament und mehreren nationalen Parlamenten auf erhebliche Kritik stieß. Die beiden Abkommen[42] wurden schließlich am 25. Juni 2003 in Washington unterzeichnet. Das Auslieferungsabkommen erstreckt sich nicht nur auf terroristische Straftaten, sondern alle mit einer Mindestfreiheitsstrafe von einem Jahr belegte Straftaten, sieht allerdings in Artikel 13 vor, dass in bezug auf von EU-Staaten in die USA ausgelieferte Personen die Todesstrafe nicht verhängt bzw. nicht ausgeführt werden soll. Das parallel unterzeichnete Rechtshilfeabkommen enthält einige innovative Bestimmungen zur Nutzung moderner Telekommunikation in Rechtshilfeangelegenheiten, zur Vereinfachung von Rechtshilfeersuchen, zum Austausch von Bankinformationen und zur Bildung gemeinsamer Ermittlungsteams.

- *Die Einladung von US-Vertretern zu Sitzungen der Arbeitsgruppe „Terrorismus" (Dritte Säule) und der COTER-Arbeitsgruppe (Zweite Säule) unter jeder EU-Präsidentschaft.* Damit werden US-Vertreter in regelmäßiger Form – immerhin viermal im Jahr – in die Analyse- und Planungsarbeit der wichtigsten spezialisierten Ratsgremien im Bereich der Terrorismusbekämpfung einbezogen.

- *Die Mandatierung der Task Force der Polizeichefs, US-Experten in die bereits erwähnte von ihr organisierte Analyse- und Planungsarbeit der Chefs der Anti-Terrorismus-Einsatzgruppen einzubeziehen.* Auch hierbei handelt es sich um eine bemerkenswerte „Öffnung" eines wichtigen EU-Gremiums gegenüber den US-Behörden.

- *Die Einrichtung von Kontakten zwischen Eurojust und der US-Staatsanwaltschaft.* Drei Mitglieder von „Pro-Eurojust" besuchten zu diesem Zweck bereits am 19. November 2001 Washington, und die USA haben mittlerweile eine Kontaktstelle der US-Staatsanwaltschaft für Eurojust eingerichtet.

---

[42] Text der Abkommen: Ratsdokument Nr. 9153/03.

- *Verstärkte Zusammenarbeit mit den USA in Grenzkontrollfragen.* In diesem Bereich wurden seit dem 11. September 2001 mehrere gemeinsame Sitzungen zum Austausch von Daten über illegale Einwanderung, zu Grenzkontroll- und Flughafentransitverfahren und zum Thema gefälschte Ausweise abgehalten. Im Februar 2003 unterzeichnete die Kommission unter massivem amerikanischen Druck ein auf EU-Seite umstrittenes Abkommen, das US-Behörden direkten Zugang zu Passagierinformationen europäischer Flugverkehrsgesellschaften bei Transatlantikflügen gemäß den Erfordernissen der US Passenger Manifest Identification (PMI) und Advanced Passenger Information Systeme (APIS) ermöglicht.

Abgesehen von diesen Maßnahmen ist es nach dem 11. September auch zu einer Multiplikation der transatlantischen Kontakte im Innen- und Justizbereich gekommen. Zu erwähnen sind in diesem Zusammenhang insbesondere das Treffen des US-Generalanwalts mit den EU-Innen- und Justizministern am 13./14. September 2002 in Kopenhagen, das zu neuen Leitlinien für die Zusammenarbeit im justiziellen Bereich führte, die Besuche von hohen Europol-Beamten in Washington und FBI-Beamten in Brüssel und Den Haag, sowie der koordinierte gemeinsame diplomatische Druck seitens der EU und der USA auf Drittstaaten zur Bekämpfung der finanziellen Voraussetzungen des Terrorismus.

Trotz der Vielzahl der neuen Kooperationsinitiativen ist die Zusammenarbeit mit den Vereinigten Staaten aber auch nach dem 11. September kontrovers geblieben. Ein Beleg (unter vielen) hierfür war die am 13. Dezember 2001 vom Europäischen Parlament angenommene Resolution zur justiziellen Zusammenarbeit mit den USA, die sich nicht nur kategorisch gegen die Auslieferung von möglicherweise von der Todesstrafe bedrohten Personen an die USA aussprach, sondern den „US Patriot Act" wegen seiner Diskriminierung gegen Ausländer verurteilte, die US-Militärtribunale für unvereinbar mit den Menschenrechten erklärte und erneut ernste Besorgnisse hinsichtlich des Umgangs mit personenbezogenen Daten in den USA äußerte.[43]

---

[43] Bulletin der Europäischen Union Nr. 12-2001, 1.6.91.

Bewertung: Fortschritte und Defizite

Das seit dem Vertrag von Amsterdam ausdrücklich bestehende sicherheits-politische Mandat sowie die in den 90er Jahren gewachsene rechtliche und strukturelle Handlungskapazität der Union rechtfertigen eine Erwartungs-haltung, die sich nach dem 11. September sowohl innerhalb der Union – etwa in den Resolutionen des Europäischen Parlaments – als auch außerhalb auf internationaler Ebene – vor allem seitens der um eine wirksamere Zu-sammenarbeit mit der Union bemühten USA – deutlich zu Wort gemeldet hat. Bis zu einem gewissen Grade ist die Union dieser Erwartungshaltung nach dem 11. September sicherlich gerecht geworden. Insofern hat auch der RFSR diesen „Testfall" nicht ohne positive Bilanzelemente passiert.

Trotz der unvermeidlichen Positionsunterschiede zwischen fünfzehn Mitgliedstaaten mit unterschiedlichen politischen Prioritäten und Rechtssy-stemen, des Problems der notwendigen Einstimmigkeit und eines durch die Dreisäulenstruktur und eine hochdifferenzierte Gremienstruktur im Rat sehr komplexen Entscheidungssystems konnte im Rat binnen weniger Tage eine Einigung auf einen breit angelegten und säulenübergreifenden Aktionsplan erzielt werden. Dieser Aktionsplan konnte dann in einigen seiner ehrgeizig-sten und den RFSR zentral betreffenden Gesetzesvorhaben (Europäischer Haftbefehl, gemeinsame Terrorismusdefinition) in so ungewöhnlich kurzer Zeit umgesetzt werden, dass es fraglich erscheint, ob die in dieser Hinsicht oft als effizienter dargestellten nationalstaatlichen politischen Systeme hierzu in ähnlicher Weise in der Lage gewesen wären. Hervorzuheben ist auch, dass seitens der Union in dieser Situation wirklich das gesamte zur Verfügung stehende Instrumentarium – von den Ratsstrukturen über Europol und Euro-just bis hin zu den diplomatischen Instrumenten der GASP und den außen-wirtschaftlichen der EG – mobilisiert und in der einen oder anderen Form auch eingesetzt wurde. Interne und externe Maßnahmen sowie der parallele Ausbau der Zusammenarbeit mit den USA wurden insgesamt in recht über-zeugender Weise miteinander verbunden, wobei das vielbeschworene Prinzip der *„cross-pillarisation"* in vielen Fällen – so beispielsweise bei den Maß-nahmen gegen die finanziellen Voraussetzungen des Terrorismus und bei der Unterstützung der internationalen Koalition gegen den Terrorismus – auch tatsächlich zur Anwendung gelangte.

All dies wäre ohne die in Teil I aufgezeigten, wesentlich auch aufgrund der sukzessiven Vertragsreformen von Maastricht und Amsterdam hinsicht-lich der Handlungsfähigkeit der Union erzielten rechtlichen und strukturellen Fortschritte kaum denkbar gewesen. Die in Antwort auf den 11. September auf dieser Grundlage ergriffenen Maßnahmen tragen jedoch ihrerseits zur Verstärkung der Handlungsfähigkeit der Union im Bereich der Terrorismusbekämpfung bei, indem sie mit dem Europäischen Haftbefehl und der gemeinsamen Definition terroristischer Akte einen wichtigen prinzipiellen Durchbruch im justiziellen Bereich erzielt, existierende Analyse- und Planungskapazitäten – besonders im Falle von Europol und der Task Force der Polizeichefs – ausgebaut bzw. durch neue Strukturen ergänzt und den internationalen Aktionsbereich der Union – vor allem durch neue Strukturen der Zusammenarbeit mit den USA – ausgeweitet haben.

Dennoch sind im Zusammenhang mit der Antwort auf den 11. September auch erhebliche, fortbestehende Defizite der Handlungsfähigkeit der Union in der Terrorismusbekämpfung deutlich geworden:

Die letztendliche Einigung auf den Rahmenbeschluss zum Europäischen Haftbefehl darf nicht vergessen lassen, dass das ganze Projekt trotz des enormen Entscheidungsdruckes beinahe an dem Einspruch eines einzigen Mitgliedstaates gescheitert wäre, für den mit dem Terrorismusproblem in keinster Weise in Zusammenhang stehende Sonderinteressen ausschlaggebend waren. Doch auch ohne das italienische „intermezzo" waren die Verhandlungen auf Arbeitsgruppenebene über jeden der geplanten Gesetzesakte wegen zahlreicher Detaileinwände der nationalen Beamtendelegationen zeitweise so zähflüssig, dass Beobachter mehrfach mit einem Scheitern der ehrgeizigen Ziele rechneten, ein Scheitern, das am Ende nur durch massiven Druck der Staats- und Regierungschefs und eine besonders effizient agierende Präsidentschaft vermieden werden konnte. Auch dies war am Ende nur um den Preis einiger nicht unbedeutender „Schönheitsfehler" möglich, wie etwa der Verzögerung der vollen Einführung des Europäischen Haftbefehls bis 2004 und der gescheiterten gänzlichen Aufhebung des Grundsatzes der doppelten Strafbarkeit. Bemerkbar machte sich auch das Fehlen einer übergreifenden Rechtsgrundlage für Maßnahmen gegen den Terrorismus, die in mehreren Fällen zu einer kreativen Interpretation der über mehrere Vertragsartikel verstreuten möglichen Rechtsgrundlagen sowie – vor allem im Falle der Maßnahmen gegen die finanziellen Grundlagen der Terrorismus – zur komplexen Kombination verschiedener Rechtsgrundlagen zwang.

Es fehlt auch nicht an Belegen für Schwächen der bestehenden Strukturen. Europol wurden zwar in der Antwort auf den 11. September wichtige Funktionen übertragen, aber die Behörde hatte in ihrer Analysearbeit mit dem üblichen Problem zu kämpfen, dass nationale Behörden sie oft nur zögerlich (und manchmal auch gar nicht) mit den für strategische Bewertungen notwendigen nationalen Informationen versorgen. In der unbequemen Position einer Organisation, der die operativen Befugnisse, die eigentlich zur Natur einer Polizeibehörde gehören, bislang von den Mitgliedstaaten verweigert werden, die aber gleichzeitig aufgrund des mangelnden umfassenden Datenzugangs auch die ihr vertraglich zugedachte Informations- und Analysefunktion nicht voll erfüllen kann, zeigten sich bei Europol Anzeichen einer gewissen Rollenkrise, der durch Probleme des internen Managements auch nicht abgeholfen werden konnte.[44] Von Unsicherheiten hinsichtlich ihrer Rolle und Aufgaben war allerdings auch die Task Force der Polizeichefs betroffen, die sich schwer damit tat, eine Brücke zwischen abstrakten Analysen und operativen Planungen zu schlagen. Hier zeigten sich die Nachteile, der in zweiten Hälfte der 90er Jahre gewachsenen Tendenz der Union, für mehr und mehr Aufgabenfelder neue Sonderstrukturen zu schaffen, ohne zuvor hinreichend klare Vorstellungen über deren präzise Funktionen und Einbettung in existierende Strukturen entwickelt zu haben. Diese Bewertung gilt teilweise auch für Eurojust, dessen „provisorischer" Vorläufer zu einer aktiven Rolle in der Zusammenarbeit mit den Vereinigten Staaten gedrängt wurde, noch bevor endgültige Klarheit über Zusammensetzung und Kompetenzen gewonnen war.

Die erwähnten positiven Beispiele der „cross-pillarisation" dürfen nicht übersehen lassen, dass die Mehrzahl der internen Maßnahmen im justiziellen und polizeilichen Bereich nicht von einer parallelen Nutzung der außenpolitischen Instrumente der „Zweiten Säule" und/oder der finanziellen Instrumente der „Ersten Säule" begleitet wurden. Bei den Bemühungen um die internationale Koalition gegen den Terrorismus im Rahmen der GASP wurde nur in einigen wenigen Fällen auf die im Rahmen des RFSR verfügbaren Strukturen und Expertise zurückgegriffen. Und nur ein geringer Teil der Drittstaaten zur Verfügung gestellten finanziellen Unterstützungen wurde auf die Schaffung von Kapazitäten im Innen- und Justizbereich ausgerichtet. Neue internationale Kooperationsstrukturen im Innen- und Justizbereich wurden nur mit den Vereinigten Staaten als drängendem Sonderfall entwickelt, nicht aber mit anderen potenziell wichtigen Partnern, wie etwa der Russischen Föderation.

Insgesamt negativ bemerkbar machte sich auch – zumindest anfänglich – das Fehlen eines im Grundansatz einheitlichen Konzepts und einer längerfristigen Strategie der Terrorismusbekämpfung, wie es diese im Bereich der

---

[44] Diese Schwierigkeiten wurden in dem im Dezember 2001 vorgelegten Bericht der belgischen Präsidentschaft zur Umsetzung der Schlussfolgerungen des Europäischen Rates von Tampere (Ratsdokument Nr. 14926/01) in ungewöhnlich offener Form behandelt.

Bekämpfung des organisierten Verbrechens nun doch schon seit einigen Jahren gibt. Dies führte zur hastigen Schnürung eines imposanten Maßnahmenbündels, in dessen nach wie vor wucherndem Dickicht kurzfristig zu realisierender Verbesserungen klare längerfristige Prioritäten und Zielsetzungen nur schwer auszumachen sind. Letztere freilich hätten eine Basis an gemeinsamer Analyse- und Evaluierungskapazität vorausgesetzt, die keine der am 11. September vorhandenen Strukturen leisten konnte.

Nur kurz angedeutet werden kann hier auch ein Defizit gänzlich anderer Natur: Das der demokratischen Legitimität. Ein nicht unerheblicher Teil der nach dem 11. September angenommenen oder geplanten Anti-Terror-Maßnahmen kann erhebliche potenzielle Auswirkungen auf die Rechte von Einzelnen haben, wofür die veränderten Verfahren hinsichtlich der Auslieferung innerhalb der EU nur das offenkundigste Beispiel sind. Ebenso wie die in vielen Mitgliedstaaten angenommenen nationalen Maßnahmenpakete sind auch die Aktionen auf EU-Ebene in wesentlichem Maße auf größere Kontroll- und Eingriffsmöglichkeiten der Behörden ausgerichtet worden, was denn auch zu teilweise massiver Kritik an der „repressiven Tendenz" der Union[45] und des angeblich von ihr geführten „Krieges gegen Freiheit und Demokratie"[46] führte. Man mag manche dieser kritischen Bewertungen für übertrieben halten. Aber es kann auch kein Zweifel daran bestehen, dass jede potenziell die Rechte von Einzelnen berührende Ausweitung von Kontroll- und Eingriffsmöglichkeiten staatlicher Behörden ausreichender demokratischer Legitimation bedarf. Dies ist zwar formell durch die nationale parlamentarische Legitimation der Minister im Rat der EU gegeben, aber die Beteiligung des Europäischen Parlaments war nur auf die rechtlich bindenden Akte und auch bei diesen nur auf die keinerlei Mitentscheidungsrechte gewährende „Anhörung" beschränkt, und einige wichtige Texte – wie etwa das erste Abkommen zwischen Europol und den USA und die am 27. Dezember 2001 erstellten Listen der von den finanzrechtlichen Sanktionen betroffenen Personen und Organisationen – wurden dem Parlament zu seiner nicht geringen Frustration erst gar nicht vorgelegt. Auch einige der nationalen Parlamente wurden hinsichtlich der auf EU-Ebene beschlossenen Maßnahmen größtenteils vor vollendete Tatsachen gestellt. So erhielten etwa die meisten einzelstaatlichen Parlamente das zweite Abkommen zwischen Europol und den USA und die Abkommen über Auslieferung und Rechtshilfe mit den USA so kurzfristig vor deren geplanter Unterzeichnung, dass eine effektive

---

[45] A. Boumediene-Thiery u.a. in Le Monde am 29.11.2001.
[46] Statewatch, Nr. 11/2001.

parlamentarische Kontrolle kaum möglich war.[47] Zudem fehlte es seitens des Rates und der Mitgliedstaaten auch an größeren Anstrengungen, um durch Erklärungen und Informationskampagnen „demokratische Öffentlichkeit" hinsichtlich des Maßnahmenpakets herzustellen, was in den kritischen Medien den Eindruck verstärkte, dass in Brüssel unter dem willkommenen Vorwand der neuen Bedrohung durch den Terrorismus hinter geschlossenen Türen eifrig an einem repressiven Überwachungs- und Strafverfolgungssystem gearbeitet würde. Sollte sich dieser Eindruck festigen, könnte dies langfristig auch die Handlungsfähigkeit der Union in der Terrorismusbekämpfung untergraben.

Möglichkeiten und Grenzen der Weiterentwicklung der Handlungspotenziale der Europäischen Union

Rechtliche Reformen

In den letzten zehn Jahren ist die Handlungsfähigkeit der Union im Bereich der Innen- und Justizpolitik vor allem durch die sukzessiven Vertragsreformen gestärkt worden. Der Beginn der nächsten EU-Regierungskonferenz ist bekanntlich bereits für Oktober 2003 vorgesehen und durch den Vertragsentwurf des Europäischen Konvents vom Juni 2003 in bislang einmaliger Form vorbereitet worden. Ein Blick auf mögliche Vertragsreformen unter Berücksichtigung des Entwurfs des Europäischen Konvents liegt daher nahe, wobei man sich allerdings zunächst die Grenzen von Vertragsreformen in diesem Bereich vergegenwärtigen sollte.

Ein Grund, warum diese Grenzen für Reformen der EU-Handlungsfähigkeit bei der Terrorismusbekämpfung eher als eng gezogen zu betrachten sind, ist die bislang unvermindert dominierende Auffassung der Mitgliedstaaten, dass Maßnahmen auf EU-Ebene gegen den Terrorismus nationale Sicherheitsmaßnahmen wohl in nützlicher Weise ergänzen, nicht aber ersetzen können. Die Mitgliedstaaten werden im politisch hochsensiblen und Souveränitätsrechte berührenden Bereich der inneren Sicherheit zu gemeinsamen Aktionen nur immer dann und nur dort bereit sein, wenn und wo ihre nationalen Kapazitäten offenkundig inadäquat sind. Hierzu bieten die jetzigen Vertragsgrundlagen auch einigen Spielraum, der noch längst nicht voll

---

[47] Im Falle der beiden Häuser des britischen Parlaments nur zwei bzw. drei Wochen vor der endgültigen Entscheidung im Rat.

ausgeschöpft ist. Damit aber wird die EU-Ebene auf zunächst noch unabsehbare Zeit ein subsidiärer Handlungsrahmen bleiben, dem die Mitgliedstaaten keine umfassenden Kompetenzen, geschweige denn solche exklusiver Natur, werden übertragen wollen. Tatsächlich haben die Mitgliedstaaten mit keiner einzigen der nach dem 11. September 2001 ergriffenen Maßnahmen nationale Kompetenzen auf die europäische Ebene übertragen. Angesichts der Tatsache, dass es in mehreren Mitgliedstaaten auch terroristische Bedrohungen gibt, die zwar gewisse grenzüberschreitende Aspekte haben, im wesentlichen aber doch – wie der baskische und nordirische Terrorismus – nationale politische Probleme darstellen, die in erster Linie nationale Maßnahmen erfordern, erscheint diese Beibehaltung der nationalen Ebene als primärer Handlungsrahmen auch weitgehend gerechtfertigt. Zu berücksichtigen ist weiterhin, dass schon jetzt die ergriffenen Maßnahmen in mehreren Mitgliedstaaten bis an die Grenze – und nach Auffassung der italienischen Regierung in der Haftbefehlsfrage offenbar auch schon darüber hinaus – gehen, was im Rahmen gegenwärtig geltenden nationalen Verfassungsrechts an neuen EU-Verfahren und Strukturen noch möglich ist. Eine Übertragung operativer Kompetenzen an Europol-Beamte in der Terrorismusbekämpfung – um nur ein Beispiel zu nehmen – würde sehr wahrscheinlich in mehreren Mitgliedstaten Verfassungsrevisionen notwendig machen, die sich in einigen Fällen als innenpolitisch recht problematisch erweisen könnten.

Kaum weniger schwicrig als Kompetenzübertragungen würde auch die vertragliche Einführung von Mehrheitsentscheidungen in Schlüsselbereichen der Terrorismusbekämpfung sein. Zwar wäre dies – wie die durch fortwährende einzelne nationale Einwände erheblich erschwerten Verhandlungen über den Europäischen Haftbefehl und die Terrorismusdefinition erneut gezeigt haben – im Sinne der Entscheidungsfähigkeit des Rates durchaus sehr wünschenswert, aber kaum einer der Mitgliedstaaten dürfte wirklich dazu bereit sein, aufgrund einer Mehrheitsentscheidung eventuell auch gegen seinen Willen wichtige Elemente des nationalen Strafrechts oder der Arbeitsweise seiner Polizeibehörden ändern zu müssen. Auch in diesem Zusammenhang sind mögliche Probleme der nationalen Verfassungsordnung nicht zu unterschätzen, so etwa in Deutschland die Zuständigkeiten der Länder im Polizei- und Ordnungsrecht, die es der Bundesregierung zweifellos nicht leicht machen würden, in diesen Bereichen das Prinzip vertraglicher Mehrheitsentscheidungen zu unterstützen.

Vor diesem Hintergrund kann es nicht überraschen, dass auch der Verfassungsentwurf des Europäischen Konvents der Union keine wirklich neuen

Kompetenzen in der Terrorismusbekämpfung überträgt. Dennoch enthält der Verfassungsentwurf einige nicht unbedeutende Neuerungen:[48] Zunächst ist hervorzuheben, dass der Verfassungsentwurf die bestehende Aufteilung in drei Säulen aufhebt. Zwar bestehen erhebliche Sonderregelungen für die justizielle Zusammenarbeit in Strafsachen und die polizeiliche Zusammenarbeit sowie die Gemeinsame Außen- und Sicherheitspolitik fort, aber die über den Innen- und Justizbereich hinausgehenden umfassenden Strategien oft hinderliche Säulengliederung wird zumindest formell beseitigt. Darüber hinaus finden sich spezifische terrorismusbezogene Handlungsermächtigungen in dem Entwurf nicht nur im Rahmen der justiziellen Zusammenarbeit (Artikel III-172: Mindestvorschriften zur Festlegung von Straftaten und Strafen) und der polizeilichen Zusammenarbeit (Artikel III-177: Auftrag von Europol), sondern auch erstmals im Rahmen der bestehenden ersten Säule (Artikel III-49: Maßnahmen in Bezug auf Kapitalbewegungen und Zahlungen im Rahmen des Binnenmarkts) sowie auch der Gemeinsamen Außen- und Sicherheitspolitik (Artikel III-210: zivile und militärische Missionen zur Bekämpfung des Terrorismus im Rahmen der Gemeinsamen Sicherheits- und Verteidigungspolitik). Damit vollzieht der Verfassungsentwurf einen deutlichen Schritt hin auf einen umfassenderen Ansatz zur Terrorismusbekämpfung über die innen- und justizpolitischen Bereiche hinaus, wobei insbesondere auch die Aufnahme möglicher militärischer „Missionen" zur Terrorismusbekämpfung eine (allerdings weite Interpretationsspielräume lassende) Neuerung darstellt.

Man mag bedauern, dass in den Verfassungsentwurf keine „Querschnittsklausel" zur Terrorismusbekämpfung eingeführt worden ist, die ausdrücklich Kombinationen von Rechtsgrundlagen und Instrumenten aus verschiedenen Vertragsteilen zulassen würde. Die neue Solidaritätsklausel in Artikel I-41(1) sieht allerdings vor, dass im Falle eines Terroranschlages die Union „alle ihre zur Verfügung stehenden Mittel" einschließlich der ihr von den Mitgliedstaaten bereitgestellten militärischen Mittel zur Abwendung terroristischer Bedrohungen und zum Schutz von Institutionen und Zivilbevölkerung mobilisieren soll. Sie könnte damit als eine alle Teile des Verfassungsvertrages umfassende Handlungsgrundlage ausgelegt werden.

Von Bedeutung für erweiterte Handlungsmöglichkeiten der Union in der Terrorismusbekämpfung könnten auch die Möglichkeit der Einführung von Mindestvorschriften hinsichtlich der Zulässigkeit von Beweismitteln und

---

[48] Die folgende kurze Analyse stützt sich auf den endgültigen Text des Verfassungsentwurfs vom 18. Juli 2003, Ratsdokument CONV 850/03.

anderen Aspekten des Strafverfahrensrechts (Artikel III-171(2)), die Ermächtigung von Eurojust zur Einleitung von durch nationale Strafverfolgungsbehörden durchzuführende Strafverfolgungsmaßnahmen (Artikel III-174(2)(a)), die Einführung der Möglichkeit Europäischer Gesetze oder Rahmengesetze in den Bereichen Informationsaustauschs, Ausbildung und Austausch von Personal und gemeinsame Ermittlungstechniken (Artikel III-176(2)) sowie der möglichen Mandatierung von Europol zur Durchführung von Ermittlungen und von operativen Maßnahmen gemeinsam mit den Behörden der Mitgliedstaaten (Artikel III-177(2)(b)) sein. Die Reichweite dieser Vorschriften ist allerdings umstritten und könnte im Rahmen der Regierungskonferenz 2003/4 noch eingeschränkt werden. Festzuhalten ist auch, dass die Einstimmigkeit als Entscheidungsgrundlage in den Bereichen der justiziellen Zusammenarbeit in Strafsachen und der polizeilichen Zusammenarbeit ebenso wie in der GASP und Gemeinsamen Sicherheits- und Verteidigungspolitik beibehalten wird, was – obwohl in der Sache durchaus verständlich – die Entscheidungskapazität der Union weiterhin belasten würde.

Strukturelle Reformen

Die bereits eingerichteten Strukturen der EU haben ohne Zweifel noch nicht ihre volle Leistungsfähigkeit erreicht. Im Bereich der Entscheidungsstrukturen des Rates wäre oberhalb der Arbeitsgruppenebene die Einsetzung einer hochrangigen „multidisziplinären" Koordinationsgruppe – wie es sie im Bereich der Bekämpfung der organisierten Kriminalität bereits gibt – zu prüfen, die sich auf säulenübergreifende Maßnahmen und Strategien konzentrieren könnte. Dies könnte sich zwar mit den nach dem 11. September im Rat hervorgehobenen „Querschnittsaufgaben" des AStV im Bereich der Terrorismusbekämpfung[49] überschneiden, aber aufgrund der Überlastung seiner Agenda und teilweise auch der mangelnden fachlichen Expertise des letzteren könnte hier sicherlich eine sinnvolle Arbeitsteilung unter Wahrung der Position des AStV und des Ausschusses nach Artikel 36 gefunden werden.

Zur besseren Ausnutzung der Kapazitäten von Europol, der Task Force der Polizeichefs und von Eurojust wären klarere Aufgabendefinitionen und Prioritätensetzungen im Bereich der Terrorismusbekämpfung sinnvoll, wobei

---

[49] Ratsdokument Nr. 14574/1/01 (Enfopol 141).

gleichzeitig ein regelmäßiger „Trialog" zwischen diesen Schlüsselgremien mit der Möglichkeit eingerichtet werden sollte, dem Rat gemeinsame Empfehlungen zu neuen Maßnahmen und Schwerpunkten bei der praktischen Weiterentwicklung der polizeilichen und justiziellen Zusammenarbeit unterbreiten zu können. Von zentraler Bedeutung ist auch die Sicherstellung eines umfassenden Informationszugangs von Europol und Eurojust zu Daten und besonderen Kenntnissen nationaler Behörden, die bislang in vielen Fällen noch nicht gegeben ist. Dies ist weniger von neuen Ratsentscheidungen abhängig, als vielmehr von einem – notfalls auf der politischen Ebene nachzuhelfendem – Einstellungswandel der relevanten nationalen Behörden. Gleiches gilt für die praktische Kooperationsbereitschaft nationaler Dienststellen, die für den institutionellen Neuling Eurojust besonders wichtig sein dürfte.

Zur Stärkung der operativen Kapazitäten sollte die Arbeit der Task Force der Polizeichefs auf die Evaluierung der Möglichkeiten gemeinsamer Anti-Terror-Operationen der nationalen Polizeikräfte sowie deren Planung ausgerichtet werden. Die Bildung gemeinsamer Ermittlungsgruppen im Anti-Terror-Bereich sollte – nach der inzwischen erfolgten Annahme des betreffenden Rahmenbeschlusses – aktiv gefördert werden, wobei sich zunächst an diesen Teams – wie gemäß des Entwurfs des Rahmenbeschlusses auch durchaus möglich – nur einige Mitgliedstaaten beteiligen könnten. Schließlich sollte auch von der durch Artikel 30(2) EUV eröffneten Möglichkeit der Initiierung und Koordinierung nationaler Ermittlungsoperationen durch Europol im Bereich der Terrorismusbekämpfung vollauf Gebrauch gemacht werden, wobei den nationalen Behörden die Durchführung solcher Operationen auf Anfrage von Europol in noch zu definierender Form zur Pflicht gemacht werden sollte. Zu prüfen wäre auch, ob die Einsetzung einer gemeinsamen Task Force der Geheimdienste für Fragen der Terrorismusbekämpfung nicht einen nützlichen Beitrag sowohl zur operativen Kooperation als auch zur entscheidungsvorbereitenden Analyse leisten könnte, wobei diese allerdings in regelmäßigen Austausch mit Europol, den Polizeichefs und Eurojust treten sollte.

Schließlich könnte auch eine Ausweitung von gemeinsamen Trainingsmaßnahmen im Bereich der Terrorismusbekämpfung vor allem für Polizeibeamte und Staatsanwälte von beträchtlichem Nutzen sein, die auf der Identifizierung von „best practices" innerhalb und außerhalb der Union beruhen sollte. In diese Trainingsmaßnahmen sollten frühzeitig auch Vertreter der Beitrittskandidaten einbezogen werden, denen es in vielen Fällen an besonderer Expertise in diesem Bereich fehlt. Hierfür sollten zusätzliche Haushaltsmittel bereitgestellt werden. Die zurzeit noch immer strukturell kaum gefestigte Europäische Polizeiakademie könnte in diesem Zusammenhang eine wichtige Rolle übernehmen.

Verbindung interner und externer Maßnahmen und „cross-pillarisation"

Angesichts der internationalen Dimension der terroristischen Bedrohung sollten Maßnahmen innerhalb des RFSR auch immer von geeigneten Maßnahmen auf der internationalen Ebene begleitet werden. Dies bedeutet zunächst die Entwicklung einer geeigneten umfassenden Strategie, die parallel zu den angestrebten internen Fortschritten auch Zielsetzungen für die Beziehungen zu bestimmten für den Kampf gegen den Terrorismus besonders relevanten Drittstaaten oder gemeinsame Vorgehensweisen in internationalen Organisationen (insbesondere den UN-Organen) definiert. Dies ist teilweise im Rahmen der Umsetzung des Aktionsplans vom September 2001 schon geschehen, aber die systematische Berücksichtigung der Außendimension sollte zu einem festen Bestandteil eines halbjährlich oder jährlich zu definierenden Strategiepapiers werden. Zu erwägen wäre auch die Einführung der Zusammenarbeit in der Terrorismusbekämpfung als obligatorischen Punkt in alle Vertragsverhandlungen mit Drittstaaten oder -staatengruppen. Die Union ist bereits dazu übergegangen, Rückführungsklauseln im Bereich der Asyl- und Einwanderungspolitik systematisch in alle Verhandlungen mit Drittstaaten einzubringen, und es ist nicht einzusehen, warum dies in ähnlicher Form nicht auch für die Terrorismusbekämpfung möglich sein sollte, wobei die konkreten Ziele einer solchen Zusammenarbeit wahrscheinlich von Fall zu Fall unterschiedlich wären. Wirtschaftliche und finanzielle Konzessionen im Rahmen der Ersten Säule könnten somit auch für die Zwecke der Terrorismusbekämpfung genutzt werden. Denkbar wäre auch der Abschluss spezifischer, auf die Terrorismusbekämpfung ausgerichteter Abkommen unter Nutzung des Artikels 38 EUV, wofür das in Vorbereitung begriffene Rechtshilfeabkommen mit den USA ein erstes Beispiel liefern könnte.

Die angesprochenen Möglichkeiten der verstärkten Nutzung externer Instrumente würden auch einen Beitrag zur *„cross-pillarisation"* in der Terrorismusbekämpfung auf EU-Ebene leisten. Der Union stehen vor allem im Rahmen des EG-Vertrages (Erste Säule) sowohl hinsichtlich des Binnenmarktes als auch hinsichtlich der Außenwirtschaftsbeziehungen eine Reihe von Instrumenten zur Verfügung, die Zielsetzungen der Terrorismusbekämpfung im Rahmen des Titels VI EUV (Dritte Säule) wirksam ergänzen oder zumindest begleiten können. Ähnliches gilt auch für den Bereich der GASP

(Zweite Säule). Die Nutzung der potenziell sehr wirksamen Synergieeffekte hängt sowohl von der Definition entsprechender übergreifender Strategien ab – wofür die längerfristigen „Strategien" im Rahmen der Bekämpfung der organisierten Kriminalität teilweise als Modell fungieren könnte – als auch von einer effektiven Interaktion zwischen den unterschiedlichen Entscheidungssträngen der einzelnen Säulen. Gemeinsame Sitzungen von Schlüsselgremien der einzelnen Säulen – wie etwa die der COTER-Arbeitsgruppe der GASP und der „Terrorismus"-Arbeitsgruppe im Rahmen der Dritten Säule – sind hierfür unerlässlich und sollten daher noch deutlich ausgeweitet werden.

Stärkung der demokratischen Legitimität

Nicht zuletzt auch aufgrund der in einigen Mitgliedstaaten relativ schwachen parlamentarischen Kontrolle von EU-Entscheidungen im Bereich des RFSR führt hinsichtlich der Stärkung der demokratischen Legitimität von EU-Maßnahmen im Anti-Terror-Bereich kein Weg am Europäischen Parlament vorbei. Es sollte auch erwähnt werden, dass sich das Europäische Parlament bei der Behandlung der zahlreichen und in rascher Folge vom Rat verabschiedeten Maßnahmen nach dem 11. September 2001 insgesamt recht pragmatisch verhalten hat und in den meisten Fällen bemerkenswert rasch seine Positionen formuliert hat. Von daher ist es ausdrücklich zu begrüßen, dass der Verfassungsentwurf des Konvents dem Europäischen Parlament im Rahmen der relevanten Bestimmungen hinsichtlich der justiziellen Zusammenarbeit in Strafsachen weitgehende Mitentscheidungs- bzw. Zustimmungsrechte einräumt. In den Bereichen der operativen Zusammenarbeit zwischen Polizeibehörden (Artikel III-176(3)) und dem Tätigwerden im Hoheitsgebiet anderer Mitgliedstaaten (Artikel III-178)) soll es allerdings bei einer bloßen Anhörung des Parlaments (und Einstimmigkeit im Rat) bleiben. Als ungeklärtes Problemfeld sind die nicht rechtsverbindlichen Programmdokumente des Rates (darunter vor allem die sogenannten „Aktionspläne") zu betrachten, die vielfach längerfristig gemeinsame Prioritäten und Angleichungen nationaler Praktiken festlegen, aber auch im Verfassungsentwurf des Konvents weder der Mitentscheidung noch der Zustimmung des Europäischen Parlaments unterworfen werden. Besondere Aufmerksamkeit sollte auch den Kontrollmöglichkeiten sowohl des Europäischen Parlaments als auch der einzelstaatlichen Parlamente hinsichtlich der Zusammenarbeit zwischen der Union und Drittstaaten bei der Terrorismusbekämpfung gewidmet werden. Das oben angeführte Beispiel der beiden Europol-Abkommen mit

den USA hat bewiesen, dass Rat und Mitgliedstaaten in diesem Bereich gelegentlich eine bedenkliche Tendenz zeigen, die Parlamente vor vollendete
Tatsachen zu stellen, obwohl diese Formen der Zusammenarbeit grundlegende Rechte von EU-Bürgern berühren können.

Die Legitimität der Union als Akteur in der Terrorismusbekämpfung
verstärken könnte allerdings auch ein größeres Bemühen um die Herstellung
von Öffentlichkeit und Transparenz. Mit dem vom Rat im Januar 2002 erstmals dem Parlament übermittelten, auf Europol-Bewertungen basierenden
Bericht zum Stand der terroristischen Bedrohungen innerhalb der Union
wurde ein erster Schritt getan.[50] Der Rat „Inneres und Justiz" und die zuständigen Generaldirektionen von Kommission und Rat sollten jedoch sehr viel
größere und systematischere Anstrengungen unternehmen, um die Öffent-
lichkeiten über die Gründe für bestimmte Maßnahmen und den erhofften
Sicherheitsgewinn für die Bürger aufzuklären. Der RFSR gehört bislang zu
den am wenigsten offensiv der Öffentlichkeit vermittelten Integrationspro-
jekten des europäischen Einigungswerkes. Gerade im Bereich der Terrorismusbekämpfung bestehen durchaus Möglichkeiten, den europäischen Bürgern den Mehrwert grenzüberschreitender Maßnahmen deutlich zu machen.
Zugleich birgt er aber auch Gefahren einer wachsenden Erosion der demokratischen Legitimität der Union, wenn Entscheidungsträger auf Unionsebe-
ne glauben sollten, sich in diesem schwierigen Feld mit dem traditionellen
Arkanverhalten von Organen der inneren Sicherheit begnügen zu können.

---

[50] Ratsdokument Nr. 5759/02.

Wie lassen sich offene und hochtechnologisierte Gesellschaften schützen?
Das Beispiel Cyber Terror

Reinhard W. Hutter

Die Risiken moderner Gesellschaften gegen unerwartete, z. B. terroristische Aktionen, nehmen zu – sie sind aber nicht erst seit dem 11. September 2001 bekannt. Dennoch zwingt uns dieses Ereignis, die Phase der sicherheitspolitischen Sorglosigkeit, die sich seit dem Ende des Kalten Krieges breit gemacht hat, zu beenden.

Die Risikofaktoren unserer Gesellschaft reichen von technologischen Abhängigkeiten wie der Informationstechnik über die internationale Vernetzung z. B. des Finanzwesens oder der Energieversorgung über Deregulierungs- und Privatisierungsmanie bis hin zum begrenzten politischen Willen, sich mit diesen Phänomenen unter sicherheitspolitischer Notwendigkeit auseinanderzusetzen. Erschwert wird dies durch die Tatsache, dass wir es im Vergleich zu konventionellen Auseinandersetzungen mit ungleich vielfältigeren Bedrohungsarten, Verwundbarkeiten und Risiken zu tun bekommen. Hochtechnisierte, offene Gesellschaften sind geradezu ein äußerst attraktives Operationsfeld für politisch-ideologisch motivierten Terrorismus.

Am Beispiel der weltweit vernetzten Informationstechnik, der man eine zunehmende Bedrohung durch den sog. Cyber-Terrorismus unterstellt, wird deutlich, dass es keine Grenze zwischen innerer und äußerer Sicherheit und keine Grenze zwischen öffentlich und privatwirtschaftlich zu schaffenden Sicherheitsvorkehrungen gibt.

Wirksame Maßnahmen erfordern neue öffentlich-private Kooperationsstrukturen, einen klar zu formulierenden politischen Willen, einen ressortübergreifenden Auftrag und eine langfristig angelegte Analyse und Umsetzungsstrategie. Sie ist in entsprechende internationale Initiativen, z. B. der EU, UN, NATO einzubinden und mit den wichtigsten Nachbar- und Partnerstaaten eng abzustimmen, die auf diesem Sektor z. T. erheblich weiter sind als Deutschland.

Bedrohung und Risiken – das Beispiel Informationstechnik

Der Terrorismus gehört „... zu den flexibelsten und dynamischsten politischen Phänomenen: Er bildet ständig neue und immer gefährlichere Formen aus ...[1]".

Ich behaupte, unser politisches System in Deutschland und unsere Gesellschaft gehören nicht zu den flexibelsten und dynamischsten Systemen. Damit ist im Prinzip alles gesagt. Ich meine das zunächst als Feststellung. Aber ohne Provokation – im konstruktiven Sinne – kommen wir aus diesem Dilemma nicht heraus. Der Bedrohung unserer Sicherheit steht kein adäquates Sicherheitsdenken und kein ausreichendes Präventions- und Schutzsystem gegenüber.

Ich möchte diese Situation vor allem am Beispiel des sogenannten Cyber-Terrorismus – also den Möglichkeiten und Verwundbarkeiten, die uns aus Computern und Kommunikationsnetzen erwachsen – verdeutlichen, und zwar aus folgenden Gründen:

- Viele unserer sog. „Kritischen Infrastrukturen" wie Energieversorgung, Verkehrssysteme, Banken- und Finanzwesen oder Sicherheits- und Rettungsdienste sind hochgradig von der Informationstechnik (IT) abhängig und damit auch über dieses Medium extrem verwundbar.

- Verletzbarkeit von IT und Kommunikation und deren Folgen haben heute noch keine allgemein anerkannte sicherheitspolitische Bedeutung, werden sie aber sehr bald bekommen.

- IT und Vernetzung sind besonders charakteristisch für die Offenheit und „Globalisierung" unserer Gesellschaft.

- Heute wird vor allem über Flugzeuge, Gebäude und biologische Kampfstoffe diskutiert. Das nächste oder übernächste Szenario wird ganz anders aussehen. Es kann z. B. auch ein „Cyber"-Angriff enthalten.

Nicht erst seit dem 11. September 2001, sondern spätestens seit der „Ölkrise" der 70er-Jahre – deren Erkenntnisse in Konsequenzen auch zum Golfkrieg beitrugen – ist klar, dass essenzielle Bedrohungen von Gesellschaften und Staaten nicht primär militärischer Natur sein müssen. Feindlich gesinnte

---

[1] Bruce Hoffmann: „Der unerklärte Krieg" 1999, S. 276

Kräfte – seien es gegnerische Staaten, terroristische Gruppen oder organisierte Kriminalität – werden jedoch auch in Zukunft ihr Verhalten grundsätzlich an folgenden Zielparametern ausrichten:

- Sie werden Schwachstellen identifizieren und das schwächste Glied in
  der Kette in dem anzugreifenden oder zu schädigendem System zu nutzen versuchen.

- Sie werden ihren Aufwand – sowohl für die Erzeugung ihres An-
  griffspotenzials als auch für die Durchführung ihrer Operationen – so
  niedrig wie möglich halten.

- Sie werden ihre Wirkung und damit den Schaden des Anzugreifenden
  ihrer Zielsetzung entsprechend so groß und nachhaltig wie möglich gestalten wollen.

- Abgesehen von den ausführenden Selbstmordattentätern werden sie sich
  selbst so weit es geht schützen – sowohl vor Entdeckung als auch vor
  Gegenmaßnahmen des Angegriffenen.

- Sie werden sich so weit wie möglich modernster, verfügbarer Verfahren
  und Technologien bedienen.

Die Wiederholungsgefahr gleichartiger Szenarien hängt ab von der Sichtbar-
keit und Glaubwürdigkeit der Gegenmaßnahmen. Da sich diese meistens an
den jeweils jüngsten Ereignissen orientieren, ist anzunehmen, dass der Terrorismus sich wechselnder Optionen bedient. Im Prinzip kommen alle Optionen – die Konventionelle, die Biologische und Radiologische, die Chemische
und unter gewissen Voraussetzungen auch die Atomare in Betracht.
    Die Experteneinschätzungen terroristischer Bedrohung mit Massenver-
nichtungswaffen und digitalen Angriffen beruhen auf folgenden Parametern:

- Verfügbarkeit der Mittel/Technik
- Zugänglichkeit; Kosten/Aufwand für Beschaffung, Vorbereitung und
  Einsatz
- Handhabbarkeit/Verbringbarkeit
- Wirksamkeit/Schäden an Material und Personal
- Politische/psychologische Wirkung
- Systemwirkung (z. B. Konjunktur, Gesetzgebung)

Allerdings müssen wir uns von der klassischen, aus dem Militärischen bekannten Bedrohungsanalyse verabschieden. Für ideologisch und religiös motivierte Terrorkräfte ist jedoch eine nach westlich-rationalen Kriterien alleine abgeschätzte Eintrittswahrscheinlichkeit kaum brauchbar. Aufgrund der oben angeführten Kriterien ergibt sich auch und gerade für die Informationstechnik (IT)[2] als Ziel und Waffe eine zunehmende Bedeutung. Die Informationstechnik ist besonders charakteristisch für die Offenheit unserer Gesellschaft und zwar in mehrerer Hinsicht:

- Fast jeder Einzelne ist davon abhängig.
- Alle großen und z. T. lebenswichtigen Infrastrukturen sind davon abhängig.
- IT ist weltweit verbreitet und vernetzt.
- IT ist jedem zugänglich.
- Sie ist extrem verwundbar.

Die Informationstechnik wird also zunehmend zu einem ernsten Risikoelement von sicherheitspolitischem Rang aufgrund besonderer Eigenschaften und Phänomene:

1. Durch die weltweite Vernetzung können Angriffe mit u. U. verheerenden Folgen weitgehend unerkannt aus jedem Winkel der Erde gestartet werden. Die Urheber von spektakulären Angriffen saßen auf den Philippinen oder in Petersburg. Sie verursachten Schäden im zweistelligen Milliardenbereich. Die buchstäblich grenzenlose Vernetzung macht eine Lokalisierung, Identifizierung, Rückverfolgung und Haftbarmachung von Tätern weitgehend unmöglich. Vernetzte Strukturen für Telearbeit oder Fernwartung stellen ebenso Risikoquellen dar.

2. Die „Nervenstränge und Gehirne" – sprich die Netze und datenverarbeitenden Einrichtungen von Industriegesellschaften sind heute fast sträflich abhängig von wenigen Großlieferanten – sowohl bezüglich wichtiger Bauelemente wie Prozessoren und Speicherchips als auch hinsichtlich der Betriebssysteme, der Standardsoftwaresysteme und den dahinter stehenden Diensten. Daraus folgt jedoch nicht nur eine Abhän-

---

[2] IT i. S. dieser Abhandlung beinhaltet u. a. Computerhardware, Betriebssysteme, Anwendersoftware, Netze, Dienste, Administration, Verfahren und Organisation von Systemen der Informationsverarbeitung, -übertragung und -nutzung

gigkeit bezüglich Versorgung und Verfügbarkeit von Hard- und Software-Komponenten. Es bedarf keiner besonderen Phantasie, dass sich wenige Hersteller, ggf. auch in Zusammenarbeit mit Sicherheitsorganen, ein Macht- und Einflusspotenzial gesichert haben, welches aufgrund der Komplexität der Systeme nicht mehr transparent ist und das sowohl für Wettbewerbsvorteile der Wirtschaft als auch im Falle von Spannungen oder gar Krisen massiv genutzt werden kann[3]. Heute ist weitgehend nicht mehr nachvollziehbar, was alles in ein Softwaresystem „eingebaut" ist oder eingebaut werden kann. Grundsätzlich ist eine Monokultur leichter angreifbar und birgt ein höheres Schadenspotenzial als eine heterogene Vielfalt. Outsourcing bzw. Privatisierung von kompletten IT-Großsystemen und deren Diensten reduzieren darüber hinaus die Möglichkeit der Kontrolle und Überwachung.

3. Ein kontinuierliches Dilemma schaffen die extrem schnellen Innovationszyklen der IT. Systeme wirklich sicher zu machen, dauert häufig länger als die Entwicklung der IT-Nachfolgegeneration selbst, so dass der erstrebte Sicherheitsstandard nie erreicht wird. Wir müssen uns aber auch schon jetzt auf weitere, völlig neue Formen des Eindringens der IT in unsere Gesellschaft vorbereiten: Intelligente Roboter im Alltag, direkte Schnittstellen zwischen Elektronik und Nervensystemen, Leistungen der künstlichen Intelligenz, welche die des menschlichen Gehirns zumindest in Teilbereichen weit übersteigen. Wenn sich die Visionen des Zukunftsforschers Ray Kurzweil auch nur zu Bruchteilen bewahrheiten, wird IT und Elektronik zum integralen Bestandteil aller Belange des täglichen Lebens und des Menschen selbst.

4. Die Komplexität der Systeme hat zu einem hohen Grad der Unüberschaubarkeit und Nicht-Beherrschbarkeit in Störfällen geführt. Sie nimmt weiter zu. Jeder von uns wundert sich schon über die Unmöglichkeit, bestimmte Abläufe bei der Handhabung eines Systems wie Windows zu reproduzieren. Komplexe Betriebssysteme oder Netzsteuerungen führen zunehmend ein „Eigenleben", das immer schwerer zu beherrschen ist.

5. IT ist allgemein verbreitet und verfügbar, IT-Systeme sind üblicherweise leicht zugänglich – sowohl IT-technisch als auch physisch. Eine eige-

---

[3] „Krieg im Computer", Die Zeit Nr. 2 v. 5.1.2000

ne Art der Proliferation hat bei der IT bereits selbsttätig stattgefunden und wird sich weiter fortsetzen. Digitale Waffen lassen sich ohne Aufwand beliebig vermehren und transportieren.

6. Gleichzeitig hat diese Verbreitung dazu geführt, dass die meisten unserer sogenannten „kritischen Infrastrukturen" elementar von der Verfügbarkeit und Funktionsfähigkeit der Informationstechnik abhängen. Mit geringem Aufwand können so extrem hohe Schäden verursacht werden. Ein Hochleistungs-Waffensystem kostet einen zwei- bis dreistelligen Millionenbetrag pro Einheit (Systempreis), und es kann im Einsatz Schäden in vergleichbarer Größenordnung verursachen. Dagegen können heute Milliardenschäden durch einen einzelnen Hacker produziert werden. Dieses zunehmende Ungleichgewicht zwischen Mittel und Wirkung zählt zu dem so genannten asymmetrischen Verhalten in künftigen Konflikten, welches vor allem typisch ist für substaatliche Organisationen und Terrorgruppen.

7. Das Spektrum der Verwundbarkeiten der IT ist sehr groß und im ständigen schnellen Wandel begriffen. Hackerangriffe gehören heute zum Alltag. Täglich entstehen neue Lücken. Im Lebensgang eines IT-Systems sind bis zu 50 verschiedene „Parteien" beteiligt, von der Forschung über Entwicklung, Fertigung, über Handel, Betrieb und Nutzung bis zur Wartung. Jede dieser Parteien ist ein potenzieller Risikofaktor.

8. Das Spektrum der Angreifer und ihrer Motive und Angriffsoptionen ist somit weit gespannt und reicht vom verärgerten Mitarbeiter als Innentäter über den Fanatiker, Terroreinheiten, Industriespionage, organisiertes Verbrechen bis hin zu feindlichen Staaten. Das Spektrum der Angriffsoptionen reicht vom Hackerangriff bis zur gezielten Störung oder Zerstörung eines zivilen oder militärischen Lagezentrums durch eine EMP-Bombe oder HERF-Sender.[4] Mehr als die Hälfte der in USA gemeldeten „Cyber-Crime"-Vorfälle wurde von Innentätern verübt![5]

9. Die Rechts- und Gesetzeslage und darauf basierende Gegen- und Abschreckungsmittel stehen noch auf sehr unsicherem Boden, wenn es sich um „Cyber-Vergehen" handelt. So hat z. B. das Verbot rechtsradikaler

[4] EMP = Elektro-Magnetic-Pulse, HERF = High Energy Radio Frequency
[5] 2002 CSI/FBI Computer Crime and Security Survey

Darstellungen im Internet dazu geführt, dass die deutsche Szene einfach auf ausländische Provider ausweicht. Die Legislative und Exekutive sind weitgehend machtlos bzw. auf freiwillige Vereinbarung mit Providern angewiesen. Die internationale Abstimmung von Rechtsnormen steckt noch in den Kinderschuhen, ebenso die Kooperationsverfahren bei Ermittlung und Strafverfolgung von „Informationstätern".

10. Verantwortlichkeiten und Zuständigkeiten für den Schutz unserer Infrastrukturen insbesondere gegen terroristische Angriffe auf Netze und Computer sind unklar. Bundeswehr und NATO haben begonnen, die Aufgabe „Informationsoperationen" konzeptionell zu gestalten[6]. Konkrete Umsetzungsmaßnahmen sind vor allem in den USA erkennbar.[7] Doch welche Aufgaben hat z. B. die Polizei, wie wird sie ausgerüstet und wie arbeitet sie mit Wirtschaftsunternehmen und weiteren Sicherheitsdiensten (BOS)[8] zusammen, wenn diese massiven Informationsangriffen ausgesetzt sind? Wo sind die Notfallpläne für den IT-Angriff? Wo ist die Grenze zwischen innerer und äußerer Sicherheit, muss sie neu definiert werden oder löst sie sich auf? Brauchen wir eine IT-Aufsicht? Wird sich ein neuer Regulierungsbedarf entwickeln? Wird es einen „Cyber-War" geben – wie ist er definiert, wer wird ihn austragen? Die Diskussion über neue Aufgaben der Bundeswehr wird mit Sicherheit auch bei Bewusstwerdung von Szenarien mit Informationsoperationen erneut aufflammen.

Reaktionen in der Öffentlichkeit

„Das wird die Welt verändern ..." war auch meine erste unmittelbare Reaktion auf die Nachricht aus den USA am 11. September 2001. Seither haben die Weltveränderer Hochkonjunktur. Es gab zunächst viele selbsternannte „Experten". Die meisten Reaktionen schwankten zwischen Unwissen und Spekulation und – sicher gut gemeinten – aber z. T. kuriosen Ratschlägen. Al-

---

[6] Reinhard Hutter, „Critical Infrastructures – What is new and what needs to be done", in: Armed Forces Communication and Electronic Association (AFCEA), München 1999; NATO-RTO Meeting, Proceedings 27: „Protecting NATO Information Systems in the 21st Century", publ. May 2000
[7] Clarence A. Robinson, Jr.: „Information Operations Sweep Across Milieu of Peace and War", SIGNAL, Sept. 1999
[8] Behörden und Organisationen mit Sicherheitsaufgaben (Feuerwehr, Polizei, Rettungs- und Hilfsdienste)

lenthalben stieß man auf Vermutungen, Einschätzungen, „Wahrscheinlichkeiten". Alte Vorschläge traten in neuem Gewand auf. Natürlich meldeten sich auch seriöse Experten, Analytiker und Wirtschaftsleiter zu Wort (bei den Politikern bin ich noch etwas vorsichtig).

Die Vorstellung, dass es sich nicht um ein singuläres Ereignis handelte, sondern dass wir uns auf ein völlig neues Spektrum von Bedrohungen einstellen müssen, setzte sich allerdings erst allmählich durch. Dennoch überwiegt bezüglich der Cyber-Bedrohung immer noch eher die Verharmlosung. Die Fachkreise waren wie alle zwar von den Vorgängen am 11. September 2001 schockiert, aber nicht überrascht. Im Prinzip haben seriöse Experten nichts Neues zu sagen, doch was sie in den letzten Jahren zum Terrorismus und zu Fragen der inneren und äußeren Sicherheit gesagt haben, hat höchste Aktualität bekommen. Das gilt auch für die „Community", die sich seit ca. 1996 in Deutschland verstärkt mit den Risiken der Informationstechnik und der besonderen Abhängigkeit unserer Infrastrukturen von der IT befasst.

Institutionelle Wahrnehmung und Reaktion

Die bisherigen Reaktionen zuständiger Institutionen auf den 11. September 2001 waren nicht sehr systematisch und z. T. widersprüchlich.

Der zweite Gefahrenbericht der Schutzkommission beim Bundesministerium des Inneren von Oktober 2001 nimmt die (Cyber)-Bedrohung durchaus ernst und macht entsprechende Programmvorschläge, lässt aber die Frage der Zuständigkeit ziemlich offen. Der Zwischenbericht der Störfallkommission, Ad-hoc-Gruppe „Eingriffe Unbefugter" – im Auftrag des Bundesumweltministeriums: „... hält Angriffe über die elektronische Vernetzung ... (Cyber-War) für weniger gefährdend" und: „Die Ad-hoc-Gruppe hat sich mit der Thematik jedoch nicht vertieft beschäftigen können".

Die Autoren des Kurzberichts der Ressortarbeitsgruppe KRITIS vom Dezember 1999 schreiben:[9] „Vielfältige Aktivitäten (gemeint sind vor allem Schutzprogramme in den USA und anderen Ländern: Anm. des Autors) bestätigen, dass dem Schutz kritischer Infrastrukturen eine zunehmend hohe sicherheitspolitische Bedeutung zukommt". Eine Kurzstudie des Auswärtigen Amtes zusammen mit dem Bundesministerium der Verteidigung vom August 2001 stellt fest, dass die USA „das weltweit größte Potenzial und die ausgeprägteste Kompetenz ..." besitzen und hält „ ... eine Globalisierung

---

[9] Veröffentlichte Vorab-Version: http://userpage.fu-berlin.de/~bendrath/Kritis-12-1999.html

der Gefahrenabwehr (für) unabdingbar". „Für den Staat ergibt sich daraus eine neue Dimension der Verantwortung".[10]

Das Anti-Terror-Paket (ATP) der Bundesregierung wird mit heißer Nadel zusammengestrickt. Ein Teil der Maßnahmen des ATP entstand aus Ressortvorschlägen heraus und wurde z. T. durch Haushaltsdefizite in laufenden Programmen getrieben. Die Maßnahmen sind nicht ressortübergreifend koordiniert. Merkwürdigerweise wurden die Ressorts Verkehr, Wirtschaft und Umwelt nicht bedacht. Die Maßnahmen stützten sich nicht auf eine Anti-Terror- und Schutzstrategie der Bundesregierung.

Die hektischen Anpassungen von Gesetzen bergen die Gefahr der Einschränkung von Bürgerrechten. „Eine Einschränkung der Bürgerrechte ... ist eine klare politische Botschaft. .... Es ist genau die falsche Botschaft, denn sie gibt den Terroristen Recht."[11] Gemeint ist, sie unterstützt gerade deren Absichten. Inzwischen hat des Bundesinnenministerium mehrere Studien veranlasst, welche die Schwachstellen wichtiger sogenannter kritischer Infrastrukturen näher untersuchen.

Viele Gremien befassen sich mit der Thematik – sie produzieren sicher interessante, z. T. brauchbare (Papier-)Ergebnisse. Die Ausrichtung an einer gemeinsamen Strategie und eine Bündelung der Kräfte sind immer noch nicht erkennbar. Hier eine bei weitem nicht vollständige und nur beispielhafte Auswahl von Gremien, die sich mit der Thematik befassen:

- Ressortarbeitsgruppe KRITIS des BMI/BSI und seine Folgeaktivitäten, insbesondere der Studien zu Kritischen Infrastrukturen
- Schutzkommission beim BMI
- Task Force Sicheres Internet
- Industrieverbände (z. B. BITKOM und ZVEI)
- Arbeitskreis AKSIS
- verschiedene CERT-Initiativen des Bundes und der Privatwirtschaft
- Bundesakademie für Sicherheitspolitik
- Zentrale für Analysen und Studien der Bundeswehr
- Planungsstäbe von AA und BMVg
- Institute wie Fraunhofer oder Stiftung Wissenschaft und Politik
- Alcatel-Stiftung
- Nachrichtendienste (zivil und militärisch)
- Kriminalämter

---

[10] www.planungsstab.de
[11] OTL i.G. Dr. Thomas Will, ZAS Bw, 27.03.02

- Parteigremien (z. B. der Wirtschaftsrat der CDU)
- Störfallkommission der Bundesregierung
- Task Force „Zukunft der Sicherheit" der Bertelsmann Stiftung
- Arbeitsgruppe Kritische Infrastrukturen im Verkehrsministerium

Bei allem Bemühen um Analyse, Erkenntnis und Maßnahmen bleibt doch die Kernfrage: Was will die Bundesregierung? Welche Rolle nimmt das Kanzleramt ein? Die eigentlich zentral zuständigen Personen und Institutionen nehmen die Aufgabe nicht auf und verweisen auf die Zuständigkeiten der einzelnen Ressorts. Welche Rolle gebührt dem Bundessicherheitsrat; wie muss er erweitert, verstärkt und sowohl fachlich aus auch bzgl. seiner Kompetenzen untermauert werden?[12] Wie werden die nicht mehr zu trennenden Aufgaben der inneren und äußeren Sicherheit zusammengeführt? Welche Rolle spielt das Parlament, nachdem die erste Welle der Erklärungen verklungen ist.

Was macht die Außen- und Bündnispolitik aus den Resolutionen des Sicherheitsrats der VN (12. Sept. und 28. Sept. 2001, 15. Okt. 2001, 19. Dez. 2001), der Resolution der Generalversammlung der VN vom 12.09.01, der Erklärung des Nordatlantikrates vom 12.09.01, der gemeinsamen Erklärung der Staats- und Regierungschefs der EU vom 14.09.01, den Schlussfolgerungen der Außerordentlichen Tagung des Rates der EU vom 20.09.01 u. v. m.? Und schließlich ist der Umgang mit dem Thema in Medien und Öffentlichkeit verkrampft und eher taktischer Natur als nüchtern-rational. Eine Medien- und Öffentlichkeitsstrategie ist nicht erkennbar. Terroristen dagegen haben längst erkannt, dass ihr wichtigster „Resonanzraum" – also ihr Verstärker – die Medien sind.

Aus alldem lässt sich als *Fazit* nur ziehen: Wir haben kein Wissens- und Informationsproblem. Wir haben ein Wahrnehmungs-, Strategie- und Handlungsproblem!

Besondere Risikofaktoren moderner Gesellschaften

Offene, hochtechnologisierte Gesellschaften wie die unsrige sind gekennzeichnet durch eine Reihe von Entwicklungen und Zustandsgrößen die jede

---

[12] Lothar Rühl, „Eine Erweiterung des Bundessicherheitsrates", FAZ v. 09.04.02

für sich, erst recht aber in ihrem Zusammenwirken noch wesentlich verstärkt neues und zunehmendes Risikopotenzial darstellen.

Die Abhängigkeit von Netzen wie den Telekommunikationssystemen, Informationssystemen/Internetdiensten, Energieversorgung, Verkehr (Straße, Schiene, Luft), Medien, Hilfs- und Rettungsorganisationen oder der Wasser- und Lebensmittelversorgung wächst. Ebenfalls wächst die Internationalisierung und Globalisierung, wie wir bei dem weltumspannend agierenden Finanzwesen, den internationalen Konzernen oder den Bündnissen/Bündnisverpflichtungen sehen. Deutlich nimmt auch die Mobilität von Individuen, Firmen und Institutionen sowie den großen international arbeitenden Infrastruktursystemen zu. Die gegenseitige Abhängigkeiten der Infrastrukturen bewirken im Falle der Störung: Dominoeffekte, Kaskadenwirkung, Sekundär- und Tertiärwirkungen/-schäden.

Probleme ergeben sich auch in der Politik und bei der Verwendung öffentlicher Haushaltsmittel. Anstelle langfristiger Strategien wird in Kategorien der Tagespolitik agiert. Eine sehr kurze Halbwertszeit des Sicherheitsbewusstseins verknüpft sich mit einem generellen Investitionsunwillen für Sicherheit (z. B. Bundeswehr, Katastrophenschutz). Die Zweckdienlichkeit der Mittelverwendung (z. B. im ATP-Programm) ist fraglich. Zudem zeigt sich Schwerfälligkeit in der Reaktion auf neue Herausforderungen.

Auch die Brauchbarkeit sowie der Harmonisierungsbedarf der Rechtssysteme sind anzusprechen. Das juristische/gesetzliche Umfeld – national wie international – ist nicht ausreichend für Phänomene wie Cyber-Terrorismus oder Information Warfare gerüstet[13]. Unterschiedliche nationale Rechtsnormen erschweren Vorbeugung und Verfolgung.

Unterschiedliche Sicherheitsinteressen von Staat und Wirtschaft führen dazu, dass Investitionen in Sicherheit in der Wirtschaft nach Wirtschaftlichkeits- und in der Politik nach sicherheitspolitischen Gesichtspunkten getätigt werden. Regularien, die der Staat für notwendig erachtet, werden von der Wirtschaft als Behinderung betrachtet. Für eine Kooperation in Sicherheitsfragen sind die unterschiedlichen Zielsetzungen zunächst hinderlich.

Auch sind (zu wenige) Rückfallstrategien vorhanden. Bisher gibt es keine Definition von Standards bzw. Minimallösungen in sensitiven Bereichen („Minimum Critical Infrastructures").

Die Zuständigkeiten, Verfahren und Ausrüstung zur Kommunikation und Kooperation von Sicherheitsorganen sind nicht angemessen. Katastro-

---

[13] Torsten Stein/Thilo Marauhn „Völkerrechtliche Aspekte von Informationsoperationen", Studie erstellt im Auftrag der IABG, März 1999

phen-/Zivilschutz, Rettungsdienste, Feuerwehr, Polizei, Bundeswehr, Private Sicherheitskräfte haben keine durchgängige Technik. Einsatzverfahren sind nicht ausreichend aufeinander abgestimmt. In dem Überlappungsbereich zwischen innerer und äußerer Sicherheit sind die Zuständigkeiten nicht adäquat geregelt. Hierzu nur zwei kleine, aber typische Beispiele: Ein Brief mit Anthrax-Verdacht wurde vom bayrischen Innenministerium einer Bundeswehrdienststelle übergeben, die sich für nicht zuständig erklärte, weil der Brief einen deutschen Poststempel trug. Beim Oder-Hochwasser musste die Polizei Funkgeräte zur Bundeswehr und die Bundeswehr Funkgeräte zur Polizei stellen, damit sie miteinander kommunizieren konnten. Frühwarnung, Informationsabgleich und Kräftekoordinierung ließen viel zu wünschen übrig.[14]

Problematisch erscheinen auch Deregulierung und Privatisierung: Der Staat hat sich von fast allen Infrastrukturen getrennt. Telekommunikation, Post , Bahn, Flugsicherung, Energieversorgung sind privatisiert. Straßen und Brücken, Verkehrsüberwachungssysteme stehen als nächste an. Damit hat der Staat allerdings auch seine zentrale Überwachungs- und Eingriffsmöglichkeit in Krisensituationen aufgegeben. „Es ist eine traurige Erkenntnis: Dieses neoliberale Selbstverständnis ..., – die Pfennigfuchserei des Staates einerseits sowie die Dreifaltigkeit von Deregulierung, Liberalisierung und Privatisierung andererseits – hat das Land leider für terroristische Angriffe verwundbarer gemacht." Und weiter: „Ein Land kann sich auch zu Tode liberalisieren."[15]

Das Outsourcing in vormals hoheitlichen Bereichen birgt Sicherheitsrisiken: Die Verlagerung wichtiger Unterstützungsleistungen staatlicher Organe in private Hände hat ähnliche Effekte wie die Privatisierung von Infrastrukturen. Der Großteil der Netze und DV-Systeme der Bundeswehr wird in eine privatwirtschaftliche IT-Gesellschaft übertragen. Das künftige Funknetz von Polizei, Feuerwehr, Rettungsdienste (BOS) wird voraussichtlich privat betrieben. Behördennetze werden zunehmend privaten Betreibern überantwortet (Beispiel: Info Highway Sachsen). Behördendienste werden zunehmend an die Privatwirtschaft übergeben – wie die Arbeitsvermittlung oder die Sozialversicherung in den USA.

Im Umgang mit der Öffentlichkeit auch unter dem Gesichtspunkt der Offenheit sind folgende risikofördernde Faktoren zu nennen:

---

[14] Hans-Peter von Kirchbach, General a. D., „Bericht der Unabhängigen Kommission der Sächsischen Staatsregierung Flutkatastrophe 2002"
[15] Ulrich Beck, Die Zeit vom 07. Februar 2002

- Erhöhte Medienpräsenz in Krisensituationen
- Problematik der Medienkontrolle, auch freiwilliger Selbstbeschränkung und -kontrolle in Krisen
- Mangelndes Sicherheits-/Risikobewusstsein in der Bevölkerung („Der Staat wird's schon richten")
- Die Offenheit der Grenzen und die Offenheit und Mobilität der Gesellschaft
- Die mangelnde Transparenz bzgl. Vorfällen und Schäden gerade im Bereich der Informationsangriffe. Nur ein geringer Prozentsatz der Vorfälle zu Computer-Kriminalität wird gemeldet. Schäden werden äußerst zurückhaltend angegeben.

Völlig neu im Vergleich zu den Szenarien des Kalten Krieges, mit denen wir uns über 40 Jahre auseinandergesetzt haben, ist das ungeheuer große Spektrum an möglichen Schäden, die durch gezielte Angriffe auf unsere Infrastrukturen entstehen können. Sie reichen von Personenschäden über die verschiedensten Kategorien an materiellen Schäden bis hin zu nicht quantifizierbaren, aber dennoch u. U. gravierenden Störungen im Verhalten der Bevölkerung oder der Handlungsfähigkeit der Politik. Diese Betrachtung macht eine Verwundbarkeitsbewertung des „Systems Deutschland" ungleich schwieriger als z. B. die Simulation konventioneller militärischer Gefechte, die während des Kalten Krieges tausendfach durchgerechnet wurden. Die Vielfalt der denkbaren Schäden erschwert zudem eine systematische Vorbereitung und das Setzen von Prioritäten bei Maßnahmen und Investitionen, sowohl in der Wirtschaft als auch im öffentlichen Sektor.

Auch daraus ergibt sich als Schlussfolgerung, dass moderne Gesellschaften ein äußerst attraktives Operationsfeld für internationale Kriminalität und Terrorismus darstellen. Die Beherrschung von schweren Krisenfällen ist nicht ausreichend vorgedacht!

Bedrohungs- und Risikopotenzial am Beispiel Informationstechnik – Von der Internet-Propaganda zum Cyber-Terrorismus

Es gibt im Prinzip drei Arten der kriminellen, subversiven oder aggressiven Gefährdungen durch IT[16]:

---

[16] Dorothy E. Denning, „Acitivism, Hacktivism, and Cyberterrorism", Information axioms – papers

- Informationsnutzung durch entsprechende Kräfte
- so genanntes Hacking
- Cyber-Terrorismus bis hin zum Cyber-War

Heute hat die Terrorszene im Wesentlichen die zweite Stufe erreicht. Es ist allerdings nur noch eine Frage der Zeit, wann auch die Cyber-War-Option gezogen wird. Folgende Eskalationsstufen zeichnen sich ab:

1. *Informationsnutzung.* Elektronische Information wird in zunehmendem Maße für Zwecke protektionistischer oder totalitärerer Politik, aber auch durch terroristische und kriminelle Kräfte genutzt oder manipuliert. Dies schließt gesteuerte Zugangskontrolle, gezielte Informationsfilterung und Propaganda ein.

   Als Beispiele lassen sich hierfür anführen: Die Blockierung so genannter subversiver Web-Sites durch die chinesische Regierung oder die Propaganda und Gegen-Propaganda im Kosovo-Krieg. Rechtsradikales- oder islamisch-fundamentalistischen Gedankengut wird im Internet verbreitet. So beschreibt die Hizbollah ihre Angriffe auf israelische Ziele auf ihrer Web-Site. Auch wird das Netz zunehmend durch virtuelle Organisationen, Versammlungen und Verschwörungen genutzt: Die J18-Gruppe 1999 rief etwa anlässlich der G8-Konferenz in Köln zum koordinierten Vorgehen gegen Finanzdienstleister und Energieversorger auf durch Märsche, Demonstrationen und durch Hacking. Die USA überwachen weltweiten Telefonverkehr mit ECHELON.

   Im Prinzip sind das keine neuen Phänomene, jedoch verleiht das Internet diesen Maßnahmen in Punkto Geschwindigkeit, Verbreitung und Anonymität eine völlig neue Gefährlichkeits-Qualität.

2. *Hacking* ist eine Form des aktiven Eindringens in Computersoftware und Datenbestände. Die gefährlicheren Formen haben zum Ziel, Informationen zu erlangen, zu manipulieren oder zu zerstören bis hin zum Funktionszusammenbruch von Großsystemen. Hierzu zählen virtuelle „Sit Ins" z.B. in Form von Blockaden, so genannte Denial-of-Service-Attacken wie auf die Server von Yahoo oder Ebay. Hierzu gehört beispielsweise auch der Versuch italienischer Zapatista-Sympathisanten in die Web-Sites des Mexikanischen Staatspräsidenten Zedillo und von US-Präsident Bill Clinton einzudringen. Tamilische Rebellen überschwemmen weltweit die Botschaften Sri Lankas durch e-mail bombing (1998). Die ETA erpresste einen Internet Serviceprovider (IGC) durch

elektronisches Bombardement, um zu erzwingen, dass ungewünschte Publikationen zurückgezogen werden. Aus dem Entwicklungssystem von Microsoft wird der Software Code entwendet, zumindest eingesehen. China bricht in ausländische Server von Falun Gong-Anhängern ein. Ein Aufruf zur „Internet-Demonstration" gegen die Lufthansa wegen ihrer Beteiligung an Abschiebungen von Ausländern brachte 1,3 Mio. Anfragen von 12.000 IP-Adressen.

3.   *Cyber-Terrorismus und Information War.* Hierbei handelt es sich um gezielte, politisch motivierte Angriffe mit Hilfe der IT und/oder auf die IT mit gewaltgleichen Auswirkungen auf Leben und Gesundheit der Bevölkerung oder die wirtschaftliche und/oder politische Handlungsfähigkeit von Staaten, nicht notwendigerweise, aber auch unter Einbeziehung von Streitkräften. Spionage, Aufklärung, Täuschung, elektronische Kampfführung, physische Zerstörung (von IT-Systemen), Angriffe auf die Information sind alles Elemente künftiger offensiver und defensiver Informationsoperationen eines möglichen „Cyber-Krieges" oder Teile künftiger bewaffneter Auseinandersetzungen. Dabei sind diese Elemente selbst im Prinzip nicht neu. Neu und zunehmend sind Bedeutung und Gewicht dieser Art von Operationen in künftigen Auseinandersetzungen.

Der Charakter von Informationsoperationen trägt auch dazu bei, dass die Grenzen zwischen innerer und äußerer Sicherheit, zwischen Aufgaben der Streitkräfte und Aufgaben der Kräfte für innere Sicherheit mehr und mehr verschwinden. Hierzu werden neue Aufgabendefinitionen und Aufgabenverteilungen erforderlich. Es gibt zahlreiche Diskussionen, die inzwischen die Information gleichwertig neben die Parameter Kräfte, Raum und Zeit der klassischen Kriegführung stellen. Insbesondere Angriffe auf so genannte „Kritische Infrastrukturen" gelten mit dem Heranwachsen der nächsten Terroristen-Generation als immer wahrscheinlicher. Es gibt offensichtlich nachrichtendienstliche Erkenntnisse, dass Bin Laden-Anhänger in Deutschland die Fähigkeit besaßen, einen Anschlag auf die Internet-Infrastruktur zu verüben. Eine pakistanische Hackergruppe („G-Force") griff eine US-Verwaltung an und drohte, geheime Regierungsdaten an Bin Laden zu liefern, falls die Angriffe auf Afghanistan nicht eingestellt werden.

Vor diesem Hintergrund scheint ein Szenario, dass aus einer konzertierten Serie von Attacken, von innen und außen, auf die IT-Systeme der Bundesregierung und Wirtschaftsunternehmen wie der Telekom und Energieversorger mit dem Ziel einer massiven politischen Erpressung immer wahrscheinlicher. Ein solches Szenario wurde vom Arbeitskreis Schutz von Infrastrukturen[17] bei der IABG in Ottobrunn am 12.-14. November 2001 durchgespielt. Diese „Cyber Terror Exercise" (CYTEX) fand unter Beteiligung von Vertretern des BMI/BSI, BMWi, BMVg/ BWB, der Bundesakademie für Sicherheitspolitik, der Telekom, der DFS, der DB, der Polizei, des THW, eines Energieversorgers, des TÜV und Vertretern der Großindustrie statt.

Neben vielen Detailergebnissen führte diese Planübung zu folgenden Erkenntnissen: Durch Informationsangriffe lassen sich die gesamte Infrastruktur und damit das öffentliche Leben, die Funktionsfähigkeit der betroffenen Wirtschaftszweige und die politische Handlungsfähigkeit massiv in die Knie zwingen. Nach und nach brechen Telefonverkehr, Transaktionsfähigkeit von Banken, Energie, Straßen-, Schienen- und Luftverkehr zusammen. Großveranstaltungen müssen abgesagt werden, es kommt zu Panikreaktionen und erheblichen wirtschaftlichen Schäden – und – es gab keine Zweifel, dass ein derartiges Szenario machbar ist und so oder ähnlich real eintreten kann. Es hat sich vor allem auch gezeigt, dass ein hoher Kooperationsgrad zwischen diesen Infrastrukturen zur Beherrschung des Szenarios unabdingbar ist.

Deutschland im internationalen Vergleich

Im internationalen Umfeld sind die USA mit ihren militärischen und zivilen Programmen zum Schutz von Infrastrukturen am weitesten.[18] Hier sind Tausende von Mitarbeitern mit Milliardenbeträgen damit beschäftigt das Phänomen zu analysieren, zu bewerten und Maßnahmen vorzubereiten und umzusetzen.[19] Zahlreiche Organisationen entwickeln Formen der staatlich-privaten Kooperation mit unterschiedlichen Erfolgen. Das neu geschaffene „Department of Homeland Security" wird sich erst noch bewähren müssen. Dennoch ist auch hier ein Schwerpunkt bei dem Schutz „Kritischer Infrastrukturen" von Cyber-Attacken erkennbar. Im Frühjahr wurde die „National Strategy to protect Cyber Space" verabschiedet. Das „National Infrastructure

---

[17] www.aksis.de und www.iabg.de
[18] „Critical Foundations" – Protecting America's Infrastructure, www.pccip.gov., 1997
[19] „National Plan for Information Systems Protection", Version 1, The White House, Washington, 2000

Simulation & Analysis Center" (NISAC) arbeitet intensiv an entsprechenden Bewertungsmodellen und Strategievorschlägen. In Europa sind vor allem die Schweiz[20], Großbritannien, Schweden und die Niederlande relativ aktiv. Die EU-Kommission beginnt sich damit intensiv auseinander zu setzen.

Allen Initiativen gemeinsam ist die Anlage eines Kooperationsprogramms, welches möglichst viele verantwortlich Zuständige und ggf. Betroffene zusammenführt – staatliche Organe und Sicherheitsdienste auf der einen und privatwirtschaftliche Infrastrukturbetreiber und -nutzer auf der anderen Seite. Naturgemäß ähneln sich diese Programme sehr. Sie beinhalten durchweg Maßnahmen zum vertrauensvollen Austausch von Informationen sowie Kapazitäten und Methoden zur Analyse, Bewertung und Prognose von Entwicklungen. Zu ihnen zählen die Einrichtung gemeinsamer Lagezentren mit Aufgaben der Beobachtung, Lagebewertung, Frühwarnung, Alarmierung und Reaktion sowie Maßnahmen zur Schulung und Ausbildung sowie der Zusammenarbeit mit der Forschung. Enthalten sind auch Vorschläge zum Umgang mit Medien und zur Sensibilisierung der Öffentlichkeit und der Führung in Wirtschaft und Politik. Darüber hinaus werden auch Maßnahmen zur Überprüfung und Anpassung der Rechtsnormen und Abstimmung im internationalen Rahmen vorgeschlagen.

Die Inhalte eines solchen Programms wurden an anderer Stelle bereits mehrfach beschrieben.[21] In Deutschland hat nun auch der 11. September 2001 dazu geführt, dass im Rahmen des Anti-Terror-Pakets der Bundesregierung der Schutz „Kritischer Infrastrukturen" einen höheren Stellenwert einnimmt, bzw. einnehmen soll. Das BMI arbeitet an einer Strategie, und es bleibt abzuwarten, welche Rolle und Aufgaben das geplante Bundesamt für Bevölkerungsschutz und Katastrophenhilfe in Zusammenarbeit mit dem Bundesamt für Sicherheit in der Informationstechnik hier einnehmen wird.

Grundzüge und Voraussetzungen eines nationalen Schutzprogramms

Das große Spektrum der Akteure bezüglich Wahl der Mittel und Auswahl der Ziele insbesondere bei den Infrastruktur-Sektoren verlangt, sich mit „worst case"-Szenarien auseinanderzusetzen. Daraus lässt sich eine neue Dimension für die Sicherheitspolitik ableiten. Der Schutz unserer verwund-

---

[20] www.infosurance.ch; Reinhard Hutter: „Angriffe auf Informationstechnik und Infrastrukturen – Realität oder Science Fiction", Aus Politik und Zeitgeschichte, B 41-42/2000, S. 31 ff.
[21] Reinhard Hutter: „Angriffe auf Informationstechnik und Infrastrukturen – Realität oder Science Fiction", Aus Politik und Zeitgeschichte, B 41-42/2000, S. 31 ff.

baren offenen Gesellschaft – sei es vor internationaler Kriminalität, Terrorismus oder anderen Angriffen bedarf als erstes eines politischen Willens und eines neuartigen Denkansatzes. „Die politische Diskussion in Deutschland schwankt zwischen Hysterie und schlichtem Ignorieren."[22]

Es handelt sich also primär nicht um ein Problem der Information und des Wissens – (fast) alle denkbaren Szenarien wurden schon gedacht –, sondern um ein Problem der Wahrnehmung, Entscheidung und des Handelns. Erforderlich ist nicht eine einmalige Aktion mit kurzer Halbwertszeit, sondern ein langfristig angelegter Prozess. Er muss nach vorne gerichtet sein und sich nicht vorwiegend und vordergründig an einem gerade stattgefundenen dramatischen Ereignis orientieren. Dieses wird aller Wahrscheinlichkeit nach so ohnehin nicht wieder eintreten. Es muss möglich werden, auch und vor allem allgemein undenkbare oder unvorstellbare Szenarien zu antizipieren. Dazu müssen sich die Experten und Verantwortlichen stärker in die Mentalität von Terroristen hineinversetzen.

Dabei werden wir „ ... wohl aber das gesamte Spektrum möglicher Gefahren im Auge behalten müssen, statt uns auf die extremen Enden zu konzentrieren"[23]. Gemeint ist die fatale Konzentration der USA vor 2001 auf „einfache" Anschläge wie Autobomben am unteren und National Missile Defense am oberen Ende der Skala. Zaghaftigkeit und falsche Rücksichtnahme – auf den Wähler, auf Wirtschaftszweige, auf Interessenverbände – führen nicht weiter. Vorsorge und Schutz sind nur gemeinsam zu bewältigen, d. h. wir benötigen organisatorische, rechtliche und finanzielle Rahmenbedingungen für eine Kooperation von Wirtschaft, Staat und Gesellschaft, welche nur die Politik schaffen kann. Diese sind nicht regulativ, sondern kooperativ, d. h. als Anreize zu gestalten, welche die Wirtschaft dazu bewegt, sich einzubringen und mehr in Sicherheit zu investieren. Neue Vorschriften und Regularien werden nicht viel weiterhelfen, da Wirtschaft und Politik in Puncto Sicherheit unterschiedliche Ziele verfolgen. Politik ist für die Sicherheit des Gemeinwesens verantwortlich, Wirtschaftsmanagement für Profit und – wenn es hoch kommt – für Arbeitsplätze.

Eine entsprechende Strategie kann nur ressortübergreifend angelegt werden. Sie sollte daher von der zentralen Kompetenz des Kanzlers ausgehen. Der Bundessicherheitsrat ist um die Fachkompetenz aus Verkehr, Telekommunikation und IT, Seuchen- und Ernährungsschutz und Umwelt zu erweitern und zu stärken. Alles andere verläuft sich weitgehend im Kompe-

---

[22] OTL i.G. Dr. Thomas Will: „Terrorismus Challenge and Response", ZAS Bw 27.03.02
[23] Bruce Hoffmann: „Der unerklärte Krieg" 2001, S. 279

tenzgerangel der Ressorts. Die heutigen Ressortzuständigkeiten werden sich ändern müssen – in vielen Bedrohungsszenarien wird es keine klaren Unterscheidungen zwischen innerer und äußerer Sicherheit geben. Deshalb müssen einheitliche Ausrüstungs-, Führungs- und Kooperationsstrukturen an die Stelle von Zuständigkeitsregularien treten. Wahrscheinlich sind auch Grundgesetzänderungen notwendig, um ein „... integriertes System der inneren und äußeren Sicherheit .. (zu schaffen), in dem auch die Geheimdienste ... zielgerichtet eingesetzt und verschränkt werden". [24] Die Einschränkung von Bürgerrechten ist weitgehend falsch verstandener Aktionismus und wie schon dargelegt, ganz im Sinne des Terrors.[25]

Gleichzeitig ist der so skizzierte „top down"-Prozess zu unterfüttern mit einer Vielzahl von Einzelmaßnahmen bei Ausrüstung, Ausbildung, Organisation, Verfahren und Prozeduren in der Wirtschaft und der öffentlichen Verwaltung sowie bei der Gesetzgebung. Allerdings sind diese „bottom up"-Maßnahmen i. S. einer Gesamtstrategie längerfristig zu planen und aufeinander abzustimmen. Das gilt auch für die notwendige internationale Kooperation. Die Maßnahmen sind vor allem auch in internationale Abstimmungsprozesse einzubinden (NATO, EU, VN, OSZE). Denn es stellt sich die Frage: Wie beabsichtigt Deutschland den inzwischen viel zitierten Begriff der sogenannte „Weltinnenpolitik" auszufüllen und umzusetzen?

Konkrete Schritte

Die folgenden Absätze geben nur eine Stichwortaufzählung notwendig erscheinender Arbeiten zur Verbesserung der Objekt- und zielbezogenen Präventionsmaßnahmen. Sie sind vornehmlich für die Verbesserung des Schutzes unserer lebenswichtigen Infrastrukturen erforderlich. Viele der angesprochenen Maßnahmen sind aber auch im größeren Zusammenhang der Gefährdung unserer Gesellschaft durch terroristische, kriminelle oder auch staatliche Bedrohungen zu sehen und zu behandeln.[26]

---

[24] Vizeadmiral a.D. Ulrich Weisser, „Die veränderte Sicherheitslage ...", in diesem Buch abgedruckt
[25] Advisory Panel to Assess Domestic Response Capabilities for Terrorism, 2002, www.rand.ort/nsrd/terrorpanel/terror3/pdf
[26] „The International Critical Infrastructure Protection Handbook", Draft, Ernst Baaler & Partners, Nov. 2001

Schutz von Infrastrukturen als gesamtgesellschaftliche Aufgabe

- Aufbauen von Public-Private-Partnerships (PPPs)
- Motivation und Anreize für die Wirtschaft zur Kooperation
- Bewertung des politischen, wirtschaftlichen und gesellschaftlichen Nutzens von Sicherheitsinvestitionen und -maßnahmen
- Standortvorteile für Deutschland aufgrund verbesserter Sicherheitspolitik und Sicherheitsstandards darstellen
- Risiken bei Outsourcing und Privatisierung im Vergleich zu rein fiskalisch-monetären und wirtschaftlichen Effekten bewerten
- Einbindung der Forschung in einen gesamtgesellschaftlichen Dialog
- Sensibilisierung der Bevölkerung
- Ausbildungskonzepte erstellen
- Einbindung der Medien

Staatliche Aufgaben

- Kontinuierliche Bedrohungsanalyse und -prognose
- Risikobewertung „System Deutschland" und seiner „Kritischen Infrastrukturen"
- Sicherheitspolitische Bewertung von Bedrohung und denkbaren Szenarien
- Üben von Szenarien
- Gesamtgesellschaftliche Strategieentwicklung und Schaffung einer notwendigen Kooperationsstruktur und -kultur
- Kontroll- und Aufsichtsverfahren und -organe überarbeiten
- Fortentwicklung der Gesetzgebung/Rechtsnormen, u. a.: Völkerrechtliche Bewertung von Informationskriegführung; Umsetzung europäischer Vereinbarungen in nationales Recht (z. B. der gemeinsamen Definitionen zum Terrorismus der Cyber Crime Convention des Europarates); vorausschauende Anpassung nationalen Rechts unter Cyberterror-Gesichtspunkten; Harmonisierung von Gesetzesnormen und Rechtsprechung im internationalen Rahmen z.B. bei Täteridentifizierung, Strafverfolgung; Vereinbarung von Verfahren bei Vorlage unterschiedlicher Rechtsnormen (z. B. zwischen USA und Deutschland/Europa)
- Neuregelung Ressortzuständigkeiten/-kooperationen
- Zielsetzung und Rahmenbedingungen für PPPs schaffen
- Einwirken auf die Wirtschaft/Dialog mit der Wirtschaft

- Neubewertung innere/äußere Sicherheit/Auftrag an Sicherheitsdienste, Bundeswehr und Nachrichtendienste
- Operations- und Kooperationskonzepte von Sicherheitsdiensten, Bundeswehr und Nachrichtendiensten
- Ausrüstungskonzepte von Sicherheitsdiensten, Bundeswehr und Nachrichtendiensten

Internationale Aspekte

- Definitionen (Außenpolitik – Weltinnenpolitik)
- Bündnisrollen, Bündnispolitik – wer kann was leisten?
- Internationale Partnerschaften/Koalitionen/Kooperationen bei: Information Sharing, Melde- und Alarmierungssystemen, „Einsatzregeln", gegenseitiger Unterstützung, Vorabdefinition von Koalitionsfällen, gemeinsamem Üben von Szenarien und Krisensituationen
- Verhinderung von Monopolisierung (Beispiele: Erdgasversorgung, ECHELON, GPS, Microsoft, …)
- Definition einer minimalen nationalen Eigenständigkeit
- Entwickeln eines „Code of Conduct" u. a. für den Umgang mit dem Internet, z.B. auf internationaler Ebene

Öffentlichkeit und Medien

- Informationspolitik gegenüber der Bevölkerung
- Versachlichung der öffentlichen Diskussion
- Abmildern von Überreaktionen:
  - Medien-Politik-Konsens für kritische Situationen
  - Verhindern von Panikreaktionen
  - Verhindern von Falschinformationen
- Vermittlung einer (realistischen) positiven Grundstimmung über die Sicherheitsvorkehrungen in Deutschland (Schlagzeilen wie „Der Katastrophenschutz ist eine einzige Katastrophe" sollte es nicht mehr geben)
- Vergrößerung der Halbwertszeit im öffentlichen und politischen Bewusstsein

Es gibt viel zu tun – ducunt fata volentem, nolentem trahunt.

Vernetzte Sicherheit

Die Vernetzung innerer und äußerer Sicherheitsinstitutionen in der Bundesrepublik Deutschland

Christoph Gusy[1]

Problemlagen und Aufgaben

Neue Herausforderungen

Die These vom Ende der Trennung zwischen Innen- und Außenpolitik erreicht zunehmend auch das Handlungsfeld der Sicherheitspolitik. Dieses galt traditionell als das klassische Gebiet der Innenpolitik. Gegenwärtig lässt sich feststellen: Die Überschneidungen von innen- und außenpolitischen Agenden mehren sich auch auf diesem Gebiet. Die beiden ursprünglich getrennten Sphären von innerer und äußerer Sicherheit rücken aneinander heran.[2] Daraus folgt aber noch keine Identität. Zu unterschiedlich sind nach wie vor die Handlungsstrategien, -rationalitäten und -bedingungen auf dem Gebiet eines Staates im Unterschied zu grenzüberschreitenden Sachverhalten. Insoweit gilt hier: Die neue „Weltinnenpolitik" folgt anderen Bedingungen und Gesetzmäßigkeiten als die alte staatliche Innenpolitik.

Vernetzung als nicht-hierarchische Kooperation

Das Konzept der „Vernetzung" wird gegenwärtig vielfach der Sprache der EDV entlehnt. Vernetzung in diesem Sinne ist die Zusammenführung unterschiedlicher Rechner bzw. Rechnersysteme. Ein solches Konzept erweist sich für das Anliegen dieses Gutachtens jedoch als zu eng. Hier sollen nicht Rechner, sondern Institutionen „vernetzt" werden.

---

[1] Für eine kritische Durchsicht und wichtige Anregungen bin ich Herrn General a. D. Peter Heinrich Carstens, Koblenz, sehr verbunden.

[2] Grundsätzlich dazu Christian Calliess, Sicherheit im freiheitlichen Rechtsstaat, in: Zeitschrift für Rechtspolitik 2002, S. 1; Ernst-Heinrich Ahlfs, Erweiterter Sicherheitsbegriff und Polizei, in: Die Polizei 2002, S. 93.

„Vernetzung" ist in Deutschland in der Vergangenheit oft mit Zentralisierung gleichgesetzt worden. Dies hat zu erheblichen Aufgaben- und Befugnisverschiebungen „nach oben" geführt. Jene Entwicklung hat sich auf die praktische Arbeit und Wirksamkeit der Sicherheitsorgane überaus unterschiedlich – und nicht immer effektivitätssteigernd – ausgewirkt. Vernetzung ist etwas anderes als Zentralisierung. Hier geht es um die Optimierung der Zugriffsmöglichkeiten auf Informationen, Know-how und Handlungsressourcen *vor Ort,* nicht in oft weit entfernten Zentralen.

Im Folgenden wird das Konzept der „Vernetzung" demnach verstanden als *nicht-hierarchische Kooperation zwischen Sicherheitsinstitutionen.* Ausschließlich maßgeblich ist danach das Stattfinden von Kooperation. Hingegen kommt es nicht auf die Handlungsformen (persönlich oder automatisch, mittels Informationsübermittlung oder sonstiger Kooperationsformen) an. In diesem Sinne ist „Vernetzung" weder auf die EDV noch auf die Hierarchie festgelegt.

Faktische Vorbedingungen

Die gegenwärtige Organisation der Sicherheitsinstitutionen einschließlich ihrer relativen Vielfalt und ihres organisatorischen Nebeneinanders hat sich überwiegend historisch herausgebildet. Doch sind sie mehr und anderes als Überbleibsel der Vergangenheit. Vielmehr haben sie in Teilen nach wie vor ihren guten Sinn.

Das gilt zunächst für die prinzipielle Trennung zwischen den Handlungsformen. Militärisches, polizeiliches und nachrichtendienstliches Handeln unterscheiden sich nicht nur hinsichtlich ihrer rechtlichen Regelungen, sondern auch hinsichtlich ihrer faktischen Zielsetzungen und ihrer Handlungsmodalitäten.

- Das Militär denkt und handelt grundsätzlich in den Kategorien von „Angriff" und „Verteidigung", Ertragsmaximierung und Aufwandsminimierung (insbesondere: Verlustminimierung), „Sieg" und „Niederlage". Anders ausgedrückt: Prototyp militärischen Denkens ist nach wie vor der Krieg, seine Führung bzw. Vermeidung und der Sieg bzw. die Niederlage. Darauf ist nicht nur das militärische Denken, sondern auch sein Handeln ausgerichtet. Strategie, Ausrüstung und Ausbildung folgen der so angelegten Logik.

- Die Polizei hat sich historisch gerade in dem Moment herausgebildet, in welchem sich das militärische Denken innenpolitisch als immer weniger adäquat erwies. Ihre Logik wird konstituiert durch die Aufklärung und Verfolgung begangener Straftaten einerseits bzw. die Herstellung der öffentlichen Sicherheit andererseits, die Pazifizierung der Gesellschaft ohne die Möglichkeit, einzelne Mitglieder prinzipiell aus ihr zu entfernen (die Alternativen „Vernichtung" bzw. „Vertreibung" eines Störers zählt jedenfalls gegenwärtig nicht mehr zum polizeilichen Handlungsrepertoire), Aufwandsminimierung und Deeskalation. Einem solchen Denken ist auch die polizeiliche Handlungslogik verpflichtet: Ihre Strategie folgt anderen Grundsätzen und Handlungsmaximen als diejenigen des Militärs. Dies prägt gleichzeitig auch Strategien, Ausrüstung und Ausbildung der Polizei: Sie wirkt prinzipiell zivil und pazifizierend durch Integration auf einen Zustand relativer Desintegration: Der Störer wird mit Sanktionen belegt, verbleibt aber in der Gesellschaft und wird ggf. überwacht bzw. mit Ordnungsmaßnahmen belegt. Dementsprechend basieren die polizeilichen Handlungsstrategien auf (Bürger-)Kriegsvermeidung, Aufrechterhaltung eines Mindestmaßes an gesellschaftlicher Ordnung und (Re-)Integration von Andershandelnden und Andersdenkenden in die relativ heterogene Gesellschaft.

- Die Nachrichtendienste unterliegen wiederum anderen Handlungsrationalitäten. Sie handeln nach den Prinzipien der Frühaufklärung, des verdeckten Handelns[3] und des mittelbaren Handelns. Nachrichtendienste können bis auf Aufklärungsmaßnahmen kaum je Ziele durch eigenes Handeln verwirklichen, da sie andernfalls ihre zentrale Existenzform, nämlich ihr verdecktes Handeln, aufgeben müssten. Demnach sind sie regelmäßig darauf ausgerichtet, ihre angestrebten Erfolge unter Inanspruchnahme Dritter (Behörden, Institutionen, Sicherheitsinstitutionen oder Privater) zu erzielen. Ihre zentrale Handlungsrationalität liegt demnach in der Verdeckung: Es soll Außenstehenden nicht erkennbar sein, dass es gerade Nachrichtendienste sind, welche Erfolge (Informationen erheben, Warnungen aussprechen, Sicherheitsmaßnahmen anderer Institutionen einleiten) erzielen.

---

[3] Dieses wird oft auch als Prinzip der „Heimlichkeit" der Nachrichtendienste bzw. „Geheimdienste" angesehen. Doch ist der jüngere Sprachgebrauch ein anderer. „Heimlich" ist oft nicht die Handlung selbst, sondern allein die Tatsache, dass es ein Nachrichtendienst ist, welcher handelt. Daher wird gegenwärtig vom „verdeckten" Handeln gesprochen.

Diese unterschiedlichen Handlungsrationalitäten haben sich in praktisch allen OECD-Staaten auf gleiche oder jedenfalls doch vergleichbare Weise herausgebildet. Daraus folgt letztlich der Gedanke einer institutionellen und organisatorischen Vielfalt. Sie bringt zugleich eine relative Trennung der einzelnen Einrichtungen hervor. Diese ist nicht primär bloßen Traditionen oder rechtlichen Regelungen geschuldet, sondern folgt dem Grundsatz der Arbeitsteilung. *Jede Organisation soll diejenige Aufgabe wahrnehmen, die sie am besten wahrnehmen kann.* Dabei geht es nicht allein um unterschiedliche Strategien oder Handlungslogiken, wie sie zuvor genannt worden sind. Hierbei geht es auch um praktische Fragen der Organisation, der Ressourcen und des Personals der jeweiligen Einrichtungen. Dies betrifft schon die Ausbildung der Mitarbeiter, die sich jeweils an den unterschiedlichen Strategien und Handlungslogiken ausrichten muss. Diese unterscheidet sich für Mitarbeiter von Nachrichtendiensten kardinal von denjenigen der Polizei oder gar des Militärs. Das gilt auch für den Bereich der Ausrüstung: Jede Einrichtung braucht diejenige Ausrüstung, welche ihre jeweiligen Ziele am besten hervorbringen kann. Diese ist für die grundsätzlich öffentlich handelnden Militärs regelmäßig anders als für die Polizei oder gar verdeckt handelnde Nachrichtendienste. Das gilt aber auch für die Organisation der Personalführung und -rekrutierung: Wer verdeckt handelt, muss auch Mitarbeiterinnen bzw. Mitarbeiter verdeckt führen. Hier sind die Nachrichtendienste eher auf Einzeltätigkeit ausgerichtet. Bei der Polizei kann es sowohl zu Einzel- wie auch zu Tätigkeiten in größeren Verbänden kommen. Bei dem Militär sind hingegen eher größere Verbände notwendig. Diese unterschiedlichen Einsatzweisen prägen auch die Qualifikationsanforderungen an das Personal.

Die Aufgabenverteilung der Sicherheitsbehörden richtet sich demnach nach den Prinzipien der

- *Arbeitsteilung:* Jede Organisation soll diejenigen Aufgaben erfüllen, für die sie am besten geeignet, die Mitarbeiter am besten ausgebildet und die Ressourcen am besten angeschafft sind.

- *Spezialisierung:* Jede Organisation soll von der Basis bis zur Führung auf ihre je spezifischen Aufgaben mit ihren je spezifischen Mitteln hin ausgerichtet sein.

- *Differenzierung:* Dies bringt zugleich die Notwendigkeit organisatorischer Differenzierung mit sich. Die Erfüllung der unterschiedlichen Aufgaben wird am besten durch je spezifische, besonders kompetente und ausgebildete Organisationen wahrgenommen. Dagegen hat sich der Gedanke gemeinsamer Großorganisationen, welche vielfältige Aufgaben mehr oder weniger „integriert" wahrnehmen, als weniger sinnvoll erwiesen. Das gilt nicht nur für die betriebliche Praxis in der Wirtschaft, sondern auch für die behördliche Praxis im Staat.

▪ *Kooperation:* Die Kooperation ist die Folge von Differenzierung und Spezialisierung. Nur wer getrennt ist, kann zusammenarbeiten. Gerade darin liegt das hier zu diskutierende Anliegen der *Vernetzung.*

„Vernetzung" in diesem Sinne ist also nicht die Schaffung gemeinsamer Megaorganisationen, sondern die Verbesserung der Arbeitsteilung, Spezialisierung und Differenzierung mit dem Ziel wechselseitiger Optimierung bei Anerkennung der Notwendigkeit prinzipieller Trennung dieser Institutionen.

Verfassungsrechtliche und gesetzliche Vorgaben

Die genannten, in praktisch allen OECD-Staaten anzutreffenden faktischen Vorgaben prägen die jeweilig geltenden rechtlichen Vorbedingungen – und nicht umgekehrt. Dies schließt eine gewisse Unterschiedlichkeit und Autonomie des rechtlichen Systems nicht aus. Doch bleibt festzuhalten: Dieses muss die dargestellten faktischen Vorbedingungen gestalten und kann sie nicht einfach ignorieren oder hinwegbefehlen.

Das deutsche Recht zeichnet sich dadurch aus, dass es hier organisatorische, institutionelle und kompetenzielle Besonderheiten gibt, die anderswo nicht in gleichem Ausmaß bzw. nicht in der gleichen Form anzutreffen sind. Dazu zählt namentlich der ausgeprägte *Föderalismus,* aber auch das *Trennungsgebot* zwischen Polizei- und Nachrichtendiensten.[4] Eine Übertragung

---

[4] Eine Beschreibung von Wandlungen des Politikfelds „Sicherheit" zwischen EU, Bund und Ländern im Zeichen von Europäisierung und Kooperation bei Hans-Jürgen Lange, Innere Sicherheit im politischen System der Bundesrepublik Deutschland, 1999. Zum innerstaatlichen „Trennungsgebot" und seiner Bedeutung Christoph Gusy, Das verfassungsrechtliche Gebot der Trennung von Polizei und Nachrichtendiensten, in: Zeitschrift für Rechtspolitik 1987, S. 45; ders., Informationelle Zusammenarbeit zwischen Sicherheitsbehörden, in: Computer und Recht 1989, S. 628; ders., Das gesetzliche Trennungsgebot zwischen Polizei und Verfassungsschutz, in: Die Verwaltung 1991, S. 467. Alle m.w.N.

solcher Besonderheiten auf andere Staaten oder die internationale Ebene ist nicht einfach möglich.[5]

Grenzüberschreitende Vernetzung muss daher derart flexibel ausgestaltet sein, dass sie von unterschiedlichen nationalen Gegebenheiten ausgehen und diesen angemessen Rechnung tragen kann. Umgekehrt stellt sich gleichzeitig die Aufgabe einer angemessenen Überprüfung der nationalen Besonderheiten an den Erfordernissen bzw. Möglichkeiten zwischenstaatlicher Kooperation.

Einzelne Handlungsfelder

Internationale militärische Verflechtung: Die NATO

Die Integration der deutschen Sicherheitsorgane in die internationalen Organisations-, Operations- und Handlungsgefüge ist bislang im militärischen Bereich am intensivsten vorangeschritten. Die Einbeziehung der Bundeswehr in die NATO hat eine kaum noch zu überbietende Vernetzung deutscher und internationaler militärischer Strukturen hervorgebracht.[6] Hier gibt es zwar einigen Umstrukturierungs- bzw. Erneuerungsbedarf durch neue Bedrohungsszenarien und Aufgabendefinitionen, aber kein Bedürfnis nach grundlegenden Änderungen der zwischenstaatlichen Vernetzungsstruktur.

Zwischenstaatliche Kooperation in Sicherheits- und Verteidigungsfragen muss allerdings hinreichend wirksam organisiert sein. Dies betrifft nicht nur die operative Kooperation bzw. Verflechtung zwischen Truppeneinheiten. Vielmehr gilt dies auch für die unterschiedlichen Führungs- und Koordinationsebenen. Hinsichtlich der NATO stellt sich dabei die Frage, ob deren

---

[5] Vorschläge für eine solche Übertragung bei Reinhard Rupprecht/Markus Hellenthal, Innere Sicherheit im europäischen Binnenmarkt, 1992. Solche Vorschläge haben sich allerdings bislang einmal annäherungsweise durchgesetzt.

[6] Zur Integration der Bundeswehr in die NATO BVerfGE 68, 1, 93 ff. (Raketenstationierung); 90, 286, 350 f., 353 ff., 370 ff., 380 (Somalia); BVerfG, Neue Juristische Wochenschrift 2002, S. 1559 f. (Strategisches Konzept der NATO von 1999); Knut Ipsen, in: Bonner Kommentar zum Grundgesetz, Loseblatt, Stand: 2001, Bd. 7, Art. 87a Rn. 42 ff.; ders., Völkerrecht, 4. A., 1999, § 60 Rn. 38 ff., 42 ff.; Christian Tomuschat, in: Bonner Kommentar zum Grundgesetz, Loseblatt, Stand: 2001, Bd. 4, Art. 24 Rn. 113 f., 158 ff.; Rüdiger Wolfrum, in: Josef Isensee/Paul Kirchhof, Handbuch des Staatsrechts, Bd. 7, 1992, § 176 Rn. 7 ff., 18 ff.; Meinhard Schröder, in: von Mangoldt/Klein/Starck, Das Bonner Grundgesetz, Bd. 2, 4. A., 2000, Art. 65 a Rn. 9; Götz Frank, in: Erhard Denninger/Wolfgang Hoffmann-Riem/Hans-Peter Schneider/Ekkehart Stein, Grundgesetz für die Bundesrepublik Deutschland, 3. A., Loseblatt, Stand: 2001, Bd. 3, nach Art. 87 Rn. 68; Hans Jarass, in: Jarass/Pieroth, Grundgesetz für die Bundesrepublik Deutschland, 5. A., 2000, Art. 24 Rn. 6.

Organisation noch in vollem Umfang den gewandelten Herausforderungen entspricht. Das gilt beispielsweise für das in höchstrangigen Entscheidungsgremien – namentlich dem NATO-Rat – weitgehend geltende Einstimmigkeitsprinzip. Das Konsenserfordernis ist gewiss wichtig, um voreilige oder nicht hinreichend sorgfältig diskutierte Entscheidungen zu vermeiden. Auch ist es wichtig, um einzelne Staaten nicht in Konflikte „hineinzuziehen", die zwar auf Entscheidungen und Vorgaben der NATO-Gremien, nicht aber auf ihrer eigenen Willensentschließung beruhen. Umgekehrt ist das so verstandene Konsensprinzip sehr wohl geeignet, die Flexibilität und Einsatzstärke der Organisation zu beeinträchtigen. Lange Konsenssuchen und Verfahrensdauern können im Einzelfall die Handlungs- und Einsatzfähigkeit der Organisation gefährden. Zudem können einzelne Dissenter in eine Blockadeposition geraten, welche nicht nur den Einsatz ihrer eigenen Einheiten, sondern auch denjenigen der Organisation und damit auch von Streitkräften anderer Staaten blockieren kann.

Aus diesen Gründen ist zu erwägen, ob das Konsensprinzip zwar nicht durch ein anderes Prinzip abgelöst, wohl aber durch ein solches ergänzt werden sollte. Hierzu würde sich das Prinzip der Freiwilligkeit („coordination of the willing") anbieten. Dies würde bedeuten, dass bestimmte NATO-Einrichtungen oder -streitkräfte auch für solche Einsätze genutzt werden können, welche nicht von allen, aber von einer Mehrheit von Mitgliedern beschlossen worden sind und von diesen letztverantwortlich auch durchgeführt werden müssen. Der Einsatz wäre also kein formeller (NATO-)Einsatz, sondern ein Einsatz mehrerer Mitgliedsstaaten unter Inanspruchnahme bestimmter NATO-Einrichtungen und -Verbände. Eine solche Kooperation unterhalb des formellen NATO-Einsatzes, der als Angriff auf alle Mitgliedsstaaten verstanden und als solcher abgewehrt werden soll, wäre kein formeller NATO-Einsatz und würde die Dissenter politisch weder verpflichten noch berechtigen. Vielmehr wäre dieser Einsatz allein den beteiligten Staaten zuzurechnen. Der NATO insgesamt könnte allenfalls ihre politische und ggf. militärische Unterstützung zugerechnet werden. Hierfür bedarf es allerdings geeigneter Strukturen: Die beteiligten NATO-Verbände müssten ausschließlich als solche verstanden werden. Und in jedem Falle wären politische Rückwirkungen problematisch, wenn Soldaten oder Truppenteile aus Einzelstaaten zu NATO-Einsätzen herangezogen würden, welche von diesem Einzelstaat nicht mitgetragen würden. Politisch könnte dies den einen oder anderen Mitgliedsstaat in eine überaus schwierige Lage manövrieren. Mit der Ergänzung des Konsensprinzips durch das Freiwilligkeitsprinzip wären demnach also nicht alle Probleme gelöst. Vielmehr würden neue Fragen auf der organisatorischen und operativen Ebene entstehen, die weiterer Überlegungen bedürften.

Erst recht könnten sich vergleichbare Fragen stellen, wenn Sicherheitsaufgaben – auch solche mit militärischem Bezug – partiell auf EU-Ebene durchgeführt würden. Diese ist gegenwärtig in möglicherweise noch größerem Maße als die NATO auf Konsens angelegt. Doch muss auch hier gelten: Kooperation im zwischenstaatlichen Rahmen ist nur sinnvoll und möglich, wenn die Führungs- und Entscheidungsinstrumente funktionieren. Der Verzicht auf staatliche Souveränitätsrechte muss durch ausreichenden politischen Einfluss auf die überstaatlichen Entscheidungen kompensiert werden.

Bundeswehreinsätze im Inneren

Auf dem Feld der inneren Sicherheit ist das Militär in der Vergangenheit aus guten Gründen nicht tätig geworden. Vielmehr darf die Bundeswehr – von grundgesetzlich ausdrücklich zugelassenen Ausnahmen abgesehen – nur zur Verteidigung eingesetzt werden (Art. 87 a Abs. 2 GG). Damit ist nach der grundgesetzlichen Konzeption die Verteidigung gegen Angriffe gemeint, welche außerhalb des Bundesgebiets ihren Ursprung finden. Zudem sind an die Zulässigkeit eines solchen Einsatzes besondere rechtliche und verfahrensmäßige Voraussetzungen gestellt.

Dies bedeutet nicht, dass die Bundeswehr im Inneren auf gar keine Weise tätig werden dürfte. Hier sind einerseits die besonderen Zusammenarbeitsregelungen der Art. 35 Abs. 2, 3 GG einschlägig.[7] Weitere Unterstützungs- und Zusammenarbeitsmöglichkeiten für die Bundeswehr außerhalb des Spannungs- bzw. des Verteidigungsfalles ergeben sich aber auch aus dem von Art. 87 a Abs. 2 GG vorausgesetzten Einsatzkonzept. Dieser Begriff des „Einsatzes" ist überaus unscharf und umstritten.[8] Konstituierend scheinen gegenwärtig zwei Merkmale zu sein: Da ist einerseits die Ausübung von

---

[7] Dazu Gerhard Robbers, Die Befugnisse der Bundeswehr im Katastrophenfall, Die öffentliche Verwaltung 1989, 926; Thomas von Danwitz, in: von Mangoldt/Klein/Starck, Das Bonner Grundgesetz, Bd. 2, 4. A., 2000, Art. 35 Abs. 2 Rn. 68 ff., 75 ff.

[8] Überblick dazu bei Manfred Baldus, in: von Mangoldt/Klein/Starck, Das Bonner Grundgesetz, Bd. 3, 4. A., 2001, Art. 35 ff.; Götz Frank, in: Erhard Denninger/Wolfgang Hoffmann-Riem/Hans-Peter Schneider/Ekkehart Stein, Kommentar zum Grundgesetz für die Bundesrepublik Deutschland, 3. A., Loseblatt, Stand: 2001, Bd. 3, nach Art. 87 Rn. 12 ff.; Knut Ipsen, in: Bonner Kommentar zum Grundgesetz, Loseblatt, Stand: 2001, Bd. 7, Art. 87 a Rn. 9 ff., 31 ff.; klassisch Günter Dürig, in: Maunz/Dürig, Grundgesetz-Kommentar, Loseblatt, Stand: 2001, Bd. 4, Art. 87 a Rn. 22 ff.

Zwangsbefugnissen bzw. -gewalt gegen Außenstehende, also Zivilisten, zivile Einrichtungen oder sonstige Dritte. Da ist andererseits die Anwendung spezifisch militärischer Mittel. Soweit diese beiden Voraussetzungen nicht gegeben sind, liegt regelmäßig ein „Einsatz" der Bundeswehr im Innern nicht vor.

In dem so bezeichneten Umfang kann die Bundeswehr unterstützend bzw. kooperierend auch zur Aufgabenerfüllung anderer Sicherheitseinrichtungen herangezogen werden. Das gilt namentlich für die Unterstützung mit

- spezifischem Know-how, insbesondere für den Bereich kriegs- oder militärspezifischer Gefährdungen bzw. Sicherheitsvorkehrungen; hier können insbesondere Kenntnisse von Kampfstoffen, ihren Einsatzmöglichkeiten und möglichen Gegen- oder Abwehrmaßnahmen in Betracht kommen.

- Einsatz von spezifischem Gerät, welches nur dem Militär, nicht aber der Polizei oder anderen Sicherheitsinstitutionen zur Verfügung steht (etwa bei der Luftaufsicht und der Sicherung des Luftraums).

- wissenschaftlicher oder technischer Beratung: Hier geht es insbesondere um die Zurverfügungstellung eigener Forschungsergebnisse, technischer Verfahren oder auch Aufklärungsergebnisse, welche das militärisch offene oder verdeckte Arbeiten erzielt. Sie kann entweder zur Unterstützung anderer Stellen vom Militär selbst wahrgenommen werden oder aber durch Aufbauhilfe und Schulung der Mitarbeiter für andere Sicherheitsinstitutionen geleistet werden, um diese in die Lage zu versetzen, selbst vergleichbare Leistungen zu erzielen.

- logistischer Unterstützung, namentlich durch die Zurverfügungstellung von Personal, Geräten oder eigenen Einrichtungen. Dies hat sich insbesondere in Katastrophenfällen bewährt. Das Oder-Hochwasser machte an den Sandsäcken und Notdeichen Halt, unabhängig davon, ob sie von zivilen oder militärischen Helfern errichtet worden waren.

- Eigensicherung von militärischen Einrichtungen und Anlagen. Dies gilt insbesondere für Entlastung anderer Sicherheitsinstitutionen von derartigen Aufgaben.

Angesichts des Wandels der Gefahrenszenarien und der Mittel zu ihrer Abwehr rücken militärische und polizeiliche Instrumente näher aneinander heran. Bisweilen können sie sich sogar überschneiden. Wichtig bleibt hierbei aber: Militärische Unterstützung für andere Sicherheitsinstitutionen ist nur dort sinnvoll, wo die Bundeswehr ihrerseits über überlegene Ressourcen oder überlegenes Personal verfügt. Es müssen demnach vorhandene Ressourcen für andere Sicherheitsinstitutionen mobilisiert, nicht hingegen neue, bei der Bundeswehr angesiedelte Ressourcen gebildet werden. In keinem Fall sollte Soldaten zugemutet werden, Sicherheitsaufgaben wahrzunehmen, für welche sie nicht in besonderer Weise qualifiziert oder ausgebildet sind. Das gilt namentlich für polizeiliche (oder gar geheimdienstliche) Aufgaben. Dies ist auch unabhängig davon, ob dieser Einsatz im In- oder Ausland stattfindet. Bundeswehrsoldaten sind nicht speziell dafür ausgebildet, den Verkehr zu regeln oder Straftaten aufzuklären – unabhängig davon, ob dies in Kabul[9] oder Kassel stattfindet.

Der Bundesgrenzschutz

Bislang unterentwickelt ist hingegen die Integration der Polizeikräfte des Bundes, namentlich des *Bundesgrenzschutzes,*[10] in die Vernetzung von äuße-

---

[9] Zu Einzelfragen von Auslandseinsätzen der Bundeswehr: Zur Zulässigkeit vgl. BVerfGE 90, 286, 344 ff.; BVerfG, NJW 2001, 1559 f. Früher enge Interpretation bei Günter Dürig, in: Maunz/Dürig, Grundgesetz-Kommentar, Loseblatt, Stand 2001, Bd. 4, Art. 87 a Rn. 38; vgl. auch Albrecht Randelzhofer, in: Maunz/Dürig, Grundgesetz-Kommentar, Loseblatt, Stand 2001, Bd. 3, Art. 24 Abs. 2 Rn. 44, 50 ff., 60 ff.; weitere Interpretation bei Karl Andreas Hernekamp, in: von Münch/Kunig, Grundgesetzkommentar, Bd. 3, 3. A., 1996, Art. 87 a Rn. 12; Ingolf Pernice, in: Horst Dreier, Grundgesetzkommentar, Art. 24 Rn. 55 ff.; Hans Jarass, in: Jarass/Pieroth, Grundgesetz für die Bundesrepublik Deutschland, 5. A., 2000, Art. 87 a Rn. 6; dagegen wiederum: Manfred Baldus, in: von Mangoldt/Klein/Starck, Das Bonner Grundgesetz, Bd. 3, 4. A., 2001, Art. 87 a Rn. 39 f.; Bodo Pieroth, in: Jarass/Pieroth, Grundgesetz für die Bundesrepublik Deutschland, 5. A., 2000, Art. 87 a Rn. 6.; differenzierend: Götz Frank, in: Erhard Denninger/Wolfgang Hoffmann-Riem/Hans-Peter Schneider/Ekkehart Stein, Grundgesetz für die Bundesrepublik Deutschland, 3. A., Loseblatt, Stand: 2001, Bd. 3, nach Art. 87 Rn. 23.

[10] Zu seinen Aufgaben und Befugnissen Hans Peter Bull, in: Erhard Denninger/Wolfgang Hoffmann-Riem/Hans-Peter Schneider/Ekkehart Stein, Grundgesetz für die Bundesrepublik Deutschland, 3. A., Loseblatt, Stand: 2001, Bd. 3, Art. 87 Rn. 68 ff.; Manfred Baldus, Transnationales Polizeirecht, 2000, S. 277 ff., 324 ff.; Bodo Pieroth, in: Jarass/Pieroth, Grundgesetz für die Bundesrepublik Deutschland, 5. A., 2000, Art. 87 Rn. 4; zu Befugnissen nach Art. 35 Abs. 2, 3 GG: Thomas von Danwitz, in: von Mangoldt/Klein/Starck, Das Bonner Grundgesetz, Bd. 2, 4. A., 2000, Art. 35 Rn. 68 ff., 75 ff.; Bodo Pieroth, aaO., Art. 35 Rn. 6 f.; Hans Boldt, in: Hans Lisken/Erhard Denninger, Handbuch des Polizeirechts, 3. A., 2001, A Rn. 82, 84; Hans-Günter Hilse, ebd. B Rn. 27, 54 ff.; Hans Lisken, ebd. C 138 ff.; Helmut Bäumler, ebd. J 192 f., 588 ff.; zu Auslandseinsätzen: Karl-Andreas Hernekamp, in: von

rer und innerer Sicherheit. Dabei ist gerade dieser personell und sachlich in besonderer Weise in der Lage, hier tätig zu werden. Die Öffnung der Binnengrenzen in der EU und der Fortfall der Grenzkontrollen hat Ressourcen freigesetzt, welchen kein gleich großer Aufgabenzuwachs an anderen Stellen gegenüberstand. Dabei ist anerkannt, dass der Bundesgrenzschutz verfassungsrechtlich nicht ausschließlich auf die Aufgabe der Sicherung der Außengrenzen des Bundes festgelegt ist, sondern diese nur seinen Aufgabenschwerpunkt darstellen muss.[11] Diese Festlegung zieht einer Übertragung anderer Aufgaben Grenzen, eröffnet aber zugleich gewisse flexible Handlungsspielräume, die für eine verbesserte Integration des BGS in nationale und internationale Kooperationsstrukturen genutzt werden können.

Das gilt zunächst für die Wahrnehmung von Sicherheitsaufgaben im Ausland mit primären Polizeifunktionen. Diese zählt schon jetzt unter bestimmten Voraussetzungen zum Aufgabenspektrum des BGS (§ 8 BGSG), erfährt jedoch unter den gewandelten internationalen Rahmenbedingungen eine neue Bedeutung. Hier kann insbesondere der Bundesgrenzschutz – in wesentlich höherem Maße, als das bislang geschehen ist – herangezogen werden, um die Bundeswehr im Ausland von polizeilichen Aufgaben mit Dauerfunktion zu entlasten, welche erhebliche Ressourcen binden, ohne dass Soldaten hierfür in besonderer Weise ausgebildet oder sonstige Vorteile einer Wahrnehmung dieser Aufgaben gerade durch das Militär zu erkennen wären.

Darüber hinaus ist der Bundesgrenzschutz berechtigt, nicht nur nach außen, sondern auch nach innen Polizeiaufgaben und -befugnisse auszuüben. Dies kann in umso höherem Maße geschehen, wenn sich diese seit 1990 zu beobachtende Entwicklung beim BGS weiter fortsetzt und verstärkt: nämlich die Neuorientierung weg von militärischen hin zu polizeilichen Denk-, Handlungs- und Organisationsformen. Hier kann ihm auch in der Bundesrepublik eine wichtige Rolle als ein integrales, gegenüber den Landespolizeien subsidiäres System der Garantie der öffentlichen Sicherheit zukommen.

Der Bundesgrenzschutz ist aufgrund seiner sowohl außenpolitischen wie auch innenpolitischen Aufgaben grundsätzlich als ein Element der Vernetzung beider Sicherheitsbereiche in besonderer Weise geeignet. Erschwert wird die Wahrnehmung dieser Scharnierfunktion jedoch durch die Tatsache, dass er im internationalen Vergleich eine gewisse Sonderstellung einnimmt. Andere Staaten verfügen über gleichartige Institutionen nicht in derselben

---

Münch/Kunig, Grundgesetz Kommentar, Bd. 3, Art. 87 a Rn. 112; zur Geschichte: Günter Dürig, in: Maunz/Dürig, Grundgesetz-Kommentar, Loseblatt, Stand: 2001, Bd. 4, Art. 87 a Rn. 51 f.
[11] BVerfGE 97, 198, 218.

Weise. Demnach stellt es sich als eine besondere Herausforderung an die deutsche Politik dar, dafür Sorge zu tragen, dass er keine periphere Sonderexistenz führt, sondern sinnvoll in Systeme zwischenstaatlicher Kooperation und Vernetzung integriert wird.

Internationale Polizeikooperation und EUROPOL

Die Vernetzung der *Polizei*arbeit muss in der Bundesrepublik von deren föderaler Struktur ausgehen. Eine Zentralisierung würde keine grundlegende Verbesserung darstellen und wäre daher auch nicht erstrebenswert. Dabei sind die Mechanismen internationaler Zusammenarbeit der Polizei bislang überaus schwach ausgeprägt. Das gilt insbesondere für die älteste Organisation *Interpol.*[12] Das gilt in abgeschwächter Form aber auch für die regionale polizeiliche Zusammenarbeit in der EU durch *EUROPOL.*[13] Hier gibt es zahlreiche Verbesserungsmöglichkeiten auf der operativen Ebene, der Ebene der politischen Führung wie auch der Gesetzgebungsebene.

Auf operativer Ebene stellt sich insbesondere die Aufgabe der Verbesserung der Kompatibilität von Arbeitsstrukturen und technischen Ausrüstungen der Polizeibehörden untereinander. Trotz weit ausgreifender rechtlicher und politischer Programmatik fehlt es hier an der Umsetzung und damit zugleich an dem anzustrebenden Grad der grenzüberschreitenden Vernetzung. Insbesondere funktioniert der Informationsaustausch ganz überwiegend zwischen EUROPOL und deutschen Stellen. Die Zusammenarbeit mit den meisten anderen Staaten bleibt dahinter erheblich zurück. Diese Defizite schränken die Wirksamkeit der zwischenstaatlichen Kooperation erheblich ein. Von einer erfolgten Vernetzung deutscher und europäischer Polizeiarbeit über Staatsgrenzen hinaus kann bislang kaum in Ansätzen die Rede sein. Insbesondere ist die erhebliche Lücke zwischen den politischen Ankündigungen und Programmen einerseits sowie dem tatsächlich erfolgten Vollzug andererseits zu schließen.

---

[12] Zu Interpol näher Reinhard Mokros, in Hans Lisken/Erhard Denninger, Handbuch des Polizeirechts, 3. A., 2001, O Rn. 200 ff.; Heiner Busch, Grenzenlose Polizei, S. 268 ff., 275 ff.; Christoph Gusy, in: Polizeirecht, 4. A., 2000, Rn. 24; Albrecht Randelzhofer, in: Maunz/Dürig, Grundgesetz-Kommentar, Loseblatt, Stand: 2001, Bd. 3, Art. 24 Abs. 1 Rn. 174 f.; Christian Tomuschat, in: Bonner Kommentar zum Grundgesetz, Loseblatt, Stand: 2001, Bd. 4, Art. 24 Rn. 117 a.
[13] Bericht bei Christoph Gusy/Hans Arnold, Die Rechts- und Asylpolitik der Europäischen Union, in: Werner Weidenfeld (Hg.), Europa-Handbuch, 2. A., 2002, S. 531, 533 ff. Vgl. dazu auch Jörg Monar in diesem Band.

Die Optimierung der Vernetzung stellt sich zugleich als Aufgabe der politischen Führung durch die Exekutivspitze der Mitgliedstaaten dar. Sie erstellt die Vorgaben für die operative Arbeit. Zudem bahnen und beschränken sie die Wege einer Vernetzung. Hier sind neben erfolgversprechenden Ansätzen auch Fehlentwicklungen zu beobachten. Sie bestehen in der Einziehung neuer Hierarchisierungen und Dienstwege im innerstaatlichen Bereich. Traditionell erfolgt die polizeiliche Zusammenarbeit auf dem Wege über Staatsanwaltschaften, Justizministerien und Außenministerien, welche etwa Auslieferungsersuchen an fremde Außenministerien übermitteln, die diese dann an die eigenen Justizministerien zur Weiterleitung an Staatsanwaltschaften und Polizeibehörden abgeben. Solche diplomatischen Wege sollen durch unmittelbare polizeiliche Zusammenarbeit abgekürzt werden. Dies gelingt aber nur teilweise, wenn neue Hierarchien eingezogen werden, namentlich die Zusammenarbeit in hohem Maße durch einzelne nationale Stellen monopolisiert wird. Insbesondere sollte das Bundeskriminalamt nicht als „Nadelöhr" für die Zusammenarbeit deutscher Stellen mit EUROPOL installiert werden.[14] Ansonsten würde der Vorteil unmittelbarer, vernetzter polizeilicher Zusammenarbeit über Grenzen hinweg erheblich geschmälert. Gerade hier sollte gelten: Unterhalb der internationalen Zusammenarbeit sollte die jeweilige nationale Hierarchie möglichst flach gehalten werden. Dienstwege sollten vermieden oder so weit wie möglich verkürzt werden.

Legislative Defizite und Gesetzgebungsnotwendigkeiten

Grenzüberschreitende Vernetzung ist aber nicht nur eine Aufgabe von politischer Führung, sondern auch der dafür notwendigen rechtlichen Rahmenbedingungen. Hier stellen sich zahlreiche Aufgaben für den Gesetzgeber. Nationale Besonderheiten können hier den Wettbewerb der Systeme begründen.

---

[14] Zur Kooperation von BKA und EUROPOL s. das Bundesgesetz zu dem Übereinkommen vom 26.7.1995 aufgrund von Art. K 3 des Vertrages über die Europäische Union über die Errichtung eines europäischen Polizeiamts (EUROPOL-Gesetz), BGBl. 1997 II, S. 2150, insbes. §§ 1-5. Zu Einzelheiten näher Josef Franz Lindner, Europol: Baustein europäischen Polizeirechts – Ein Überblick über die rechtlichen Grundlagen und Grundstrukturen –, BayVBl. 2001, S. 193; José Martínes Soria, Die polizeiliche Zusammenarbeit in Europa und der Rechtsschutz des Bürgers, Verwaltungsarchiv 1998, 400, 421 ff; Ulrich Kersten, Die Rolle des Bundeskriminalamtes als Zentralstelle bei der internationalen Zusammenarbeit, Die Polizei 1997, S. 337; Leo Schuster, Europäisierung der Polizeiarbeit, Kriminalistik 2000, S. 74; Rolf-Peter Wachholz, Europol aus Sicht der Bundesländer, Kriminalistik 1995, S.715.

Sie können aber auch für den Gesamterfolg der Zusammenarbeit kontraproduktiv wirken. Das gilt namentlich in folgenden Bereichen:

- Rechtliche Probleme bereitet bei EUROPOL gegenwärtig die Abstimmung dessen, *was* es zu verfolgen gilt: Die „gemeinsamen" Zielsetzungen der Mitgliedstaaten erschöpfen sich nicht selten in dilatorischen Formelkompromissen oder gesetzlichen Leerformeln. Das gilt namentlich für die Phänomene der „organisierten Kriminalität" bzw. des „Terrorismus".[15] Während hierüber in den Einzelstaaten bereits annäherungsweise Klarheit besteht, verliert sich diese im zwischenstaatlichen Bereich. Erst jüngst hat der Europäische Rat hier Anläufe zur Abhilfe geschaffen.[16] Unklarheiten und Meinungsverschiedenheiten wirken sich bei vernetzter polizeilicher Arbeit jedoch als Hemmnisse aus. Sie sollten jedenfalls zwischen solchen Staaten überwindbar sein, welche – wie die EU-Mitgliedstaaten – einen relativ einheitlichen kulturellen und rechtlichen Standard aufweisen.

- Defizite gibt es aber auch hinsichtlich der rechtlichen Ausgestaltung dessen, *wie* etwa Straftaten verfolgt werden sollen. Hier hat sich in der Vergangenheit hinsichtlich der Regelungen zum Datenschutz zwar bereits ein relativ einheitlicher Standard gebildet.[17] Doch bleiben zahlreiche andere Fragen offen: Das gilt insbesondere für grenzüberschreitende Wirkungen von Haftbefehlen,[18] eine weitere Vereinfachung der Auslie-

---

[15] Zu grundsätzlichen Problemen bei der internationalen Terrorismusbekämpfung Christian Tomuschat, Der 11. September 2001 und seine rechtlichen Konsequenzen, in: Europäische Grundrechtezeitschrift 2001, S. 535. Zu den Konsequenzen für die europäische Zusammenarbeit Thorsten Müller, Der Kampf gegen den Terror, Eine Herausforderung für Europa, in: Internationale Politik 2001, Nr. 12, S. 47.

[16] Zu den Ergebnissen des Europäischen Rates von Laeken s. Christoph Gusy/Hans Arnold, Polizeiliche und justizielle Zusammenarbeit, in: Werner Weidenfeld (Hg.), Jahrbuch der Europäischen Integration 2001/2002, 2002 (i.E.), S. 171 ff. Danach sollen als Terrorismus Straftaten verfolgt werden, die von einer Einzelperson oder einer Vereinigung gegen ein oder mehrere Länder, deren Institutionen oder Bevölkerung mit dem Vorsatz begangen werden, sie einzuschüchtern und die politischen, wirtschaftlichen oder gesellschaftlichen Strukturen dieses Landes bzw. dieser Länder ernsthaft zu schädigen oder zu zerstören. Dieser Rahmen ist zwar von den politischen Exponenten der Mitgliedsstaaten beschlossen worden. Er bindet jedoch nur diese selbst und prägt jedenfalls gegenwärtig noch nicht die Rechtsetzung der EG und der Mitgliedstaaten.

[17] Zwischenbilanz bei Manfred Baldus/Michael Soiné (Hg.), Rechtsprobleme der internationalen polizeilichen Zusammenarbeit, 1999.

[18] Hierzu jüngst die Schlussfolgerungen des Vorsitzes, Europ. Rat (Laeken), 15./16.12.2001, http://europa.eu.int.comm/justice_home/news/laecken_council/en/terrorism_en.htm. Dazu Christoph Gusy/Hans Arnold, aaO., S. 171. Zu früheren Anläufen Christoph Gusy/Anke Gimbal, Polizeiliche

ferung[19] und der Möglichkeit stellvertretender Strafrechtspflege, sofern eine Auslieferung ausnahmsweise nicht möglich ist.

Grenzüberschreitende Kooperation von Nachrichtendiensten

Relativ weit fortgeschritten ist die zwischenstaatliche Vernetzung im Bereich der *Nachrichtendienste.* Hier ist die Zusammenarbeit vergleichsweise gut. Sie vollzieht sich – wie nachrichtendienstliche Arbeit insgesamt – weitgehend außerhalb des Augenmerks der Öffentlichkeit. Dabei haben sich sowohl Mechanismen einer zwischenstaatlichen Arbeitsteilung als auch Wege internationaler Zusammenarbeit etabliert.[20] Doch finden sich dabei erhebliche Asymmetrien hinsichtlich der Informationsströme. Dies folgt insbesondere daraus, dass einzelne Staaten überlegene technische und operative Möglichkeiten entwickelt haben, welche ihnen einen strukturellen Informationsvorsprung gegenüber anderen Staaten vermitteln. Dieser Vorsprung wird tendenziell ungern und selten durch Kooperation relativiert. Insoweit sind die Informationsströme hinsichtlich ihrer Intensität wie auch ihres Inhalts durch die jeweilige Interessenlage geprägt.

---

und justizielle Zusammenarbeit, in: Weidenfeld (Hg.), Jahrbuch der Europäischen Integration 1997/98, 1998, S. 163; dies., ebd. 1998/99, 1999, S. 179; dies., ebd. 1999/2000, 2000, S. 161.

[19] Hierzu hat in der Bundesrepublik immerhin eine Verfassungsänderung stattgefunden. S. zum neuen Art. 16 Abs. 2 GG näher Manfred Zuleeg, in: Erhard Denninger/Wolfgang Hoffmann-Riem/Hans-Peter Schneider/Ekkehart Stein, Kommentar zum Grundgesetz für die Bundesrepublik Deutschland, 3. A., Loseblatt, Stand: 2001, Bd. 1, Art. 16 Rn. 31; s.a. Andreas Zimmermann, Die Auslieferung Deutscher an Staaten der Europäischen Union und internationale Strafgerichtshöfe – Überlegungen zum neuen Art. 16 Abs. 2 S. 2 GG, Juristenzeitung 2001, S. 233 ff.; Arnd Uhle, Auslieferung und Grundgesetz, Anmerkungen zu Art. 16 Abs. 2 GG, Neue Juristische Wochenschrift 2001, S. 1889 ff.; Reinhard Marx, Die Genfer Flüchtlingskonvention wird fünfzig – Hat sie ausgedient?, Anwaltsblatt 2001, S. 480; Willibald Hermsdörfer, Auswirkungen der Errichtung des Internationalen Strafgerichtshofs auf das deutsche Recht, Deutsche Richterzeitung 2000, S. 70 ff. (mit rechtsvergleichenden Hinweisen); Otto Lagodny, Auslieferung und Überstellung deutscher Staatsangehöriger, Zeitung für Rechtspolitik 2000, S. 175 ff. (mit Hinweisen auf Rechtslage in den Niederlanden); Christian Walter, Verfassungsrechtliche Hindernisse bei der Ratifikation des Statuts von Rom über die Errichtung eines Internationalen Strafgerichtshofs – Rechtsvergleichende Anmerkung zur Entscheidung des französischen Verfassungsrats vom 22.1.1999, Europäische Grundrechtszeitschrift 2000, S. 303 ff. (auch zur Rechtslage in Frankreich).

[20] Dazu etwa Klaus-Peter Fritsche, Verfassungsschutz im internationalen Verbund – Aspekte der Zusammenarbeit mit ausländischen Diensten, in: Bundesministerium des Innern (Hg.), Verfassungsschutz: Bestandsaufnahme und Perspektive, 1998, S. 102 ff.; s.a. Reinhard Rupprecht, Zukunft des Verfassungsschutzes, in: Bundesministerium des Innern, aaO., S. 410 ff; Dietrich Vaubel, Die strafrechtliche Bewertung des politischen Extremismus in der Europäischen Union, in: Bundesministerium des Innern, aaO., S. 394.

Gegenwärtig lassen sich insbesondere zwei Problemzonen beobachten: Da ist zunächst ein bisweilen defizitärer Informationsaustausch zwischen Nachrichtendiensten einerseits und polizeilichen oder sonstigen Sicherheitsorganen andererseits. Das gilt in Ansätzen nicht nur für die Bundesrepublik, sondern in vergleichbarer Weise auch für andere europäische Staaten. Hier ist also die innerstaatliche Vernetzung der Sicherheitsorgane noch nicht ausreichend. Dies ist übrigens unabhängig davon, ob in den einzelnen Staaten ein rechtliches „Trennungsgebot" zwischen Nachrichtendiensten einerseits und Polizei andererseits anerkannt ist oder nicht. Im zwischenstaatlichen Bereich ergeben sich Kooperationsprobleme insbesondere dann, wenn einzelne Aufgaben in einem Staat von einem Nachrichtendienst, in einem anderen von der Polizei wahrgenommen werden.

Offenbar arbeiten Nachrichtendienste gern mit Nachrichtendiensten zusammen. Weniger ausgeprägt ist diese Bereitschaft jedoch bei der grenzüberschreitenden Kooperation eines Nachrichtendienstes mit einer Polizei eines anderen Staates – und umgekehrt. Insoweit besteht ein gewisses Risiko des Informationsverlustes bzw. der Verzögerung. Hier ist jedenfalls eine Verbesserung der Kooperationsstrukturen anzustreben.[21]

Operative und strategische Fragen

Handlungsebenen der Vernetzung

Die geschilderten Aufgaben einer verbesserten Vernetzung äußerer und innerer Sicherheitseinrichtungen stellen sich auf unterschiedlichen Ebenen. Gefordert sind

- die *operative Ebene*, also die Ebene der Sicherheitseinrichtungen, -institutionen und -kräfte selbst

- die *politische Führungsebene*, namentlich die Exekutivspitzen in Regierungen und Verwaltungen

---

[21] Darüber hinaus kann aber auch daran gedacht werden, bei der Arbeitsteilung zwischen Nachrichtendiensten und Polizeibehörden in den einzelnen Ländern zu einer verbesserten Abstimmung zu gelangen. Wenn dies nicht gelingen sollte, wäre an eine verbesserte Abstimmung und Harmonisierung der Arbeitsteilung zwischen Nachrichtendiensten und Polizei in den einzelnen Mitgliedstaaten zu denken.

- die *Legislative,* namentlich durch Verbesserung der rechtlichen Rahmenbedingungen.

Vernetzungsaufgaben der Exekutivspitzen

Für die *politische Führungsebene* im Bereich der Exekutive stellen sich insbesondere drei Aufgaben:

1. *Koordinationsaufgaben:* Wenn in Deutschland mehrere Behörden zusammenarbeiten, so gilt dies immer noch als etwas Ungewöhnliches. Dabei sollte gelten: Staatsaufgaben sind mehr und anderes als Behördenaufgaben. Behörden sollen keine Eigenzwecke erfüllen, sondern an der Erfüllung der Staatsaufgaben mitwirken. Unter diesen Maßgaben sollte Kooperation der Normalfall, Abschottung der Ausnahmefall sein. Koordinationspflichten beziehen sich demnach zunächst auf die Überwindung überholten Kompetenz- bzw. Abschottungsdenkens hin zu einem Kooperationsdenken, welches nicht nur Sicherheitsbehörden, sondern auch alle anderen Behörden einbezieht, soweit dies möglich, sinnvoll und rechtlich zulässig ist.[22] Dafür gibt es zwischen Sicherheitsbehörden bereits vielfältige Ansätze, die allerdings verstärkt und ausgebaut werden müssen. Insbesondere sollten die Sicherheitsbehörden nicht nebeneinander her arbeiten, sondern sich untereinander abstimmen, Doppelarbeit vermeiden und zugleich Rechtsfehler minimieren. Hierfür können die neu eingerichteten informellen Gesprächskreise zwischen Generalbundesanwalt, Bundeskriminalamt und Nachrichtendiensten eine gewisse Grundlage bilden. Kompetenzdenken und Kompetenzgrenzen werden am ehesten durch gemeinsame, teamförmige Problemdefinition, -bearbeitung und -lösung überwunden. Eine solche Kooperation schließt rechtliche und faktisch gebotene Trennung bzw. Distanz nicht aus. Im Gegenteil: Durch Kooperation lässt sich auch das je Besondere und Eigene klarer definieren und optimieren.[23]

2. *Harmonisierungsaufgaben:* Solche Aufgaben stellen sich insbesondere bei der Abstimmung von Verfahren, technischen Hilfsmitteln und auto-

---

[22] Zu Mechanismen und Grenzen der Zusammenarbeit, namentlich auf dem Gebiet des Datenschutzrechts, Helmut Bäumler, Informationsverarbeitung im Polizei- und Strafverfahrensrecht, in: Hans Lisken/Erhard Denninger, Handbuch des Polizeirechts, 3. A., 2001, J Rn. 133 ff.
[23] Für Hinweise hierzu danke ich Frau Prof. Dr. Marga Pröhl, Gütersloh.

matisierter Aufgabenerfüllung. Hier braucht nicht jede Behörde das Rad selbständig neu zu erfinden. Vielmehr ist durch eine einheitliche oder zumindest kompatible Aufgabenerfüllung sicherzustellen, dass Zusammenarbeit kompetenz- wie grenzüberschreitender Art möglichst effektiv und reibungslos vonstatten gehen kann. Insbesondere Aufzeichnungsverfahren, Verfahren der Datenübermittlung und der Abrufbarkeit von Informationen sollten im Rahmen des rechtlich Zulässigen frei von vermeidbaren technischen Schwierigkeiten organisiert sein. Hier sind auch in der Bundesrepublik noch vielfältige Hindernisse zu überwinden. Besondere Probleme bereitet hier darüber hinaus nach wie vor die internationale Abstimmung über Staatsgrenzen hinweg. Namentlich die Vereinheitlichung technischer Verfahren (bis hin zu Funkgeräten), administrativer Prozeduren und wechselseitiger Hilfeleistung entwickeln sich nicht selten eher spontan als organisiert. Hier bedarf es einer aktiven Begleitung der politischen Führungsebene. Dabei darf hinter dem Bestreben nach Kooperation auf der Zentralebene die praktische Zusammenarbeit der Behörden „vor Ort" nicht zu kurz kommen.

3. *Differenzierungsaufgaben:* Zentralisierung und Vereinheitlichung sind keine Selbstzwecke. Vielmehr sollte gelten: Zentralisierung wo nötig – Dezentralisierung wo sinnvoll. Insbesondere sind die Hochzonung von Aufgaben und die Schaffung neuer Zentralen keine Selbstzwecke. Differenzierung der Aufgaben bezieht sich demnach insbesondere auf die Suche nach der optimalen Handlungsebene und deren Verknüpfung untereinander, nicht über dritte Behörden oder gar über neue Hierarchien.

Die jüngsten Terroranschläge haben – nicht nur in Deutschland – Lücken in der exekutiven Koordination bei der Wahrnehmung von Sicherheitsaufgaben deutlich werden lassen. Das gilt für Aufklärungsaufgaben im Vorfeld, die Intelligence-Funktionen. Deren Wahrnehmung basiert bislang auf einer relativen Autonomie unterschiedlicher Sicherheitsbehörden, namentlich unterschiedlicher Nachrichtendienste. Offenbar geht diese Differenzierung davon aus, dass innen- und außenpolitische Intelligence-Funktionen unterschiedlichen Eigenheiten unterliegen und deshalb auch von unterschiedlichen Behörden und Nachrichtendiensten wahrgenommen werden sollten. Ähnliches gilt für die grundsätzliche Prämisse einer Trennung „ziviler" und „militärischer" Informationserhebung und -auswertung. Ein solches Nebeneinander findet sich nicht nur in der Bundesrepublik mit ihren unterschiedlichen Nachrichtendiensten für Informationsgewinnung über inländische, über ausländische und über militärische bzw. militärbezogene Informationen einerseits und der polizeilichen Informationserhebung auf Bundes- und Landesebene andererseits. Vielmehr zeigt es sich auch in anderen Staaten mit unterschiedlichen politischen und rechtlichen Vorbedingungen. Diese Parallele zeigt: Offenbar folgt eine solche Differenzierung „gewachsenen" Aufgaben- und Zuständigkeitsverständnissen. Dies ist allerdings nur so lange sinnvoll, wie sich die zugrunde liegenden Sachverhalte und Aufgaben auch tatsächlich trennen lassen. Ist dies nicht oder nicht mehr der Fall, so bedürfen sie kritischer Überprüfung.

Dabei scheint sich in jüngerer Zeit anzudeuten: In dem Maße, in welchem es tatsächlich einen international organisierten Terrorismus oder grenzüberschreitende „organisierte Kriminalität" gibt, verschwimmt die vorausgesetzte Trennung von innen- und außenpolitischen, inlandsbezogenen und auslandsbezogenen Informationen. Ähnliches kann gelten, wenn „polizeiliche" und „militärische" Herausforderungen näher aneinander heranrükken. In diesen Fällen kann sich die Behördentrennung durchaus nicht bloß als Nachvollzug unterschiedlicher Sachstrukturen darstellen. Es ist nicht zu leugnen: Informationserhebung im Inland folgt anderen Gesetzmäßigkeiten als eine solche im Ausland. Hierfür sind völlig unterschiedliche operative Strukturen, personelle Ressourcen und Kenntnisse erforderlich. Auch stellt sich immer mehr die Frage nach der Reichweite der Relevanz solcher Unterschiede. Sie betreffen jedenfalls nicht oder nicht im gleichen Umfang die Notwendigkeit der Informationsauswertung. Deren Bedeutung nimmt immer mehr zu, je größer die Notwendigkeit wird, Informationen aus unterschiedlichen Quellen miteinander zu verknüpfen. Eine solche Verknüpfung trifft nur peripher die Ebene der Informationserhebung, in umso höherem Maße jedoch diejenige der Informationsverarbeitung. Das heißt: Auch was nach unterschiedlichen Gesetzmäßigkeiten und Sachstrukturen und daher möglicherweise von unterschiedlichen Behörden erhoben werden muss, muss nicht unbedingt von unterschiedlichen Behörden ausgewertet werden. Behördliche Trennung der Nachrichtendienste bedeutet aber nach tradiertem Verständnis zugleich Trennung der Informationsgewinnung und der Informationsauswertung.

Jedenfalls auf der letzteren Stufe bedarf das Trennungsprinzip einer kritischen Reflexion. Die getrennte Auswertung getrennt erhobener Informationen durch jeweils spezialisierte und daher von anderen Informationsquellen partiell abgeschnittener Auswerter kann zu Sicherheitslücken führen, wenn Erkenntnisse nicht oder nicht so frühzeitig gewonnen werden, wie dies möglich gewesen wäre. Hier wäre eine verbesserte Kooperation und Koordinati-

on der Nachrichtendienste auf der Auswertungsebene notwendig und sinnvoll. Dieses Problem hat sich paradigmatisch auch in den USA gezeigt, wo
den neuen Herausforderungen mit der Gründung einer neuen Behörde zur
verbesserten gemeinsamen Informationsauswertung unterschiedlicher Sicherheitsdienste Rechnung getragen werden soll. Ähnliche Fragen stellen
sich auch für die Bundesrepublik. Verbesserte Koordination könnte hier erhöhte Auswertungs-, Bewertungs- und Prognosekompetenzen schaffen. Angesichts der – nicht zuletzt durch die Satelliten gestützten Abhörmöglichkei-
ten – stark vermehrten Informationsmengen könnten so neue Erkenntnisse
geschaffen werden, welche schneller, flexibler und kompetenter in der Lage
wären, aus Daten Wissen zu machen. Der Satz: „Information is nothing,
knowledge is everything", welcher das EDV-Zeitalter zunehmend prägt, ist
für das Wirken der Nachrichtendienste gleichfalls von eminenter Bedeutung.
Das gilt umso mehr, als auch bei den Diensten und den sonstigen Sicherheitsbehörden das EDV-Zeitalter längst Einzug gehalten hat.

Schwieriger als die Erkenntnis dieser Aufgabe ist jedoch deren organisatorische und institutionelle Umsetzung. Das gilt umso mehr, als Sicherheitsbehörden und namentlich Geheimdienste dazu neigen, Informationen für
sich zu behalten und an Dritte nur dann weiterzugeben, wenn dies aus eigenen oder vorrangigeren, im Einzelfall nicht übergehbaren Interessen als notwendig angesehen wird. Doch zeigt dies zugleich: Mit einer prinzipiellen
Trennung der Informationserhebungs- und -auswertungskompetenzen wird
kein Problem gelöst. Vielmehr wird es lediglich auf eine andere Ebene übertragen. Dies bedeutet aber auch: Sowohl mit der Zusammenlegung bestehender als auch mit der Schaffung neuer, etwa übergeordneter oder aufsichtfüh-
render Behörden ist es nicht einfach getan. Ein einzelner Koordinator mit
einem kleinen Stab kann möglicherweise Aufsicht führen oder übergreifende
Regelungen und behördenübergreifende Arbeitsweisen vorschreiben und
gemeinsame Besprechungen durchführen. Doch führt dies zu keiner wirklich
gemeinsamen, dienstübergreifenden koordinativen Struktur. Hierzu bedarf es
neuer, eingehender Erwägungen, welche sowohl die Koordinationsbedürfnis-
se politischer Führungen als auch die Eigenarten nachrichtendienstlicher
bzw. polizeilicher Informationserhebung und -verarbeitung berücksichtigen.

Dabei sind grundsätzlich zwei verschiedene Lösungsmöglichkeiten
denkbar. Die Schaffung einer neuen, nachrichtendienstübergreifenden – und
möglicherweise auch polizeiliche Quellen einbeziehenden – Auswertungsbe-
hörde würde möglicherweise die Koordinationsaufgaben wirksamer erfüllen
können. Oft wäre hier eine informationserhebungsunabhängige Auswer-

tungskompetenz zumindest organisierbar. Zudem wäre die politische Verantwortung für die Auswertungsarbeit klar zuzuordnen: Sie müsste in einem Ministerium – oder im deutschen System angemessener – beim Bundeskanzleramt zusammengefasst werden. Doch zeigt die Schaffung einer solchen Behörde auch gewisse Schwachstellen, die hier nicht verschwiegen werden sollen. Dazu zählt insbesondere die Tatsache, dass die Datenübermittlung von einer informationserhebenden Stelle zu einer solchen Behörde bereits ein Akt der Informationsweitergabe „nach außen" wäre. Es ließe sich in einem solchen Fall nur schwerlich sicherstellen, dass alle auswertungsrelevanten Daten auch tatsächlich von den erhebenden an die auswertenden Stellen abgegeben würden. Der Rang der informationserhebenden Behörden zur Exklusivität könnte sich vielmehr lediglich gegenüber einer neuen, aus ihrer Sicht gleichfalls externen Behörde durchsetzen. Zudem könnten sich aber auch juristische Probleme ergeben, wenn eine allzu weit reichende Zusammenfassung nachrichtendienstlicher und polizeilicher Informationsauswertungskompetenzen die Unterschiedlichkeit der jeweiligen Stellen, ihrer Aufgaben und damit notwendigerweise auch der Zulässigkeit ihrer Datenverarbeitung allzu sehr verwischt.

Als Alternative käme demgegenüber in Betracht, koordinative Strukturen zu schaffen, in welchen Angehörige der einzelnen Nachrichtendienste gemeinsam mit Auswertungsfragen befasst werden. Solche koordinativen Stellen wären grundsätzlich als Abteilungen der einzelnen Nachrichtendienste zu verstehen. Sie würden allerdings gemeinsam arbeiten und insoweit zugleich Verbundlösungen mit anderen Nachrichtendiensten und der Polizei ermöglichen. Ihr Vorteil läge am ehesten darin, dass die Weitergabe von Informationen an solche Stellen kein Akt der Externalisierung von Informationen wäre, die Übermittlung an die Koordinationsstelle jedenfalls des eigenen Nachrichtendienstes wäre noch keine Datenweitergabe „nach außen". Dies könnte die Informationsfreude der informationserhebenden gegenüber den auswertenden Stellen erhöhen. Zudem würden koordinierende Stellen eher in der Lage sein, den juristisch vorgegebenen Spagat zwischen nachrichtendienstlichen und polizeilichen Informationserhebungen zu überbrükken. Die Nachteile lägen umgekehrt allerdings in denjenigen Punkten, welche die Vorteile einer neuen Behörde ausmachen würden. Das gilt namentlich für die organisatorische Zuordnung und Verantwortung, welche bei koordinativen Strukturen wesentlich schwieriger zu bewältigen ist als bei eigenständigen Behörden.

Hieraus lässt sich keine ganz einheitliche, alle Probleme lösende Empfehlung herleiten. *Juristisch* spräche mehr für koordinative Problemlösung durch zwischenbehördliche Kooperationsgremien. *Politisch* könnte mehr für eine neue Behörde sprechen. Doch bliebe hier das Problem der möglicherweise selektiven Informationsweitergabe nach wie vor nicht gelöst. Deshalb erscheint es zumindest nicht zwingend, hier dem von den USA vorgezeichneten Weg einfach zu folgen. Auch dieser hat seine Bewährungsprobe noch vor sich.

Vernetzungsaufgaben der Legislative

Die Aufgaben der *Legislative* stellen sich auf ganz unterschiedlichen Ebenen. Es gibt keine Sicherheitsgesetzgebungskompetenz. Namentlich die Diskussionen um das zweite Sicherheitspaket der Bundesregierung[24] haben deutlich gemacht: Hier waren schon die Kompetenzfragen überaus umstritten. „Sicherheitsrecht" ist Mehrebenenrecht. Es bedarf also politischer Initiativen aus unterschiedlichen Rechtssetzungsebenen.

Dabei kommt der Ebene der *EU* bislang ganz überwiegend koordinierende Funktion zu. Art. 29 ff. EUV gehen davon aus, dass auf europäischer Ebene zwar Koordinations- und Kooperationsstrukturen entstehen. Unmittelbare Exekutivbefugnisse in den Einzelstaaten kommen der Union allerdings gegenwärtig noch nicht zu. Die vorhandenen Koordinationsaufgaben beziehen sich bislang allein auf den polizeilichen Sektor, der militärische und der nachrichtendienstliche Bereich sind davon noch nicht erfasst. Auch im polizeilichen Bereich finden sich noch zahlreiche Regelungs- und Koordinationsdefizite (s.o. 7.).

Aufgaben des *Bundesgesetzgebers* entstehen im militärischen Bereich sowie für die eigenen Sicherheitsbehörden des Bundes, namentlich den BGS und das Bundeskriminalamt. Im Übrigen nimmt der Bund hier überwiegend Koordinationsaufgaben wahr. Zudem fungiert das Bundeskriminalamt als deutsche Kontaktstelle zu Europol. Damit hat sie u. a. die Möglichkeit, Rahmenbedingungen zu setzen, welche den Auf- und Ausbau der Vernetzung fördern können.

Aufgaben des *Landesgesetzgebers* entstehen im Bereich der präventiven Polizeiaufgaben (also außerhalb der Aufklärung begangener Straftaten) und

---

[24] Zusammengeführt in: Deutscher Bundestag, 14. Wahlperiode, Protokoll der 78. Sitzung des Innenausschusses vom 30.11.2001, zum Thema „Terrorismusbekämpfungsgesetz": Öffentliche Anhörung von Sachverständigen.

im Bereich des Verfassungsschutzes. Für letzteren ist sie allerdings an die bundesrechtlichen Vorgaben für die Zusammenarbeit gebunden.

Konkret ergeben sich für die Legislative insbesondere folgende Aufgaben:

- *Regelungsaufgaben:* Zusammenarbeit zwischen Behörden sollte der Regel-, nicht der Ausnahmefall sein. Insbesondere sind die rechtlichen Rahmenbedingungen dafür zu schaffen, dass eine wirksame Vernetzung möglich ist. Das gilt insbesondere für die Eröffnung und Abgrenzung von Kooperationsbereichen im Unterschied zu anderen, geschützten Bereichen.

- *Datenschutzaufgaben:* Es gibt auch im Sicherheitsrecht nur sehr wenige absolut geschützte Daten. Im Übrigen gilt: Datenschutz ist notwendig. Doch kann die Datenweitergabe erfolgen, wenn ihre Erhebung, Speicherung und Weitergabe ausreichend geregelt ist und dies zur Verfolgung gesetzlich zugelassener Zwecke notwendig ist.[25] Hier muss die Gesetzgebung die erforderlichen Rahmenbedingungen schaffen, um eine Abwägung zwischen den Belangen des Datenschutzes einerseits und des Schutzes der öffentlichen Sicherheit andererseits zu ermöglichen. Dazu finden sich in der Rechtsprechung des Bundesverfassungsgerichts, mehrerer Landesverfassungsgerichte und der Fachgerichte hinreichende Anhaltspunkte.[26]

- *Kontrollaufgaben:* Je intensiver und früher Sicherheitsbehörden in Grundrechte eingreifen dürfen, desto intensiver müssen sie kontrolliert werden. Die gesetzlich vorzusehenden Kontrollmechanismen müssen rechtlich geregelt sowie tatsächlich vorhanden, einsatzfähig und tätig sein.

Die neue Aufgabe: Sicherheitsinstitutionen als politische Frühwarnsysteme

Die Vernetzungsproblematik wäre nur unvollständig erörtert, wenn das Blickfeld nicht noch einmal auf die materielle Aufgabe ausgeweitet würde.

---

[25] BVerfGE 65, 1, 41 ff.
[26] Dargestellt insbesondere bei Helmut Bäumler, aaO.

„Sicherheit" ist ein komplexes Phänomen.[27] Dies gilt nicht nur für den anzustrebenden Zustand, sondern auch für die dafür einzusetzenden Mittel. Sicherheitspolitik ist mindestens ebenso komplex wie die Sicherheit selbst.
Der vorstehende Überblick über die Vernetzungsfrage hat den Blick
praktisch ausschließlich auf diejenigen Institutionen gerichtet, welche im
traditionellen Sinne als „Sicherheitsorgane" bezeichnet werden. Doch ist
deren Aufgabenstellung notwendig limitiert. Sie werden zuständig, wenn
Schutzgüter konkret gefährdet oder gar schon beeinträchtigt sind. Sie stehen
somit am Ende eines komplexen politischen Prozesses, der – neben anderen
Gütern – auch die „Sicherheit" herstellen und garantieren soll. Diese Feststellung lenkt das Blickfeld notwendig auf diejenigen Einrichtungen, welche
mehr am Anfang der Sicherheitsproduktion stehen. Hier sind Sozialpolitik,
Entwicklungspolitik, Kulturpolitik, Friedenspolitik u.a. angesprochen. Sie
werden aus gutem Grund gegenwärtig nicht (mehr) überwiegend von den
Sicherheitsinstitutionen im traditionellen Sinne betrieben. Vielmehr operieren sie autonom von diesen und nehmen ihre je eigenen Aufgabenfelder mit
ihren je eigenen Mitteln wahr. Mögen diese Mittel auch von denjenigen des
Militärs, der Polizei und der Nachrichtendienste verschieden sein, so ist doch
das mit ihnen verfolgte Anliegen ein gemeinsames. Die Sicherung schutz-
würdiger Güter, des inneren Friedens und der öffentlichen Sicherheit ist eben
nicht nur eine Aufgabe einzelner staatlicher Stellen. Sie ist nicht bloß der
Auftrag des Militärs, der Polizei oder der Nachrichtendienste. Vielmehr ist
sie ein gesamtpolitisches Anliegen und damit eine Aufgabe des politischen
Systems insgesamt.
Diese Einsicht, die in der Sicherheitsforschung längst Gemeingut ist,
lenkt den Blick von den Störungen der Sicherheit auf deren Bedingungen.
Hier geht es dann zentral nicht um die Frage, wie eine gefährdete Sicherheit
wieder hergestellt werden kann. Vielmehr geht es mindestens ebenso um die
Frage, wie Sicherheit überhaupt hergestellt werden kann. Dies lenkt den
Blick auf die Ursachen von Gefahren, Bedrohungsszenarien und Terrorismus. Wer nicht nur deren Folgen managen, sondern die Ursachen wirklich
bekämpfen und damit Sicherheit überhaupt erst herstellen will, muss das
Blickfeld demnach ausweiten. Hier nun stellt sich die Vernetzungsfrage ganz
neu. Gewiss: Nachrichtendienste, Polizei und Militär verfügen über zahllose
Informationen über Terrorismus, Bedrohung und Gefahren. Immer häufiger
weitet sich ihr Horizont darüber hinaus auch auf die Bedingungen aus, welche solche Gefährdungen hervorbringen können. Doch fehlt es bislang –

---

[27] S. schon oben Anm. 1.

jedenfalls in einem institutionalisierten bzw. „vernetzten" Sinn – an einer Kooperation mit denjenigen Stellen, welche sich für die Herstellung von Frieden und Sicherheit einsetzen, bevor es zu Beeinträchtigungen kommt. Wer nicht nur die Folgen, sondern die Ursachen managen will, muss hier ansetzen. Dabei können die Erkenntnisse der klassischen Sicherheitsinstitutionen als *politisches Frühwarnsystem* genutzt werden. Gewiss: Sie können nicht alle ihre Informationen oder die Informationsquellen preisgeben. Dies verbietet sowohl ihr institutionelles Eigeninteresse als auch die Notwendigkeit eines Schutzes ihrer Quellen. Doch ist die Vernetzung eine wichtige Aufgabe im Hinblick auf die Informationsergebnisse. Sie zusammenzuführen und so die Entstehung von Bedrohungen möglichst zu minimieren, ist eine politische Aufgabe, welche bislang noch viel zu wenig angegangen worden ist. Hier Institutionalisierungen und Vernetzungen zu schaffen, ist eine gesamtpolitische Aufgabe. Sie führt aus der Binnenvernetzung klassischer Sicherheitspolitik heraus und in eine neue, integrierte Sicherheitspolitik hinein. Was im innerstaatlichen Bereich in kriminalpolitischen Räten, Sicherheitsbeiräten u.ä. immer häufiger geschieht, ist auch im internationalen Bereich ein wirksames Mittel zur Bekämpfung der Entstehung – und nicht nur der Folgen – des internationalen Terrorismus.

Idealtypische Organisation innerer und äußerer Sicherheit

Eckart Werthebach

Der „Krieg" gegen den Terrorismus wird das bestimmende Thema der internationalen Politik bleiben. Die seit dem 11. September 2001 fortgeschriebenen Sicherheitsanalysen kommen übereinstimmend zu dem Ergebnis, dass mit weiteren, auch schwersten terroristischen Anschlägen des islamistischen Terrorismus in und gegen Staaten der ersten Welt zu rechnen ist.

Die Dimension dieser Bedrohung ist neu. Die militärische Abschreckung, d. h. die Angst vor einem Vergeltungsschlag gegen das eigene Land, versagt, da es sich nicht um Angriffe selbständiger Völkerrechtssubjekte, sondern um Einzeltäter und Netzwerke unterschiedlicher Herkunftsländer handelt. Gegenüber Attentätern, die bei der Durchführung von Anschlägen ihren eigenen Tod in Kauf nehmen, bleiben aber auch die general- und spezialpräventiven Mechanismen des Strafrechts (Entdeckungsrisiko, Angst vor Strafe) wirkungslos.

Kein Staat darf es zulassen, dass sein Volk terroristischen Angriffen schutzlos ausgeliefert und damit erpressbar wird. Vorrangiges Ziel muss es sein, bereits die Vorbereitung terroristischer Anschläge so frühzeitig zu erkennen, dass ihre Durchführung noch verhindert werden kann. Alle Anstrengungen der Politik sind mithin vorrangig auf eine effektive Prävention, auf ein Frühwarnsystem, zu richten. Gleichzeitig muss aber auch die notwendige Vorsorge getroffen werden, um der Bevölkerung im Ereignisfall größtmöglichen Schutz zu gewährleisten.

Anschlagsgefährdet sind vor allem die USA, Großbritannien, Israel und deren Einrichtungen – auch außerhalb dieser Länder. Das militärische Engagement Deutschlands bei der Bekämpfung des islamistischen Terrorismus hat die Anschlagsgefahr allerdings auch in Deutschland erhöht. So warnten wiederholt die Nachrichtendienste vor möglichen Anschlägen auf den Luftverkehr in Deutschland.[1]

---

[1] Der Stellvertreter Osama bin Ladens, Dr. Aiman al-Zawahiri, drohte in einer Anfang Oktober 2002 veröffentlichten Tonbandaufzeichnung wörtlich: „Wir haben einige Botschaften an Amerikas Verbündete geschickt, damit diese ihre Beteiligung an dessen Kreuzzug beenden. Die kämpfende Jugend

Die Einschätzung einer erhöhten Anschlagsgefahr[2] schärft den Blick auf den *status quo ante:* Vor den Geschehnissen des 11. September 2001 war Deutschland offenbar kein Angriffsziel für die Planer islamistischer Terroranschläge. Überraschen kann dies nicht, zeigen doch nicht nur die Erkenntnisse aus dem inzwischen „berühmt" gewordene Kaplan-Verfahren vor dem OLG Düsseldorf, sondern vor allem die offenbar weitgehend in Deutschland durchgeführte Anschlagsplanung für den 11. September 2001 selbst, dass die bisherige deutsche Ausländerpolitik möglicherweise nationale und internationale Sicherheitsrisiken nicht ausreichend berücksichtigt hat.

Ungewollte, aber nahezu zwangsläufige Folge war das Entstehen von Ruheräumen zur Vorbereitung terroristischer Aktivitäten, deren Stoßrichtung außerhalb Deutschlands lag und die durch Angriffe auf Einrichtungen innerhalb Deutschlands nicht gefährdet werden sollten. Die Lage kennzeichnet eine Äußerung des Direktors der amerikanischen Bundespolizei FBI, Roland S. Mueller. Der FBI-Chef hat am 7. Juni 2002 öffentlich erklärt, die Ermittlungen seiner Behörde hätten ergeben, die Pläne zur Ausführung der Terroranschläge vom 11. September 2001 seien in Deutschland entwickelt worden, die Idee für die Angriffe jedoch bei der Al Qaida-Führung in Afghanistan entstanden.

Der amerikanische Präsident Bush hat im selben Zeitraum in zwei grundsätzlichen Ansprachen festgestellt: „Wir wissen heute, dass Tausende von ausgebildeten Mördern Angriffe gegen uns planen, und dieses schreckliche Wissen verlangt von uns ein anderes Vorgehen." Vor der Militärakademie in West Point hat der amerikanische Präsident darauf hingewiesen, dass

---

hat eine Botschaft an Deutschland und eine an Frankreich geschickt. Wenn das nicht ausreicht, kann die Dosis erhöht werden."

[2] Nach dem 11. September 2001 sind von islamistischen Terroristen folgende Anschläge begangen worden:

- 11. April 2002 21 Touristen, darunter 14 Deutsche, werden bei einem Anschlag auf der tunesischen Insel Djerba getötet, 29 Personen verletzt.
- 8. Mai 2002 In Karachi/Pakistan werden bei einem Bombenanschlag auf einen französischen Militärbus 11 Menschen getötet.
- 14. Juni 2002 In Karachi/Pakistan werden 12 Pakistani durch eine Autobombe vor dem US-Konsulat getötet.
- 6. Oktober 2002 Anschlag auf den französischen Öltanker „Limburg" vor der Küste Jemens.
- 12. Oktober 2002 Im Ferienort Kuta Beach auf Bali/Indonesien werden durch einen Bombenanschlag 190 Menschen, überwiegend Touristen, getötet.
- 28. November 2002 In Mombasa/Kenia werden durch einen Selbstmordanschlag 13 Menschen getötet und 80 verletzt; der Versuch, eine vollbesetzte israelische Passagiermaschine mit einer Boden-Luft-Rakete abzuschießen, misslingt.
- 16. Mai 2003 In Casablanca/Marokko kommen bei einem Sprengstoffanschlag über 44 Menschen ums Leben.

die (militärische) Abschreckung für die Terrorabwehr nicht genüge, weil die Drohung mit einer massiven Vergeltung Terroristen ohne Land und Volk nicht von ihrem Tun abhalte. Prävention heiße hier, dass Amerika eingreifen müsse, bevor der Feind angreife; Defensive Intervention ist Ausdruck dieser neuen nationalen Sicherheitsstrategie der USA.

Diese und ähnliche Einschätzungen münden in den Führungszirkeln der Politik in die Frage, ob die westliche Staatengemeinschaft und die freiheitlichen Nationalstaaten zu schwach sind für den Anti-Terrorkrieg oder zumindest ihre Sicherheitsorgane für „asymmetrische Kriege" organisatorisch falsch oder ungenügend aufgestellt sind. Hinzu kommt, dass die Politik ohnehin stets und ständig Handlungskraft beweisen muss: Immer wenn Sicherheitspannen offenbar, Fehler bei der Aufklärung festgestellt, Koordinationsmängel zwischen den Sicherheitsbehörden evident werden und der legendäre „Autismus der Geheimdienste" nicht mehr zu verbergen ist, reagiert die Politik in gleicher Weise. Parlamente fordern zur Aufklärung aller Versäumnisse, Fehler und Verantwortlichkeiten auf und setzen parlamentarische Untersuchungsausschüsse ein. Regierungen verlangen für die Sicherheitsbehörden neue gesetzliche Befugnisse, obwohl häufig genug nur Mängel in der Organisation und im Gesetzesvollzug ursächlich für die Pannen sind.

Nur in Fällen länger fortdauernder konkreter Bedrohungen der inneren oder äußeren Sicherheit und offenkundiger Mängel werden von den Regierenden grundlegende institutionelle und organisatorische Neuerungen in der Aufbau- und Ablauforganisation der Exekutive erwogen, Zwischenschritte eingeleitet und schließlich Organisationsänderungen vollzogen.

Die Bundesrepublik Deutschland hatte 1991 nach der Ermordung von Alfred Herrhausen und Carsten Detlef Rohwedder durch Terroristen der Roten Armee Fraktion (RAF) mit einem organisatorischen Zwischenschritt begonnen und unter Leitung des Bundeskriminalamtes (BKA) mit Beteiligung der Terrorismusexperten der übrigen Sicherheitsbehörden eine Koordinierungsgruppe Terrorismus (KGT) eingerichtet, die u. a. die Aufgabe hatte, auch jeweils nur bruchstückhaft vorhandene Erkenntnisse und Hinweise über die RAF zur Verbesserung von Ermittlungsansätzen zusammenzuführen. Offensichtlich war das seinerzeitige Vorgehen auch Vorbild für die im vergangenen Jahr beim BKA eingerichtete Koordinierungsgruppe internationaler Terrorismus.

In den USA werden gegenwärtig all die oben beschriebenen Handlungsmuster praktiziert. Der amerikanische Präsident schuf bereits mit *Executive Order* vom 8. Oktober 2001 ein *Office of Homeland Security* und den *Homeland Security Council*. In diesem Organisationserlass des Weißen Hauses, den der Präsident selbst als Zwischenschritt zur Verbesserung der Sicherheit seines Landes bezeichnete, sind bereits die wesentlichen Aufgaben und Befugnisse fixiert, die auf das neue, mit Kabinettrang versehene *Department of Homeland Security* am 1. Januar 2003 übergehen sollen. Das Ministerium ist eine für die amerikanische Staatsverfassung außergewöhnliche institutionelle Neuschöpfung, die an die Kompetenzen von Innenministerien in föderal organisierten Ländern Europas erinnert. Die Neugründung lässt aber auch Rückschlüsse auf die von der amerikanischen Regierung zukünftig erwarteten Bedrohungsszenarien erkennen.

Die amerikanische Regierung ist überzeugt, dass das neue Ministerium die (innere) Sicherheit Amerikas im Kampf gegen den internationalen Terrorismus schon deshalb verbessern wird, weil die Sicherheitsaufgaben in einer Behörde zusammengefasst werden. Die Zuständigkeiten des *Department of Homeland Security* sind:

▪ Sicherheit der Grenzen, der Verkehrswege, der Häfen und der sensiblen Infrastruktureinrichtungen

▪ Zusammenfassung, Analyse und Bewertung nachrichtendienstlicher Informationen aus unterschiedlichen Quellen

▪ Koordination der Kommunikation zwischen bundesstaatlichen und kommunalen Stellen, der Privatwirtschaft und der Bevölkerung zur Vorbereitung auf Bedrohungslagen (Katastrophenschutz-Vorsorge)

▪ Koordination aller Abwehranstrengungen gegen den Terrorismus mit biologischen und sonstigen Massenvernichtungswaffen

▪ Unterstützung bei der Ausbildung und Ausstattung von Katastrophenschutzhelfern

▪ zentrale Steuerung von Katastrophenschutz-Einsätzen

▪ dezentraler Einsatz der Sicherheitskräfte zur Verbesserung der Schutzmaßnahmen in der Fläche (zu Lasten der Hauptstadt Washington, D.C.)

Das *White House Office of Homeland Security* und der *Homeland Security Council* sollen dauerhaft eine Schlüsselrolle spielen, den Präsidenten fortlaufend unterrichten und beraten sowie den Abstimmungsprozess zwischen allen beteiligten Stellen verbessern. Dem Vernehmen nach gab es anfänglich auch Überlegungen, das FBI vollständig dem neuen Heimatschutzministerium zu unterstellen; davon ist jedoch abgesehen worden. Es bleibt damit in der Verantwortung des Justizministeriums, vorbehaltlich der Koordination durch das *White House Office.*

Die Entschlossenheit der amerikanischen Regierung verdeutlicht auch, dass die verbindlichen und Öffentlichkeit schaffenden Regelungen des Völkerrechts einer faktischen Neuordnung unterliegen werden. Haben sich die USA 1991 noch durch eine UN-Resolution von der Einnahme Bagdads abhalten lassen, so werden sie künftig das Recht auf Selbstverteidigung in einer Weise zur Anwendung bringen, dass der vorbeugende Schutz des eigenen Staates mit erfasst wird. Daraus folgt, dass eine militärische Intervention wie die im ersten Golfkrieg nicht erst bei der Entfaltung äußerer Aggression erfolgt, sondern bereits bei deren Vorbereitung einsetzen kann.[3]

Gleichzeitig hat die neue Strategie der „Defensiven Intervention" jedoch auch spürbare Konsequenzen für die innerstaatliche Sicherheitsstruktur der westlichen Staatengemeinschaft. Die europäischen Partner der Vereinigten Staaten fürchten als Folge der Ereignisse vom 11. September 2001 einen zunehmenden Unilateralismus der USA. Diese Sorge findet Nahrung in den amerikanischen Bemühungen, die eigene Verwaltung so neu aufzustellen, dass von der Datenerhebung über die Analyse bis hin zu operativen Maßnahmen die präventive Bekämpfung eines geplanten Terroranschlags auch ohne die Unterstützung der Allianz vollzogen werden könnte.

Es muss daher im Interesse Europas – und damit auch Deutschlands – liegen, die eigenen Ressourcen zu bündeln und nutzbringender einzusetzen. Nur wenn die USA den berechtigten Eindruck haben, im Austausch mit den Staaten der EU eine spürbare Verbesserung auch des eigenen Schutzes zu erreichen, wird Europa in den Planungen der USA eine Rolle spielen. Gerade der Hinweis des FBI-Direktors Roland S. Mueller auf die in Deutschland erfolgte Anschlagsplanung belegt, dass vor allem Deutschland den Umbau seiner Sicherheitsarchitekturen ernsthaft betreiben muss, will es künftig ge-

---

[3] Dies hat Auswirkungen auf die internationale Staatengemeinschaft: Verändern sich die Grundlagen für die Entstehung eines casus belli, muss sich die UNO als Plattform zur Regelung völkerrechtlicher Konstellationen darauf einstellen. Soll die einzig verbliebene Weltmacht nicht in eine Entweder-Oder-Situation gedrängt werden, müssen neue Regelungsmechanismen entwickelt werden, die die Bedürfnisse der USA berücksichtigen, ohne die Gestaltungsmöglichkeiten der UNO preiszugeben. Die Ergebnisse der Beratungen im Sicherheitsrat der Vereinten Nationen vor Beginn des zweiten Irak-Krieges bestätigten diese Annahme nachdrücklich.

staltend auch auf eigene Bedrohungssituationen Einfluss nehmen, auf die die Amerikaner militärisch zu reagieren gedenken.

Präsident Bush hat die inzwischen erfolgte Errichtung des Ministeriums für Heimatschutz als die bedeutsamste Organisationsänderung seit 50 Jahren bezeichnet (seinerzeit wurde der Nationale Sicherheitsrat geschaffen). Die Frage liegt auf der Hand, ob diese grundlegenden administrativen Neuerungen in der Terrorismusbekämpfung der USA Vorlage für entsprechende Kompetenzverlagerungen in Deutschland sein sollten oder ob die USA organisatorisch nur nachvollziehen, was *cum grano salis* in Deutschland oder anderen europäischen Ländern bereits bestehende Struktur ist.

Auf den ersten Blick scheint der Kompetenzzuschnitt des amerikanischen Heimatschutzministeriums dem des deutschen Bundesinnenministeriums (BMI) zu gleichen. Bei näherem Hinsehen erweist sich dies aber als nicht zutreffend. Zwar unterliegen das Bundeskriminalamt (BKA) und das Bundesamt für Verfassungsschutz (BfV) der Fach- und Rechtsaufsicht des BMI, doch fehlt dem BMI beispielsweise die Kompetenz, nachrichtendienstliche Informationen zu bündeln. Von dort werden in aller Regel auch keine landesweiten Gefährdungsanalysen oder Warnmeldungen erfolgen. Dies ist grundsätzlich Angelegenheit des BKA.

Demgegenüber hat die amerikanische Regierung mit der Errichtung des Heimatschutzministeriums Kompetenzen für die zivile Sicherheitsvorsorge (Katastrophenschutz, Zivilschutz einschließlich Abwehr von Anschlägen mittels ABC-Waffen) tatsächlich gebündelt und die dazu notwendigen Führungs- und Entscheidungsstrukturen geschaffen.

In Deutschland hingegen fehlt es bei Großschadenslagen, die über regionale Naturkatastrophen und konventionelle Unglücksfälle hinaus gehen, für welche die Länder und Kommunen zuständig sind, an fast allem. Es fehlt ein gesamtstaatliches Krisenmanagement. Die staatliche Kompetenzaufteilung verharrt noch in den Zeiten des Kalten Krieges; nämlich in der auf den Verteidigungsfall bezogenen Zivilschutzzuständigkeit des Bundes und der friedenszeitlichen Katastrophenschutzzuständigkeit der Länder und Kommunen[4]. Lothar Rühl[5] hat in einem Namensartikel der Frankfurter Allgemeinen

---

[4] So weist der Bericht der Unabhängigen Kommission der Sächsischen Staatsregierung vom 16. 12. 2002 zur Bewältigung der Hochwasserkatastrophe in Ostdeutschland im Sommer 2002 auf folgendes hin: „Die Bundeswehr nahm mit ihren leistungsfähigen und zahlenmäßig starken Einsatzkräften in vielen Bereichen eine Schlüsselrolle zur Bewältigung der Katastrophe ein. Eine Führungsrolle hat sie nicht beansprucht, sie ist ihr aber an vielen Orten zugewachsen. Dabei war es hilfreich, dass ... sie über alle wesentlichen Mittel zur Bekämpfung einer Katastrophe selbst verfügt. Der geordnete Einsatz von Kräften und Mitteln ist geübte Praxis ihrer Führer und ihrer Führungsorganisation".

[5] Staatssekretär im Bundesministerium der Verteidigung a. D.

Zeitung sehr anschaulich auf den „Kompetenzwirrwarr" und die Schutzdefizite in Deutschland hingewiesen. Organisatorisch schlägt er vor, entweder die Zuständigkeiten beim Bundesinnenminister zu bündeln oder ein eigenes Ressort zu schaffen, in dem die Zivilverteidigung, der Katastrophenschutz, die Sicherheit der Dateninformationen, des Fernmeldewesens und der Seuchenkontrolle angesiedelt sind.

Angesichts der bekannten, von islamistischen Terroristen ausgehenden Bedrohung wird offenbar, dass Deutschland im Gegensatz zu den USA erst begonnen hat, die Schwachstellen im Zivil- und Katastrophenschutz, also letztlich Bevölkerungsschutz, bei möglichen terroristischen Anschlägen zu analysieren und organisatorische sowie rechtliche Verbesserungsvorschläge zu erarbeiten. Entsprechendes geht aus Berichten der vergangenen Innenministerkonferenzen hervor.[6]

Schwachstellenanalyse

Die nachstehende Analyse greift nicht nur die in allen freiheitlichen Rechtsstaaten – durch Organisations- und Gesetzesentscheidungen verursachten – systemimmanenten Sollbruchstellen auf, die zwangsläufig Informationsdefizite nach sich ziehen. Hinzu kommen allgemeine Fehlerquellen und Wissensmängel, die die Effektivität präventiver Maßnahmen erheblich beeinträchtigen.[7]
Losgelöst von den Fragen,

▪ ob und inwieweit die vorhandene personelle und sächliche Ausstattung der Sicherheitsbehörden genügend ist,

▪ ob und inwieweit deren rechtliche Befugnisse – gemessen an der islamistischen terroristischen Bedrohung – als ausreichend anzusehen sind, und

[6] Vgl. hierzu: Ch. Leggemann, Der Einsatz der Streitkräfte zur Terrorismusbekämpfung – Die aktuelle Debatte in Deutschland, in: Der Kampf gegen den Terrorismus von Hirschmann/Leggemann (Hrsg.) Berliner Wissenschaftsverlag Berlin 2003
[7] Auch die Errichtung eines Département of Homeland Security in den USA ist eine Reaktion auf die nach dem 11. September 2001 erkannten Versäumnisse, Mängel und Fehler der präventiven Arbeit der Sicherheitsbehörden

- ob die Neugründung des US-Ministeriums „Ergebnis kühler Denkanstrengungen von Architekten des politischen Systems" ist[8],

ist die Feststellung gerechtfertigt, dass die gegenwärtige administrative Sicherheitsarchitektur Deutschlands auf die denkbaren Bedrohungsszenarien des islamistischen Terrorismus nicht hinreichend eingestellt ist.

- Der internationale (islamistische) Terrorismus gefährdet die innere und äußere Sicherheit gleichermaßen. Der Schutz der äußeren Sicherheit und die Verteidigungsbereitschaft sind auf Angriffe selbstständiger Völkerrechtssubjekte ausgerichtet. Der islamistische Terrorismus erfüllt diese Voraussetzungen nicht: nach bisherigen Erkenntnissen handelten die Täter der Anschläge vom 11. September 2001 nicht im Auftrag eines Staates und sind außerdem verschiedenen Nationalitäten arabischer Länder zuzuordnen.

- Den Sicherheitsbehörden der westlichen Welt sind weder die Identität noch die Zahl, weder die Herkunft noch der gegenwärtige Aufenthalt von Tausenden islamistischen Terroristen in ihren Ländern bekannt. Der Schutz der inneren Sicherheit durch die – wie es scheint – allein wirksamen präventiven Maßnahmen wird durch das mangelhafte Wissen über die möglichen Täter erheblich erschwert.

- Den westlichen Staaten fehlt es an ausreichender Erfahrung mit der Bekämpfung international operierender islamistischer Terroristen, die nicht nur in ihren Herkunftsländern, sondern auch im Operationsgebiet selbst und in den mit ihrem Gastland befreundeten Staaten „Stützpunkte" unterhalten. Die vorhandene hohe Zahl von Landsleuten ihres Herkunftslandes erleichtert zudem die klandestine und konspirative Vorgehensweise von Terroristen im westlichen Operationsgebiet.

- Die bisherige Ausländerpolitik Deutschlands ist auch aus historischen Gründen nur ansatzweise auf Integration der hier lebenden Ausländer und auf die Abwehr extremistischer / terroristischer Gefahren ausgerichtet.

---

[8] Dies wird in der FAZ, „Heimatschutz", vom 8. Juni 2002 bezweifelt.

- Mehr oder weniger ausgeprägt gibt es bei allen Sicherheitsbehörden systemimmanente Schwachstellen, ja tatsächliche Sollbruchstellen in der informationellen Zusammenarbeit. Sie sind teilweise bereits in den Errichtungsgesetzen der jeweiligen Institutionen angelegt – mithin von einer breiten parlamentarischen Mehrheit gewollt (z. B. das Trennungs-gebot von Polizei- und Nachrichtendiensten). Sie können aber auch durch die Arbeitsweise der Staatsschutzbehörden und Nachrichtendien-ste selbst veranlasst sein (Schutz geheimer Quellen auch vor einem Zugriff der Strafverfolgungsbehörden). Nicht zuletzt sind sie durch die – auch als Machtkontrolle gewollte – föderale Struktur von polizeilichem Staatsschutz und Nachrichtendiensten verursacht[9]. Unausweichliche Folgen sind vertikale und horizontale Übermittlungsdefizite, Auswer-tungsfehler, unvollständige oder fehlerhafte Lagebilder und letztlich der Verlust von (polizeilichen) Ermittlungsansätzen.[10]

- Die örtliche und sachliche Aufspaltung von Sicherheitsaufgaben in Deutschland hat in der Regel zur Folge, dass in keiner der örtlich und sachlich zuständigen Behörden ein Gesamtbild entsteht und daher De-tail- oder Einzelinformationen in ihrer Bedeutung nicht erkannt werden. Vielfach werden solche Informationen nicht aufbewahrt bzw. gespei-chert. Sie werden als sog. Prüffälle jedenfalls nicht in Verbunddateien, d. h. Online-Verbindungen zu anderen Sicherheitsbehörden, eingestellt. Damit sind sie für die Ermittlungen anderer Stellen nicht existent. Zu-mindest in Deutschland ist es denkbar, dass gleichzeitig mehrere Ver-fassungsschutzbehörden Hinweise auf bestimmte islamistische Terrori-sten bearbeiten, sie als schlichte Verdachtsfälle behandeln, einander nicht unterrichten und daher eine Gefahr von keiner Seite erkannt wird.

---

[9] z. B. Verfassungsschutz in Deutschland: 16 + 1 selbständige Verfassungsschutzbehörden mit im wesentlichen parallelen Aufgaben und Kompetenzen
[10] Geradezu exemplarisch in diesem Zusammenhang ist die nachträglich vom FBI gefertigte Schwachstellenanalyse zur Erkenntnislage des FBI vor dem 11. September 2001 über die unterblie-bene Zusammenführung von Informationen von verschiedenen Außenstellen des FBI sowie über den Informationsaustausch zwischen FBI, CIA und NSA. Der FBI-Direktor Mueller hat dem Kongress dazu berichtet, es gebe die Auffassung, dass ein Antrag aus Minneapolis gegen Zacarias Moussaoui, den PC des Zacarias M. zu überprüfen - der, wie sich später herausstellte, Aufzeichnungen über das Cockpit großer Verkehrsmaschinen und die Telefonnummer einer Person in Hamburg enthielt - weiter geprüft worden wäre, wenn die Warnung eines FBI-Ermittlers aus Arizona dem FBI-Hauptquartier bekannt gewesen wäre, dem das Flugtraining mehrerer Personen arabischer Herkunft verdächtig erschien.

Das gilt sowohl für die Zusammenarbeit föderal gegliederter Sicherheitsbehörden (z. B. BKA und Landeskriminalämter; Verfassungsschutz von Bund und Ländern), für die Zusammenarbeit verschiedenartiger nationaler Behörden (z. B. polizeilicher Staatsschutz und Nachrichtendienste) als auch für die internationale Zusammenarbeit der Staatsschutzbehörden und Nachrichtendienste mit ausländischen Partnern.

Das Geheimnis erfolgreicher präventiver Staatsschutzarbeit ist jedoch, eine Vielzahl von Einzelinformationen von unterschiedlicher Bedeutung, die in verschiedenen Behörden vorhanden sind, an einer Stelle zu bündeln, zu vergleichen und auszuwerten. Erst das Zusammentragen von Mosaiksteinen ergibt ein Gesamtbild, eröffnet ggf. sogar konkrete Fahndungsansätze und verbessert damit nachhaltig die Prävention. Nur so werden die Zentralstellen in die Lage versetzt, brauchbare Lageanalysen zu erstellen, die zu verwertbaren Gefährdungshinweisen führen und in verständliche Warnmeldungen umgesetzt werden können.

Ähnliche Informationsverluste sind auch im Rahmen der Zusammenarbeit der polizeilichen Staatsschutzbehörden möglich, zumal die Zentralstelle BKA in keiner denkbaren Fallvariante eine präventiv-polizeiliche Befugnis im Bereich des internationalen Terrorismus besitzt.[11] Die Forderung, das BKA als Zentralstelle zu stärken und die bestehende (staatsschutz-)polizeiliche Zuständigkeitsvielfalt beispielsweise dadurch zu verringern, dass dem BKA für Fälle des internationalen Terrorismus polizeiliche Aufgaben auch auf dem Gebiet der Strafverhütung übertragen werden, wird heute nicht einmal vom BKA selbst erhoben. Erst recht sind Überlegungen früherer Jahre, das BKA zu einem „deutschen FBI" aufwachsen zu lassen, auf absehbare Zeit als gescheitert anzusehen[12].

- Neben der polizeilichen Gefahrenabwehr gibt es den Zivil- und Katastrophenschutz, der die Bevölkerung vor (Natur-)Katastrophen, konventionellen Unglücken (z. B. Gasexplosionen) sowie vor Gefahren und Risiken schützen soll, die von militärischen Konflikten, Kriegen und ter-

---

[11] Die Forderung des BKA nach einer gesetzlichen Initiativermittlungskompetenz zur Überbrückung der fehlenden präventiv-polizeilichen Zuständigkeiten sind Mindestforderungen; selbst diese sind in den parlamentarischen Beratungen gescheitert.

[12] Der ehemalige BKA-Präsident, Hans Ludwig Zachert, bemerkt in einem Artikel in: Die Welt vom 24. 2. 2003 sarkastisch: „Selbst Eingeweihten ist die deutsche Sicherheitsarchitektur nur in glücklichen Stunden verständlich. Keiner ... an verantwortlicher Stelle Stehender hat den Mut, hier den Gedanken der Zentralisierung der Zuständigkeiten, ..., die mit der Bekämpfung des Terrorismus befasst sind, ernsthaft zu prüfen. Totschlagargumente wie Föderalismus, Grundgesetzänderung et cetera werden bemüht, um unbequeme Überlegungen sofort zu unterdrücken".

roristischen Anschlägen ausgehen. In Deutschland teilen sich der Bund, die Länder und die Kommunen diese Zuständigkeit; denn es gilt die tradierte Zweiteilung Katastrophen- und Zivilschutzvorsorge (Artikel 73 Nr. 1 Grundgesetz). Danach sind die Länder und Kommunen im Rahmen der Gefahrenvorsorge für alle friedensmäßigen Katastrophen und Großschadensereignisse zuständig, die nicht durch kriegsbedingte Ursachen entstehen. Allein bei kriegerischen Auseinandersetzungen mit anderen Ländern ist der Bund für den Schutz der Zivilbevölkerung zuständig. So eindeutig die in der Nachkriegszeit geschaffene Rechtslage ist, so unbefriedigend ist das Ergebnis.

In dem Wissen, dass die vertikal gegliederte zivile Gefahrenabwehr ein vorrangig auf Ehrenamtlichkeit und Freiwilligkeit beruhendes Sicherheitssystem ist, hat der Bund sehr frühzeitig Kommunen und Länder unmittelbar und mittelbar unterstützt. Das gilt für die Finanzierung des sog. Erweiterten Katastrophenschutzes, für die Einrichtung des Technischen Hilfswerks (THW) und den Einsatz der Bundeswehr im Wege der Amtshilfe nach Art. 35 GG in Fällen außergewöhnlicher überregionaler Katastrophen (mit nationalem Bedrohungspotenzial).

Es ist offenkundig, dass weder die Zivile Verteidigung noch der Zivilschutz heute in der Lage sind, angemessen auf terroristische Anschläge wie die vom 11. September 2001 in den USA zu reagieren. Ihre Struktur, Organisation und der rechtliche Rahmen müssen grundlegend überarbeitet und ihr Leistungsvermögen gestärkt werden. Jedenfalls scheint gesichert, dass heute Rettungsdienst, Brandschutz, Technische Hilfe, Zivil- und Katastrophenschutz nicht so aufgestellt und miteinander verzahnt sind, wie es die nunmehr bekannten Bedrohungsszenarien erfordern[13].

Mittelfristig wird für die Bereiche des zivilen Bevölkerungsschutzes die auf der klassischen Trennung von äußerer und innerer Sicherheit beruhende verfassungsrechtliche Kompetenzverteilung zwischen Bund und Ländern für die Fälle internationaler terroristischer Attacken aufgegeben werden müssen. Spätestens zu diesem Zeitpunkt wird eine Reihe organisatorischer Entscheidungen zu treffen sein, um den erkennbaren „Kompetenzwirrwarr" zu überwinden. Das Ergebnis der Bemühungen

---

[13] Der Bericht der sog. Weizsäcker-Kommission „Gemeinsame Sicherheit und Zukunft der Bundeswehr" vom 23. Juni 2000 stellt zur innerstaatlichen Notfallvorsorge fest: „Im übrigen hat die Kommission festgestellt, dass der Schutz der Bevölkerung vor terroristischen Angriffen mit B- und C-Waffen auf deutschem Territorium nicht ausreicht. Als erster Schritt für eine bessere Risikovorsorge sollte die Zuständigkeit zwischen den Ressorts der Bundesregierung präzise geregelt werden".

der Innenministerkonferenz und des zuständigen Arbeitskreises bleibt abzuwarten.

▪ Klärungsbedürftig ist auch, ob und inwieweit die Streitkräfte der Bundeswehr außerhalb des (festgestellten) Verteidigungsfalls und über die verfassungsrechtlich geregelte Amtshilfe des Artikel 35 Grundgesetz hinaus zum Schutz der inneren Sicherheit eingesetzt werden kann; beispielsweise zur Überwachung und Sicherung des Luftraumes, zum Schutz ziviler Objekte, bei terroristischen Angriffen vom Wasser aus. Die Auffassung des amtierenden Innenministers, die Bundeswehr sei für die Erfüllung polizeilicher Aufgaben im engeren Sinne „weder ausgebildet noch ausgerüstet"[14], greift zu kurz.

Rechtlich und tatsächlich ungeklärt erscheint mir z. B. die Frage, wie der Schutz ziviler Einrichtungen (Atomkraftwerke, Chemieanlagen, Flughäfen, Ballungszentren etc.) gegen terroristische Angriffe durch im Inland gekaperte Zivilflugzeuge oder bei Angriffen vom Wasser aus zu gewährleisten ist. Es gibt gute Gründe, den Einsatz der Bundeswehr zum Schutz der inneren Sicherheit gegen Terrorangriffe zu fordern, da die Polizei schon von der Bewaffnung her nicht in der Lage sein kann, auf derartige „kriegerische" Bedrohungen durch den internationalen Terrorismus zu reagieren. Die Bundesregierung, die vor Monaten angekündigt hat, die eingestandene Regelungslücke durch ein neues Luftsicherheitsgesetz schließen zu wollen[15], wäre gut beraten, wenn sie jede Form eines Einsatzes der Streitkräfte im Inland durch eine Ergänzung des Artikel 87a Grundgesetz legalisieren würde.

Der Luftraum in Deutschland wird ständig militärisch überwacht. Dringen nicht identifizierte oder nicht angemeldete Flugzeuge in den deutschen Luftraum ein, so übernehmen die stets einsatzbereit gehaltenen Flugzeuge der sog. Alarmrotte der Luftwaffe zusätzlich die Aufgabe eines „Air Policing". Die Flugzeuge der Alarmrotte sind bewaffnet.

Rechtlich sind die „Air Policing"-Einsätze der Bundeswehr als Beobachtungsaufträge und damit als schlicht hoheitliches Handeln zu qualifizieren. Befugnisse, in Rechte Dritter einzugreifen, erwachsen der Besatzung der Luftwaffenflugzeuge aus dieser Aufgabe schon mangels einer gesetzlichen Grundlage nicht. Umstritten ist die Frage, ob der „finale Rettungsschuss in der Luft" regelungsbedürftig und regelungsfähig

---

[14] Schily, Interview in der Berliner Zeitung vom 2. 10. 2001
[15] Schily, Interview in der FAZ vom 29. 1. 2003

ist. Neu ist, dass von Abgeordneten des Deutschen Bundestages die Auffassung vertreten wird, Art. 35 Grundgesetz sei auch eine Rechtsgrundlage für den sog. finalen Rettungsschuss in der Luft. Der Einsatz des „Air Policing" finde seine Rechtfertigung in dem Terroranschlag, der schließlich unmittelbar bevorstehe, und damit sei die Vergleichbarkeit mit einem vorsätzlich herbeigeführten besonders schweren Unglücksfall gegeben, dessen tatsächliches Eintreten nicht erst abgewartet werden muss, bevor die Bundeswehr tätig wird. Daher sei der Abschuss eines (im Inland) gekaperten Flugzeuges durch die Streitkräfte im Wege der Amtshilfe zulässig.

Den Abschuss eines gekaperten Flugzeugs mit der Abdichtung eines Deiches oder der Beseitigung von Trümmern mit Hilfe der Streitkräfte gleichzusetzen, findet weder im Grundgesetz noch im einfachen Recht eine Stütze. Ein zulässiges Amtshilfeersuchen kann auch nur vorliegen, wenn sie Hilfe bei Maßnahmen ist, zu denen die ersuchte Behörde auch rechtlich befugt ist. Die Bundeswehr darf Amtshilfe auf der Grundlage des geltenden Art. 35 Abs. 2 Satz 2 GG nur unterhalb der Schwelle eines Einsatzes (= Eingriffs) im Sinne des Art. 87a Abs. 2 GG leisten. „Einsatz" im Sinne dieser Vorschrift ist außer der militärischen auch jede andere Verwendung im Rahmen der vollziehenden Gewalt, sofern dabei hoheitliche Aufgaben unter Inanspruchnahme von Zwangs- und Eingriffsbefugnissen wahrgenommen werden. Im Rahmen des Art. 35 Abs. 2 Satz 2 GG ist der Bundeswehr daher grundsätzlich nur schlicht hoheitliches Handeln erlaubt.

Den Streitkräften wird man zwar bei der Unterstützung von Polizei und Feuerwehr bei einer Naturkatastrophe oder einem besonders schweren Unglücksfall im Rahmen des Art. 35 Abs. 2 Satz 2 GG nicht die notwendigen Zwangs- und Eingriffsbefugnisse zu ihrer eigenen Sicherung und zur Gewährleistung ihres Auftrags zur Bewältigung der Naturkatastrophe oder des besonders schweren Unglücksfalles versagen können, soweit die vorrangig hierfür zuständige Polizei dazu nicht in der Lage ist. Insoweit sind die notwendigen Zwangs- und Eingriffsbefugnisse jedoch nur Mittel zur Eigensicherung oder zur Gewährleistung des Unterstützungsauftrages und somit letztlich nur Mittel zum Zweck.

Bei einem Abschuss eines gekaperten Flugzeuges ist der darin liegende Eingriff nicht nur Mittel zum Zweck. Es geht vielmehr um diesen Eingriff selbst. Dieser muss legitimiert und rechtlich zulässig sein. Dies kann weder durch den Wortlaut des Art. 35 Abs. 2 Satz 2 GG noch durch den Sinn und Zweck der Vorschrift sowie ihrer Entstehungsgeschichte und ihrer bisherigen Auslegung und Handhabung als in einer Weise gesichert angesehen werden, dass sie als ausreichende Rechtsgrundlage für einen so schwerwiegenden Eingriff in Betracht kommen kann. Der Begriff des sogenannten finalen Rettungsschusses ist aus dem Polizeirecht entlehnt. Eine diesem Polizeirecht entsprechende Regelung zugunsten der Streitkräfte existiert nicht. Es fehlen sowohl eine einfachgesetzliche Regelung als auch die wegen Art. 87a Abs. 2 GG dafür notwendige Grundlage im Grundgesetz.

Verfehlt ist m. E. aber ebenso die Auffassung, die Befugnis zum „finalen Rettungsschuss in der Luft" aus dem Rechtsinstitut des „übergesetzlichen Notstandes" ableiten zu können; zum einen gilt das zur Amtshilfe Gesagte, zum Zweiten ist es verfassungsrechtlich und verfassungspolitisch nicht vertretbar, Eingriffe, die den Kernbereich des Grundrechts auf Leben berühren, nicht gesetzlich zu normieren. Schließlich würde ohne eine gesetzliche Regelung die Verantwortung für den Abschuss selbst, aber auch für den Zeitpunkt des Abschusses vorrangig auf den Piloten oder die Flugzeugbesatzung verlagert, da nur sie in der Regel die Unmittelbarkeit der Gefahr beurteilen können.

Im übrigen sollten die wegen der notwendigen Eingriffs- und Zwangsbefugnisse der Streitkräfte zwingend erforderlichen einfachgesetzlichen Regelungen gemeinsam mit der Grundgesetzänderung ins Parlament eingebracht werden, schon um die Transparenz der Verfahrensabläufe und Entscheidungsverantwortlichkeiten im Falle des Streitkräfteeinsatzes zu ermöglichen.

Zwischenergebnis

Die Bundesrepublik Deutschland ist auf die neuen Herausforderungen und Gefahren, die von dem internationalen (islamistischen) Terrorismus ausgehen, nicht genügend vorbereitet. Nach der Vereinigung Deutschlands, nach dem Auseinanderbrechen des Ostblocks und der Auflösung der Sowjetunion sind die Sicherheitsstrukturen in Deutschland auf „Friedenszeiten" umgestellt worden:

- Die Zahl der Mitarbeiter von Bundesnachrichtendienst (BND) und Verfassungsschutz sowie deren Haushaltsansätze wurden deutlich verringert.

- Die Befugnisse der Sicherheitsbehörden und Nachrichtendienste wurden lageangepasst zugunsten des Rechts auf informationelle Selbstbestimmung verändert.

- Der (erweiterte) Katastrophenschutz und damit auch der Zivilschutz wurden konsequent zurückgefahren.

Auf die asymmetrische Bedrohung der inneren und äußeren Sicherheit durch den internationalen/islamistischen Terrorismus müssen die Sicherheitsbehörden neu eingestellt werden.

Als Annex zu einer Neuordnung der Sicherheitsarchitektur gehört eine veränderte Gewichtung des Rechts auf informationelle Selbstbestimmung im Spannungsbogen mit dem Recht auf Sicherheit. Der rechtlich abgesicherte Datentransfer zwischen den Sicherheitsbehörden ist wegen der neuartigen Dimension der Bedrohung so zu gestalten, dass der Datenschutz die Entwicklung einer wirksamen Prävention gegen terroristische Angriffe nicht behindert. Eine Politik der „uneingeschränkten" Solidarität mit den USA kann nur geübt werden, wenn die sog. Frühwarnsysteme der inneren Sicherheit merklich verbessert werden.

Im Übrigen ist zu bedenken, dass die innerhalb der EU herrschende Freizügigkeit eine „negative Wettbewerbssituation" ausgelöst hat, wonach – verkürzt gesagt – in dem Land Anschlagsplanungen erfolgen, wo das Entdeckungsrisiko für die Terroristen am geringsten ist. Die Äußerungen des FBI-Direktors über die Anschlagsplanungen zum 11. September 2001 verdeutlichen diese offensichtlichen „Wettbewerbsnachteile" Deutschlands.

Eine idealtypische Sicherheitsarchitektur

Der – vorbehaltlos gegebene – Auftrag, in einem Gutachten eine idealtypische Sicherheitsstruktur zur effizienteren und effektiveren Bekämpfung des internationalen Terrorismus zu entwickeln, soll die Diskussion befördern, wie – vor dem Hintergrund der nationalen und internationalen Rechtstradition – rechtsstaatlich vertretbare Organisationen und Formen der informationellen Zusammenarbeit der Sicherheitsbehörden und Nachrichtendienste gefunden werden können. Es wird daher auf unterschiedliche Modelle eingegangen.

Der Entscheidung der US-Regierung, den islamistischen Terrorismus (weltweit) präventiv und repressiv wesentlich intensiver zu bekämpfen, liegt die Überzeugung zugrunde, dass angesichts der außerordentlichen Bedrohung die nationalen Sicherheitsstrukturen gebündelt und durch hierarchische Steuerungs- und Führungsorganisationen verfestigt werden müssen. Die amerikanische Regierung ist der Auffassung, dass die Verstärkung der Beobachtung und Bekämpfung dieses Terrorismus in der föderal strukturierten USA die Gründung einer zentralen Behörde für Heimatschutz rechtfertigt.

Ebenso ist für die Bundesrepublik Deutschland der Schluss zu ziehen, dass idealtypische Modelle einer Sicherheitsarchitektur die Stärkung zentralistischer Organisationsformen einbeziehen sollten. Ferner sind die – als systemimmanente Sollbruchstellen erkannten – Defizite in der vertikalen und horizontalen informationellen Zusammenarbeit der verschiedenen Behörden durch organisatorische Veränderungen zumindest zu verringern. Die Erfahrung zeigt, dass die genannten Informationsdefizite primär

- bei der Speicherung (auch Speicherdauer) personenbezogener Informationen,
- der Zugriffsmöglichkeit anderer Behörden auf diese Informationen,
- bei unzureichender Informationsübermittlung innerhalb derselben oder gleichartiger Behörden (= vertikale Übermittlungsdefizite) oder zwischen verschiedenartigen Sicherheitsinstitutionen (= horizontale Übermittlungsdefizite) entstehen

Lösungsmöglichkeiten

Die gewichtigen Gründe für die Überlegungen, die in den USA zu einer neuen zentralen Behörde für Heimatschutz mit Kabinettrang geführt haben, sollten in Deutschland – wenngleich abgeschwächt – eine Entsprechung finden. Das gilt sowohl für die dringliche Neustrukturierung der Zivil- und Katastrophenschutzvorsorge als auch für die notwendige Leistungssteigerung der Zentralstellen im Bereich der polizeilichen und nachrichtendienstlichen Gefahrenvorsorge. Es bieten sich drei Lösungsmodelle an:

1. Errichtung einer neuen obersten Bundesbehörde in Anlehnung an das *Department of Homeland Security* in den USA

Die vorhandenen Organisationsstrukturen der Bundesregierung erfordern dies nicht; die neu hinzutretenden Aufgaben zur Intensivierung der Beobachtung und Bekämpfung des islamistischen Terrorismus können vom Chef

des Bundeskanzleramtes (ChefBK) oder vom BMI zusätzlich wahrgenommen werden; sie lassen sich dort organisch eingliedern.
Der Vorschlag sollte nicht weiter verfolgt werden.

2. Errichtung einer neuen oberen Bundesbehörde (in Anlehnung an die FBI-Struktur)

In einem neuen Bundesamt für Öffentliche Sicherheit werden das BKA, das Bundesamt für Verfassungsschutz (BfV) und die Landesbehörden für Verfassungsschutz (LfV) als unselbstständige Außenstellen des BfV vereint. Außerdem werden die gegenwärtigen Kompetenzen des Bundes im Bereich der zivilen Sicherheitsvorsorge vom Bundesverwaltungsamt (BVA) auf das neu zu errichtende Bundesamt übertragen. Die Vorzüge eines solchen Modells liegen auf der Hand:

- Verbreiterung der Erkenntnislage und Informationsdichte durch Schaffung gemeinsamer Datenbestände,
- deutliche Reduzierung der bekannten horizontalen, aber auch vertikalen Übermittlungsdefizite,
- leichtere Zugänglichkeit der dem Quellenschutz unterliegenden Informationen,
- einheitliche Speicherpraxis.

Die Gründe, die gegen die Errichtung eines solchen zentralen Amtes für öffentliche Sicherheit sprechen, sind ebenfalls offenbar: Das Lösungsmodell würde nach meiner Einschätzung von keiner der im Bundestag vertretenen Parteien akzeptiert. Die veröffentlichte Meinung würde wegen der Zusammenlegung von BKA und Verfassungsschutz aus historischen Gründen von einem Tabubruch und einem „Anschlag auf den Rechtsstaat" sprechen. Die – ebenso naheliegende wie unrichtige – Bezeichnung als „Bundessicherheitsamt" wäre ein Totschlagsargument, da die politisch wirksame Assoziation mit dem Reichssicherheitshauptamt hergestellt würde.
Selbst bei unveränderten Befugnissen von Polizei und Verfassungsschutz sowie strikter organisatorischer Trennung beider Zweige innerhalb des Bundesamtes würde eine ernsthafte Diskussion des Lösungsmodells so großen Schaden anrichten, dass die Arbeitsweise der Sicherheitsbehörden insgesamt belastet wäre, obwohl auch nach geltendem Recht die Informati-

onsstränge BKA und Bundesverfassungsschutz schon bisher in der Leitung des BMI gebündelt werden.[16]

3. Favorisiert wird daher die folgende Lösung:

Die Bundesregierung richtet beim Chef des Bundeskanzleramtes oder beim Bundesinnenminister – inhaltlich angelehnt an den Organisationserlass des amerikanischen Präsidenten vom 8. Oktober 2001 – die Funktion und Organisation eines Sicherheitsberaters der Bundesregierung (oder Sicherheitsbeauftragten oder eines Koordinators für Sicherheitsfragen oder eines Generaldirektors für öffentliche Sicherheit) ein, dem im Kern folgende Aufgaben obliegen:

- Koordination der Tätigkeiten von BND, Verfassungschutz und BKA in Staatsschutzangelegenheiten mit wöchentlichen Vorträgen beim ChefBK oder BMI;
- Einrichtung und Unterhaltung einer Datenbank „Islamistischer Terrorismus", in die der BND, der Verfassungsschutz und das BKA anlassunabhängig alle den islamistischen Terrorismus betreffenden Informationen einstellen müssen;
- Militärischer Abschirmdienst (MAD), Bundesgrenzschutz (BGS) und das Zollkriminalamt (ZKA) werden gesetzlich verpflichtet, alle Informationen zum islamistischen Terrorismus an den BND, das BKA oder den Verfassungsschutz zu übermitteln, die entscheiden, ob diese Informationen in die Datenbank eingestellt werden;
- Analyse und Bewertung der Sicherheitslage sowie ggf. Herausgabe von bundesweiten Warnmeldungen;
- Koordination der Tätigkeit von Bund und Ländern in Angelegenheiten des zivilen Bevölkerungs- und Katastrophenschutzes; dafür sind kurzfristig Alarm- und Einsatzpläne für Sabotage- und Terrorakte einschließlich des A-, B- und C-Waffeneinsatzes zu erarbeiten.

---

[16] Die amerikanische Bundespolizei FBI ist in zwei Hauptabteilungen gegliedert. In der ersten werden die polizeilichen Angelegenheiten und in der zweiten Hauptabteilung die dem deutschen Verfassungsschutz ähnlichen Aufgaben wahrgenommen.

Beim 3. Lösungsmodell ist folgendes zu beachten:

Der vordringlichste Handlungsbedarf deutscher Stellen wird derzeit weniger im Bereich der polizeilichen Gefahrenabwehr gesehen – worauf der Gutachtenauftrag primär zielt –, sondern vielmehr im Bereich des zivilen Bevölkerungsschutzes gegen Sabotage- und Terrorakte (einschließlich von ABC-Waffen) von nationaler Bedeutung. Experten halten es für möglich, dass islamistische Terroristen zu Gewalttaten dieser neuen Dimension in der Lage sind. Die Bundes- und Landesregierungen haben den dringenden Handlungsbedarf im Bereich der Prävention zwar grundsätzlich erkannt, jedoch liegen effektive Lösungsansätze noch nicht vor.

Vor dem Hintergrund der amerikanischen Anstrengungen müssen die vorrangig verantwortlichen Innenminister von Bund und Ländern ihre eigenen Bemühungen verstärken und dabei kurzfristige und mittelfristige Ziele definieren. Kurzfristig müssen auf der Basis des geltenden Rechts für solche terroristischen Bedrohungen die Verantwortlichkeit und Zuständigkeit für

- die Gefahrenbewertung,
- die Risikoabschätzung,
- die Umsetzung von noch zu erarbeitenden Alarm- und Einsatzplänen

bestimmt werden.

Um die systemimmanenten Übermittlungsdefizite zwischen den verschiedenen Sicherheitsbehörden und den Verfassungsschutzbehörden von Bund und Ländern drastisch zu verringern, wird die Errichtung einer gemeinsamen Datenbank von BND, Verfassungsschutz und BKA unumgänglich sein. Die Einrichtung einer Verbunddatei „islamistischer Terrorismus" ist ein wesentlicher Bestandteil dieses Lösungsmodells. Dabei soll der Online-Zugriff nur bestimmten, mit der Beobachtung und Bekämpfung des Terrorismus befassten Mitarbeiter der genannten Behörden vorbehalten bleiben. Es liegt auf der Hand, dass die beklagten Übermittlungsdefizite – insbesondere zwischen BKA, BND und BfV und im internationalen Verbund – durch die organisatorischen Änderungen drastisch reduziert werden könnten.

Um politische Widerstände gegen diese Lösung zu überwinden, die politische Verantwortung im Umgang mit personenbezogenen Informationen hervorzuheben und die Einmaligkeit der Datenkonzentration zu betonen, sollte die Datenbank beim Sicherheitsberater der Bundesregierung – ressortierend beim Chef des Bundeskanzlers oder beim Bundesinnenminister –

unmittelbar eingerichtet werden. Gleichzeitig sollten die übrigen Sicherheitsbehörden des Bundes gesetzlich verpflichtet werden, anlassunabhängig
die den islamistischen Terrorismus betreffenden Informationen zu übermitteln.

Sollten der Einrichtung einer gemeinsamen Datei unüberwindbare da-
tenschutzrechtliche Bedenken entgegenstehen, so käme eine datenschutz-
rechtliche Anleihe an das Modell EUROPOL in Betracht, in dem nur die
jeweiligen nationalen Vertreter Zugriff auf ihre nationalen Bestände haben
und diese in ihre gemeinsame Arbeit einführen können. Es ist zu erwarten,
dass sowohl der Generalbundesanwalt (GBA) als auch die Landeskriminalämter (LKÄ) einen Online-Zugriff auf diese Terrorismusdatenbank verlangen werden. Wenngleich das berechtigte Interesse hieran nachvollziehbar ist,
wird vor allem im Interesse des notwendigen Quellenschutzes vorgeschlagen, die Zahl der Zugangsberechtigten so gering wie möglich zu halten. Zudem würde die Stellung des GBA im Strafverfahren und die strikte Beach-
tung des Legalitätsprinzips durch ihn die an dem Opportunitätsprinzip ausgerichtete Arbeitsweise der Nachrichtendienste erheblich erschweren. Im Übrigen verdecken die Diskussionen über die Kompetenzen des BKA häufig die
ebenso wichtige Frage nach den Kompetenzen des GBA. Im Rahmen dieses
Gutachtens ist dieser Problemkreis zurückgedrängt, da angesichts des hier
relevanten Tätertyps (Selbstmordattentäter) nicht die Strafverfolgung, sondern die Verhütung von Straftaten im Vordergrund steht.

Ein gravierender Mangel in der informationellen Zusammenarbeit ist
durch die Schaffung von 17 selbständigen Verfassungsschutzbehörden (Bund
und 16 Länder) entstanden. Die meisten der Landesbehörden sind in ihrer
gegenwärtigen Struktur kaum lebensfähig; weswegen sie auch nicht das verfassungsrechtlich gewollte Kontroll-Korrektiv zu dem scheinbar übermächti-
gen BfV sein können. Sollte aus föderalen Gründen eine Verfassungsänderung, die die Verfassungsschutzkompetenz als eine ausschließliche Bundeskompetenz festschreibt, nicht möglich sein, wird dringlich angeraten, die
Zahl der Landesbehörden (LfV) von derzeit 16 auf sechs oder höchstens
sieben zurückzuführen. Dies können die betroffenen Länder durch Staats-
verträge vereinbaren, ohne dass es einer Grundgesetzänderung bedürfte.[17]

Beispiel: Die Länder Bremen, Hamburg, Schleswig-Holstein, Sachsen-
Anhalt und Niedersachsen vereinbaren durch Staatsvertrag, dass die landes-

---

[17] Die Überlegung zur Zusammenlegung von Landesbehörden für Verfassungsschutz gelten m. E.
auch für die Zusammenlegung von LKÄ. Die LfV und LKÄ der großen Flächenstaaten könnten
unverändert bleiben.

eigene Aufgabe Verfassungsschutz in ihren Ländern durch den Verfassungsschutz des Landes Niedersachsen wahrgenommen wird; bisherige Landesbehörden könnten zum Teil verkleinerte Außenstellen des LfV Niedersachsens werden. Die parlamentarische Kontrolle obläge dann dem Landtag Niedersachsen; auch dieses würde staatsvertraglich vereinbart.

Durch die Schaffung eines einheitlichen administrativen Verfassungsschutzes oder von sechs/sieben im Wesentlichen gleich starken LfV würde erreicht:

- Einheitlichere Speicherpraxis bei deutlich vergrößertem Operationsgebiet,
- effektivere Organisation (Vermeidung von Redundanzen),
- signifikante Verringerung der Risiken von Übermittlungsdefiziten,
- nachhaltige Verbesserung der operativen Zusammenarbeit des Verfassungsschutzes mit verbesserter Erkenntnislage,
- qualitative Verbesserung in der Zusammenarbeit mit Polizei und Staatsanwaltschaften.

Die Einrichtung einer gemeinsamen Datenbank BND, BKA und Verfassungsschutz „Islamistischer Terrorismus" geht fachlich und rechtlich über das von der Bundesregierung im Jahre 2001 eingeführte sog. Informationsboard hinaus, das in der 2. Sitzung der Task Force am 26. April 2002 vom Präsidenten des BfV lobend skizziert wurde.

Hinter diesem „Informationsboard" verbirgt sich eine turnusmäßig oder Anlass bezogen tagende gemeinsame Arbeitsgruppe von BKA und BfV, in die von den Beteiligten die verfügbaren themenbezogenen Informationen einschließlich Hintergrunderkenntnisse eingebracht werden. Über die Nutzung der gewonnenen Daten wird im Einzelfall einvernehmlich entschieden. Praktisch werden die in der Besprechung neu gewonnenen personenbezogenen Daten vom BKA oder BfV in jeweils amtseigene Dateien eingegeben.

Das lobenswerte Bemühen der Sicherheitsbehörden des Bundes, die erkannten rechtlichen – auch politischen – und organisatorischen Sollbruchstellen mit Hilfe des sog. Informationsboards zu überwinden, bleibt eine beschränkt belastbare Hilfskonstruktion, die der hohen, wenngleich abstrakten Gefährdung von amerikanischen, israelischen (auch jüdischen) Personen und Institutionen in Deutschland nicht gerecht wird. Eine Mängelliste offenbart:

- Die durch die – gesetzlich gewollte – organisatorische Trennung von BKA und BfV bedingten Informationsdefizite werden dadurch verstärkt, dass dem BKA in der Terrorismusbekämpfung eine Rechtsgrundlage zur Gefahrenabwehr fehlt, d. h. dem Verfassungsschutz (und anderen Sicherheitsbehörden) ist es grundsätzlich nicht erlaubt, dem BKA personenbezogene Daten zu übermitteln, die zur Verhinderung/Verhütung von Staatsschutzdelikten erforderlich sind! Empfänger dieser Informationen dürfen grundsätzlich nur die Landeskriminalämter sein.

- Generell sind alle Befugnisvorschriften zur Übermittlung personenbezogener Informationen lediglich Ermessens- und keine Mussvorschriften, so dass es auch von dem Engagement des einzelnen Sachbearbeiters abhängt, ob für den präventiven Schutz des Staates und seiner Einrichtungen wesentliche Informationen an zuständige und befugte Stellen übermittelt werden.

- Eine anlassunabhängige, umfassende Übermittlung personenbezogener Informationen ist gegenwärtig in keine Richtung zulässig.

- Die Einrichtung einer gemeinsamen Datei „Islamistischer Terrorismus" von BKA, BND und Verfassungsschutz, in der in den Behörden vorhandene oder künftig zu gewinnende personenbezogene Informationen für präventive und repressive Zwecke gesammelt und ausgewertet werden, ist nach der geltenden Rechtslage derzeit in keiner Dateiform zulässig.

- Alle Anzeichen deuten darauf hin, dass die schon immer notleidende internationale Zusammenarbeit dringlich verbesserungsbedürftig ist. Voraussetzung hierfür sind leistungsstarke, kompetente nationale Sicherheitsinstitutionen. Im Übrigen sind politische Interventionen auf Regierungsebene zur Intensivierung der Zusammenarbeit hilfreich.

Das Fazit lautet daher: Solange nicht einmal zwischen den verschiedenen Sicherheitsbehörden des Bundes (BKA, BfV, MAD, BGS, ZKA[18])

- eine *anlassunabhängige* umfassende *Unterrichtungspflicht* in Angelegenheiten des islamistischen Terrorismus besteht und

---

[18] MAD = Militärischer Abschirmdienst; BGS = Bundesgrenzschutz; ZKA = Zollkriminalamt

■ solange die *Einrichtung einer gemeinsamen Datenbank* schon von BKA, BfV und BND unzulässig ist,

ist in Deutschland eine ausreichende *Prävention* gegen den islamistischen Terrorismus nicht erreichbar. Die nach dem 11. September 2001 von Parlamenten und Regierungen erlassenen Gesetze und getroffenen Exekutivmaßnahmen sind anzuerkennen; sie haben aber die Möglichkeit, islamistische Terroranschläge zu verhindern oder begangene terroristische Straftaten zu verfolgen, nicht entscheidend verbessert. Angesichts der von islamistischen Terroristen ausgehenden (erhöhten abstrakten) Gefahr, die auf den Tod oder die Verletzung einer großen Zahl von Menschen zielen kann, kommt dem Aufbau des zivilen Bevölkerungsschutzes (Zivil- und Katastrophenschutz) herausragende Bedeutung zu.

Ergebnis

Zur Verbesserung und Intensivierung der Beobachtung und Bekämpfung des islamistischen Terrorismus und des zivilen Schutzes der Bevölkerung werden die nachstehenden organisatorischen und gesetzlichen Änderungen vorgeschlagen:

1. Aus historischen und rechtspolitischen Gründen bleibt die organisatorische Trennung von BKA, BfV und BND unberührt. Der Austausch von Verbindungsbeamten ist zweckdienlich.

2. Die Angelegenheiten des Verfassungsschutzes werden nach der grundgesetzlichen Kompetenzaufteilung als ausschließliche Aufgabe des Bundes ausgewiesen oder die Zahl der Landesbehörden wird auf sechs / sieben durch staatsvertragliche Vereinbarungen zwischen den Ländern zurückgeführt.[19]

3. Beim Chef des Bundeskanzleramtes oder beim Bundesinnenminister wird die Funktions- und Organisationseinheit des „Sicherheitsberaters der Bundesregierung" eingerichtet. Er ersetzt den bisherigen Koordinator für die Nachrichtendienste beim Chef Bundeskanzleramt. Zur Verbesserung des Schutzes der inneren und äußeren Sicherheit koordiniert

---

[19] Der gleiche Konzentrationsprozess sollte für die LKÄ erwogen werden.

er sowohl zivile und militärische staatliche Einrichtungen als auch die Bund/Länderangelegenheiten in der zivilen Sicherheitsvorsorge. Beim „Sicherheitsberater der Bundesregierung" wird zur Verbesserung des Informationsauswertung eine Datenbank „Islamistischer Terrorismus" eingerichtet, in die das BKA, der BND und das BfV die ihnen vorliegenden oder künftig zu gewinnenden Informationen einstellen (als Textdatei; Quellenschutz muss gewahrt bleiben). Auf die Datenbank dürfen online nur bestimmte Mitarbeiter der entsprechenden Organisationseinheiten der genannten Behörden zugreifen.

4. Die übrigen Sicherheitsbehörden des Bundes (MAD, BGS, ZKA) werden verpflichtet, anlassunabhängig die den islamistischen Terrorismus betreffenden Informationen an BND, BKA oder Verfassungsschutz zu übermitteln.

5. Dem BKA ist wenigstens eine Initiativermittlungskompetenz im Rahmen seiner Strafverfolgungsaufgaben nach § 4 BKAG zu gewähren, um ihm im Zuge von Ermittlungen die Möglichkeit zu eröffnen, personenbezogene Daten auch zum Zwecke präventiver Terrorismusabwehr zu erheben, zu speichern und zu übermitteln.

6. Der denkbare Einsatz von Massenvernichtungswaffen und die Gefahr von großflächigen Katastrophen durch Angriffe islamistischer Terroristen erfordern – über die im Grundgesetz bisher zugelassene Amtshilfe hinaus, z. B. in Fällen von Naturkatastrophen, – den Einsatz der Bundeswehr im Innern. So ist der Schutz enumerativ zu bestimmender Anlagen (z. B. Atomkraftwerke, Chemieanlagen, Flughäfen, Ballungszentren) gegen im Inland gekaperte zivile Flugzeuge nur von der Bundeswehr zu leisten. In letzter Konsequenz ist dies auch Folge der neuen „asymmetrischen Kriege".

7. Die Vorschläge haben eine Reihe von Gesetzesänderungen zur Folge, die neben den empfohlenen oder erwogenen Grundgesetzänderungen[20]

---

[20] Zur Konzentration des administrativen Verfassungsschutzes (Art. 73 Nr. 10 GG), zur Erweiterung der Bundeskompetenz im Bereich des Schutzes der Zivilbevölkerung über kriegsbedingte Gefahren hinaus (Art. 73 Nr. 1 GG) sowie des Bundeswehreinsatzes im Inland über die verfassungsrechtlich geregelte Amtshilfe hinaus (Art. 87 a GG).

in erster Linie bereichsspezifische Datenschutzbestimmungen in den sog. Sicherheitsgesetzen betreffen[21].

8. Angesichts der vom islamistischen Terroristen ausgehenden Bedrohung sind auch das deutsche Staatsangehörigkeits-, Ausländer-, Zuwanderungs- und Vereinsrecht nicht länger isoliert zu betrachten. Niemand wird wollen, dass in Deutschland lebende Ausländer unbehelligt Terroranschläge vorbereiten können und damit alle friedliebenden und rechtstreuen ausländischen Mitbürger diskreditieren.

---

[21] z. B. §§ 18, 19, 20 BVerfSchG; §§ 8, 9 BNDG; § 10 BKAG.

Autorenverzeichnis

Avineri, Shlomo, Prof. Dr., Professor für Politikwissenschaft und Direktor, Institut für Europäische Studien, Hebräische Universität; Generaldirektor, Israelisches Außenministerium (1975-1977), Jerusalem

Gusy, Christoph, Prof. Dr., Professor für Öffentliches Recht, Staatslehre und Verfassungsgeschichte, Universität Bielefeld

Hutter, Reinhard W., Bereichsleiter, Informationstechnik und Kommunikation, Industrieanlagen-Betriebsgesellschaft mbH, Ottobrunn

Monar, Jörg, Prof. Dr. Dr., Co-Director, Sussex European Institute, University of Sussex, Brighton

Münkler, Herfried, Prof. Dr., Institut für Sozialwissenschaften, Philosophische Fakultät III, Humboldt-Universität zu Berlin

Naumann, Klaus, General a. D.; Generalinspekteur der Bundeswehr (1991-1996); Vorsitzender, NATO Militärausschuss (1996-1999)

Waldmann, Peter, Prof. Dr., Professor für Soziologie, Universität Augsburg

Weisser, Ulrich, Vizeadmiral a. D.; Leiter des Planungsstabes des Bundesministers der Verteidigung (1992-1998)

Weidenfeld, Werner, Prof. Dr. Dr. h.c., Professor für Politikwissenschaft und Direktor am Centrum für angewandte Politikforschung, Ludwig-Maximilians-Universität München; Mitglied des Präsidiums der Bertelsmannstiftung, Gütersloh

Werthebach, Eckart, Dr., Präsident des Bundesamtes für Verfassungsschutz (1991-95); Staatssekretär im Bundesministerium des Innern (1995-98); Senator für Inneres in Berlin (1998-2001)